中国旅游智库学术研究文库

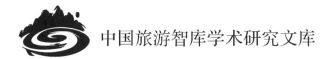

中国旅游智库学术研究文库

非物质文化遗产旅游开发与惠民研究

宋 梅 张泰琦 孙长龙 ◎著

华中科技大学出版社
http://press.hust.edu.cn
中国·武汉

图书在版编目(CIP)数据

非物质文化遗产旅游开发与惠民研究/宋梅,张泰琦,孙长龙著.—武汉:华中科技大学出版社,2024.1

ISBN 978-7-5772-0178-8

Ⅰ.①非… Ⅱ.①宋… ②张… ③孙… Ⅲ.①非物质文化遗产-旅游资源开发-研究-中国 Ⅳ.①F592

中国国家版本馆 CIP 数据核字(2024)第 020775 号

非物质文化遗产旅游开发与惠民研究　　宋　梅　张泰琦　孙长龙　著
Feiwuzhi Wenhua Yichan Lüyou Kaifa yu Huimin Yanjiu

策划编辑：胡弘扬
责任编辑：胡弘扬　项　薇
封面设计：原色设计
责任校对：林宇婕
责任监印：周治超

出版发行：华中科技大学出版社(中国·武汉)　　电话：(027)81321913
　　　　　武汉市东湖新技术开发区华工科技园　　邮编：430223

录　　排：华中科技大学惠友文印中心
印　　刷：武汉科源印刷设计有限公司
开　　本：710mm×1000mm　1/16
印　　张：12.75
字　　数：211 千字
版　　次：2024 年 1 月第 1 版第 1 次印刷
定　　价：79.80 元

本书若有印装质量问题,请向出版社营销中心调换
全国免费服务热线：400-6679-118　竭诚为您服务
版权所有　侵权必究

前　　言

非物质文化遗产（简称"非遗"）承载着世界各民族的文化基因和民族记忆，对其开发及合理利用将有利于保护人类的文化多样性与可持续发展。随着世界各国及学术界对非遗的关注度不断提高，如何对非遗进行开发、保护和传承逐渐成为一个重要的议题。伴随着人们对文化消费多样性需求的日益增长，文化旅游在当今旅游业中扮演了十分重要的角色，尤其是旅游过程中的非遗体验更是成为一项时尚的旅游活动。然而，不容忽视的是，非遗作为一种敏感脆弱的旅游资源，如果开发利用不合理，可能会造成不可挽回的严重后果。

因此，对待非物质文化遗产的态度与做法首先是保护，而不是商业经营。有些地方申报世界遗产未能成功，或者申报成功后又被警告，最主要的原因就是商业化气息太过浓厚，破坏了非物质文化遗产的核心价值。旅游业是朝阳产业，非遗作为全人类共有的财富，使得非遗旅游成为全社会的事业。但这不代表非遗旅游要由旅游部门或是旅游企业来统管一切，也不意味着市场运作的模式就适用于保护和管理每一个遗产地。

在经济全球化的背景下，现代化进程的步伐加快，我国的文化生态发生了翻天覆地的变化，非物质文化遗产的保护和传承工作面临诸多难题。对于宝贵的非遗资源，其开发不同于一般的旅游资源，而是有其自身的特点和规律，如何在保护的基础上协调和平衡各利益相关者之间的关系，并实现共赢，以及如何将非遗在旅游开发中所带来的经济效益切实地惠及当地人民，成为当今学界非常关心的议题。

笔者正是基于上述认识，结合非物质文化遗产的特色撰写本书。本书认为，随着大批游客来到新疆观光、体验非遗的魅力，非遗旅游所带来的经济效益如何切实惠及当地人民，特别是那些非物质文化遗产传承人的利益如何得到保障,是保护当地非遗可持续发展的重要问题。本书以环塔里木地区的巴音郭楞蒙古自治州、克孜勒苏柯尔克孜自治州、喀什地区、阿克苏地区以及和田地区作为研究范围,主要是对这五个地区非遗项目的旅游开发现状、保护与开发的成功经验以及开发中存在的问题加以研究,同时也结合国家和地方政策,将经济成果惠及这一地区的人民。

宋 梅

2023 年 7 月 5 日于塔里木大学

目录

第一章 绪论 /1

第一节 本课题研究的目的和意义 /1

第二节 本课题相关的国内外研究现状及趋势 /3

第三节 课题研究成果的主要内容、思路与方法 /31

第二章 环塔里木地区概况及非物质文化遗产现状 /33

第一节 塔里木盆地概况 /33

第二节 环塔里木地区概况 /35

第三节 环塔里木地区非物质文化遗产的现状 /45

第三章 环塔里木地区非物质文化遗产旅游开发的现状分析 /76

第一节 环塔里木地区非物质文化遗产旅游开发现状分析 /77

第二节 环塔里木地区非物质文化遗产旅游开发的相关措施及建议 /91

第四章 环塔里木地区非物质文化遗产旅游开发与惠民关系研究 /107

第一节 环塔里木非物质文化遗产保护与惠民之间的关系 /107

第二节 环塔里木地区非物质文化遗产旅游开发与惠民之间的关系 /118

第五章 环塔里木地区非物质文化遗产旅游开发与惠民的现状分析/127

第一节 环塔里木地区非物质文化遗产旅游开发过程中惠民的实效性研究/127

第二节 非物质文化遗产旅游开发与精准扶贫/141

第六章 环塔里木地区非物质文化遗产旅游开发与惠民存在的问题及建议/152

第一节 环塔里木地区非物质文化遗产旅游开发与惠民存在的问题及其原因/152

第二节 环塔里木地区非物质文化遗产旅游惠民的对策/160

结语/170

参考文献/172

附录/185

后记/194

第一章
绪论

第一节 本课题研究的目的和意义

一、研究的目的

自联合国教科文组织(以下简称"联教文组织")在 2001 年公布第一批"人类口头和非物质遗产代表作名录"以来,世界各国纷纷将目光投向本国非物质形态的文化遗产。这一议题也引起了中国政府和学界的极大关注。然而如何对非物质文化遗产(后简称"非遗")进行开发、保护和传承也成为了一个重要的议题。基于此,学者们展开了相关问题的后续研究。通过近二十年的研究,学者们从不同角度提出了自己的意见。其中,将非物质文化遗产的保护性开发与发展旅游结合起来,是学者们的方向之一,这一观点的核心是将旅游与非物质文化遗产结合起来,在保护的同时,也能为当地政府和人民带来经济上的效益,因此为各地方所接受。十七大以来,党和政府提出"惠民"的策略,着重将经济发展的成果更多地惠及人民群众。因此,如何将非遗在旅游开发中所带来的经济效益切实地惠及当地人民,成为学界另一关心的议题。但遗憾的是,目前这方面的研究成果不多,这是本课题开展研究的主要目的。

新疆地处中国西北部,时至今日,依然生活着多个少数民族。在历史发展过程中,新疆人民形成了诸多别具特色的民俗、手工艺等非物质形态的文化遗产。这些遗产无疑是当地重要的旅游资源,能够极大地促进当地的旅游经济。随着体验式旅游概念的提出,全国人民越来越对新疆别具一格的民俗风情产生好奇心,因而,每年都会有大批游客来此观光、体验。这一现象极大地增进了新疆地区的旅游经济,但这些经济如何能切实惠及当地人民,特别是那些非物质文化传承人的利益如何保障,是保护当地非遗持续发展的重要问题。本课题以环塔里木地区的巴音郭楞蒙古自治州、克孜勒苏柯尔克孜自治州、喀什地区、阿克苏地区以及和田地区五个地区作为研究范围,主要对这一区域的非遗项目的旅游开发现状,保护与开发的成功经验以及开发中存在的问题等加以研究,然后结合各种政策,针对如何将经济的成果惠及这一地区的人民提出对策建议。

二、研究的理论意义

本课题研究具有深厚的理论基础和历史渊源,综合而言,包含以下三个方面。

第一,文化是一个民族的缩影,体现该民族的精神和血脉。2011年十七届六中全会审议通过了《中共中央关于深化文化体制改革、推动社会主义文化大发展大繁荣若干重大问题的决定》,使社会主义文化建设进一步掀起新高潮。本课题正是在此次会议"坚持科学发展指导社会主义文化大发展大繁荣"理论基础的指引下,结合国家提出的民生工程建设找到的契合点。

第二,中央新疆工作会议为新疆跨越式发展、长治久安和加快改善各族群众生产生活条件等相关政策的落实和实施,起到了重要的作用。本课题立足于新疆的稳定发展和富民固边的基础上,结合环塔里木的实际情况,探索利于繁荣和复兴民族文化的研究视角和理论体系。

第三,本研究从民族学、文化人类学的视角,对环塔里木地区非物质文化遗产保护和旅游开发进行有益的探索,通过田野调查收集关于该地区非物质文化遗产旅游开发中影响当地人民生产生活等方面的资料,为非遗旅游开发中惠及民生问题的研究提供详实可靠的个案资料。

三、研究的现实意义

从上述本课题的研究目的即可看出,本课题的研究对于当前的社会发展具有重要的现实意义,具体涵盖下面三个方面。

第一,本课题为文化和旅游相关部门更准确地了解非遗开发状况提供了一些资料,也期望为政府制定相关政策提供参考。

第二,保护文化遗产并合理利用是推动文化大繁荣、复兴民族文化的重要一环,本研究对于推动新疆文化繁荣、传承珍贵民族文化遗产、构建和谐民族关系和民族认同具有重要的意义。

第三,为深入了解环塔里木地区非遗旅游开发情况提供参考,为深入实施惠民政策提供实践资料,本课题研究无疑对新疆文化的发展、繁荣具有重要意义。

第二节 本课题相关的国内外研究现状及趋势

正如前言,自21世纪以来,随着联教文组织公布《人类口头与非物质文化遗产代表作名录》以来,国内外学界皆对其加以研究,随后对非遗的旅游开发研究也接踵展开,但是对于非遗旅游的开发与"惠民"的关系,目前学界则研究较少。下面笔者即根据本课题的主题,将该部分内容分为三部分,即分别分析非物质文化遗产、非物质文化与旅游开发以及非物质文化旅游开发与惠民三方面的研究现状。因条件所限,笔者将重点回顾国内学界相关研究成果,国外则相对较少。另外,由于相关成果较多,重复的研究占有很大比例,因此在回顾成果时,笔者仅对具有代表性的成果加以阐述。

一、关于非物质文化遗产的研究

因为非物质文化遗产是在联教文组织的倡导下,才逐渐引起中国政府和学者的注意,所以,学界对其的研究大多也是在2001年之后才出现。2001年,联教文组织公布的"人类口头和非物质遗产代表作名录"中,中国的昆曲被列入名录,从而引起了国内政府的重视。基于此,学界对这一新概念开始加以论证。在国家政府的重视下,国内学界对其相关的研究亦突飞猛进,发表的研究成果逐年增多,呈井喷式发展。余悦根据《中国人文与社会科学文献总库》的网络搜索统计,2001年1月1日至2010年8月31日,与非物质文化遗产相关的文献资料,一共有两万余篇,按发表年度分组,每年发表的情况如图1-1所示。而且据其统计,这些成果只是其中一部分,相关研究还包括相当多的报道和采访等内容。

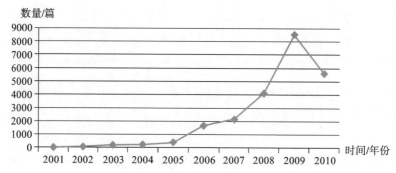

图 1-1　2001 年 1 月至 2010 年 8 月《中国人文与社会科学文献总库》
非遗相关论文发表情况①

余悦还根据《中国学术期刊网络出版总库》统计出自 2001 年 1 月至 2010 年 8 月,关于非物质文化遗产研究的论文的数量,如图 1-2 所示。

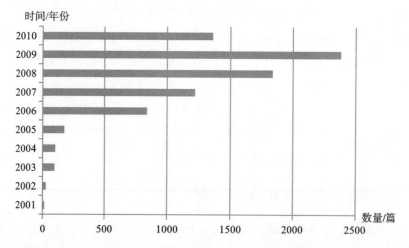

图 1-2　2001 年 1 月至 2010 年 8 月《中国学术期刊网络出版总库》非遗相关论文发表情况②

此外,"全国优秀硕士学位论文"中关于非物质文化遗产的硕士论文共 601 篇,从 2001 年 1 月至 2010 年 8 月发表的硕士论文中,除 2001 年至 2003 年没有相关硕士论文外,2004 年至 2010 年发表情况如图 1-3 所示。而中国博士学位论文中,关于非物质文化遗产的共 74 篇,除了 2001 年、2002 年和 2004 年没有相关博士论文发表,其余年度博士论文发表情况如图 1-4 所示。

①②　余悦.非物质文化遗产研究的十年回顾与理性思考[J].江西社会科学,2010(09).

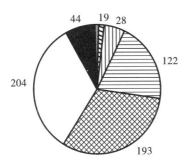

■ 2004年 ◪ 2005年 ▨ 2006年 ▤ 2007年 ▩ 2008年 □ 2009年 ■ 2010年

图1-3 2001年至2010年关于非遗的硕士论文发表情况①

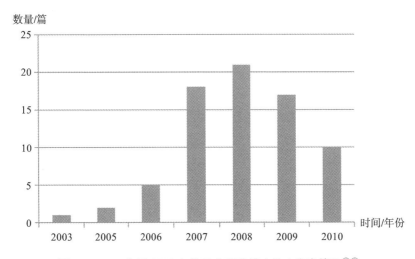

图1-4 2001年至2010年关于非遗的博士论文发表情况②③

2010年至笔者撰写本书时,相关研究论文、新闻稿件大约有两万多篇。此种情形表明,非物质文化遗产已经成为学界研讨的一个热点问题。下面笔者即在以往学者所撰学术综述的基础上,从两个方面对此问题的研究成果加以回顾。由于2013年以前的研究成果已有综述②③,因此,笔者重点叙述2013年以后的研究状况。

(一)关于非物质文化遗产概念与性质的论述

有关非遗概念与性质的相关讨论主要集中于2001年后的十年间,有关研究成果在前人的综述中已有讨论,本部分简略述之。2003年朝戈金首先从学

---

① 余悦.非物质文化遗产研究的十年回顾与理性思考[J].江西社会科学,2010(09).
② 李玉臻.非物质文化遗产研究评述[J].康定民族师范高等专科学校学报,2009,18(01).
③ 范春.近十年我国非物质文化遗产研究进展综述[J].广西社会科学,2013(09).

术史的发展脉络梳理了联合国教科文组织提议并发起建立"人类口头和非物质遗产代表作名录"的由来。按照他的研究,这一提议源自西方学界对口头传统与书面传统在社会进程中所具意义的讨论。在他看来,非物质文化遗产是一种口头的、无形的文化遗产,20世纪学者们的贡献之一即是将"口头传统"赋予了学科体系特征。这一概念来自哈佛大学天才古典学学者米尔曼·帕里对《荷马史诗》的研究。在帕里看来,《荷马史诗》其实是一种口耳相传的口头文学而非书面文学,这一研究引起了西方学界的震动。后来帕里的学生及追随者艾伯特·洛德在帕里研究的基础上建立了著名的帕里-洛德理论,通常也叫作"口头程式理论(Oral Formulaic Theory)"。20世纪60年代以后,学界围绕"口承-书写"问题展开研究,包括研究结构主义人类学的列维斯特劳斯(Levi-Strauss)、传播学家麦克卢汉(Marshall Mcluhan)、社会人类学家杰克·古迪(Jack Goody),以及研究古典的学者埃瑞克·哈夫洛克(ErTC Havelock)等。各个领域的著名学者都共同参与进来,从而引发了多学科的交叉融合。

与"书写派"对书写功能的大力推崇不同,口头派认为,在本质上,口承与书写有十分相似的功能,它们不应该过分强调在心理学上的差异,而二者不同的载体是物质上区别的主要表现,所以一定程度上两极间的谱系关系便形成了。有的学者认为,长期以来一些与书写相关的精英文化产品太过被人们关注,民间口承文化却被轻视,这种偏向会给人类造成不可挽回的损失。正是在这种情况下,联教文组织发出呼吁,于1987年提出建议保护该类传统文化,并形成如《关于保护传统文化和民间文化的建议书》等正式文件。文件中所说的"传统文化和民间文化"指的是来自某个文化社区居民的全部创作,是由一些个体或某一群体所表达并以传统为依据的创作,同时作为社会特性、文化准则、表达形式和价值,其被认为是符合社区期望的,它们通过模仿或其他方式口头相传,如语言、文学、游戏、神话、音乐、舞蹈、习惯、手工艺、礼仪、建筑艺术及其他艺术都是传统民间文化的表现形式。除此之外,还包括传统形式的信息和联络,如非洲鼓语。

到1997年,联合国教科文组织进一步提议建立"人类口头和非物质遗产代表作名录"。这里所指的"代表作"是要求能够体现文化多样性和人类创造性的有代表性的非物质遗产,或从语言学、历史学、民族学、艺术学、人类学、社会学和文学角度具有突出价值和广为流传的传统文化表现形式。根据这一标准,中国的昆曲在2001年被联合国教科文组织列入第一批"人类口头和非物质遗产代表作名录",从而在中国形成了口头非物质遗产"申报热"①。由此看来,学者在这项工作中具有重要意义,同时也能看出中国掀起非物质文化遗产申报和研究热潮的根源②。当然,当初的称谓尚未有"文化"二字。朝戈金的文章虽然声称是"漫议",但对于我们了解联合国发起这项活动的由来以及学者在其中的关键作用,具有十分重要的意义。

在国内掀起"申报热"的同时,人们暂时还分不清申报资格,哪些传统文化符合或者不符合。在此背景下,向云驹撰写的文章专门讨论了关于"口头和非物质遗产"的概念和范畴。他首先引用钟敬文先生的相关论述,指出,在实质上,"口头和非物质遗产"与"传统的民间文化""民间和传统表现形式"之间还是有相当大的不同的,并认为"传统文化"与"民间文化"有很大的区别。随后他从广义和狭义两个方面论证了这一观点,并通过回顾联合国教科文组织产生关于口头和非物质遗产相关条文的过程,将口头和非物质遗产的概念概括为三个层次。该文不仅为人们在认识什么是口头和非物质遗产这一问题上提供了清晰的依据,同时也提供了认识这一遗产保护行动的基本理论要求,为后来保护非物质文化遗产的研究提供了理论基础③。

2003年10月,联合国教科文组织通过了《保护非物质文化遗产公约》,将"口头和非物质遗产"变更为"非物质文化遗产",并对这一概念做了界定。2006年该公约正式生效,从此,"非物质文化遗产"成为一个正式的法定概念而被广泛接受。但是世界各国在接受这一概念的过程中对它的理解却并不相同,吕建昌、廖菲对这一现象做了讨论,并对相关的法律问题做出了自己的判断。他们认为非物质文化遗产能否列为"世界遗产"的一个品类,在法律上还是一个值得慎重考虑的问题。这一研究是否妥当并不重要,其意义在于这些研究表明了中国学者提出了自己的思考④。那么中国学者又是如何理解"非物质文化遗产"这一名称的呢?对此,宋俊华和龙先琼两位学者都依据联合国教科义组织颁布的相关文件,特别是2006年的《保护非物质文化遗产公约》(以下简称《公约》)分别给出了自己的理解。宋俊华认为《公约》的定义中,非物质文化遗产的概念包括四个相互联系的要件。按照四个要件的要求,这一概念

---

① 朝戈金.口头·无形·非物质遗产漫议[J].读书,2003(10).
② 巴莫曲布嫫.非物质文化遗产:从概念到实践[J].民族艺术,2008(01).
③ 向云驹.论"口头和非物质遗产"的概念与范畴[J].民间文化论坛,2004(03).
④ 吕建昌,廖菲.非物质文化遗产概念的国际认同——兼谈口头和非物质遗产的法律地位[J].中国博物馆,2006(01).

有广义和狭义之分,这一点与向云驹的观点相似。同时他又认为,由于非物质文化遗产在概念界定上与实际操作联系过于紧密,因此《公约》的定义又有许多缺陷,如概念术语不统一、概念名实不符、内涵不确定等等,正是这一原因,导致需要对这一概念加以重构。如何重构呢?他从文学遗产的角度认为,可以从三个方面来完成,显然这是一种从自身学科体系出发的研究①。与宋俊华不同的是,龙先琼是从总体上对非物质文化遗产的内涵和特征做了概括。他认为非物质文化遗产的内涵包括历史环境遗存、传承载体和精神内质三个层次,这三个层次分别代表了自然、人群和文化三个阶段。以此出发,非物质文化遗产具有整体性、民族性、本土性和传承性的基本特征,这四个特征体现了横向上的独特性和纵向上的传统性②。显然,联合国教科文组织对非物质文化遗产有自己的定义,中国学者利用自己的知识谱系和生活经验给出了自己的理解,使之更符合中国学者的认知。对此,高丙中认为,非物质文化遗产其实是一个装着"旧酒"的"新瓶"。他根据联合国教科文组织的文件,概括出这些"旧酒"主要有六个方面内容:①口头传统以及作为文化表达手段的语言;②民俗活动、节日庆典、仪式礼仪;③传统表演艺术;④有关自然界和宇宙的民间传统知识和实践;⑤传统的手工技艺和经验;⑥与上述表达形式相关的文化空间。而这六个部分在中国的学术传统中早已有之,它们归属民俗学(包括民间文学)、民族学、人类学、社会学以及音乐学、戏剧学等艺术类学科。这些学科在我国积累了丰硕的成就。如何将这些学科成果综合起来,整体性地纳入"非物质文化遗产"这一新的名称下,让其从一项社会工程的概念成为学术概念,并建立一个相关的学科体系,是当下学者们的主要任务,也是各个学科的研究者共同合作才能完成的任务。显然,学者认为,对于非物质文化遗产的研究应该具有整体性的宏观视角,利用传统的学科成果建立一门新的学科③④。

从上述的回顾中,我们可以看出,国内学者对"非物质文化遗产"概念和内涵的研究,其根本宗旨是在国内建立一个新的学科知识体系,借此让各个学科的学者能更好地参与其中。经过多年的发展,时至今日,学界对非物质文化遗

---

① 宋俊华.非物质文化遗产的诠释与重构[J].学术研究,2006(09).
② 龙先琼.关于非物质文化遗产的内涵、特征及其保护原则的理论思考[J].湖北民族学院学报(哲学社会科学版),2006(05).
③ 高丙中.非物质文化遗产:作为整合性的学术概念的成型[J].河南社会科学,2007(02).
④ 牟延林,刘壮.研究路向与学科体系——非物质文化遗产系列研究之二[J].重庆文理学院学报(社会科学版),2006(02).

产的认识不断加深,学者们虽然没有一个统一的定义,但对其内涵和特征大致有了一致的看法。

(二)非物质文化遗产保护研究

回顾联合国对非物质文化遗产概念的提出,我们可以发现,这一提议的初衷即是更好地保护它,进而至2003年通过了《保护非物质文化遗产公约》并正式提出。因此,如何保护非物质文化遗产才是政府和学界关注的最终目的,也是应有之义。2001年,方李莉从"文化生态"失衡的角度,针对我国很多传统文化的消失提出了自己的建议,表达了对这一问题的关注[①]。2004年,乌丙安对联合国教科文组织所提出的"人类口头和非物质遗产保护"的议题,追溯了它的由来和发展。他认为这一问题经历了世界遗产保护、民间文化保护到人类口头和非物质遗产保护三个阶段,以全球的视角厘清了这一问题的起源和发展历程[②]。刘锡诚则认为,我国在保护非物质文化遗产中存在着理论严重不足的现象,表达了一个学者在此方面的担忧[③]。也正因如此,学界对此问题极为关注,由此产生的研究成果十分丰富。下面,笔者根据研究的不同问题,分而述之。

1.保护非物质文化遗产的总体原则和框架

在龙先琼的《关于非物质文化遗产的内涵、特征及其保护原则的理论思考》一文中,他针对如何保护非遗提出了自己的几条建议,即主体性原则、保真性原则和系统性原则。而保真性原则,在具体实施过程中,他又具体分为三种不同的基本保护方式:原生态保护、表演性保护和复制性保护。综合而言,他认为保护非物质文化遗产需要首先保护在本土环境中生活着的文化传承人,其次通过一定的方式将非遗的本来面貌即原汁原味的文化资源传承下去。最后,这一保护工作还要将文化生存的生态系统加以维护,为文化的传承提供一个赖以存在的生态环境。这三大原则为后来的学者们所接受,大多数的讨论即是在这一框架下进行的,因此该文具有开拓意义[④]。与此同时,苑利和顾军也针对这一问题提出了物质化、以人为本、整体保护、活态保护、民间事民间办、多方参与、保护文化多样性、原真性保护、精品保护、濒危遗产优先保护以

---

① 方李莉.文化生态失衡问题的提出[J].北京大学学报(哲学社会科学版),2001(03).
② 乌丙安."人类口头和非物质遗产保护"的由来和发展[J].广西师范学院学报,2004(03).
③ 刘锡诚.非物质文化遗产的文化性质问题[J].西北民族研究,2005(01).
④ 宋俊华.非物质文化遗产的诠释与重构[J].学术研究,2006(09).

及保护和利用并举等十项基本原则。尽管他们列为十项,但能称为原则的仅有六项,且范围不出龙先琼所列。其他如多方参与、精品保护、优先保护、保护和利用并举这四项其实是保护的具体方式,其中保护和利用这一项是后来学者讨论较多的内容①。其后,宋俊华、刘晓春等学者或从国际视野探讨,或对原生态、本真性等具体问题加以深化,丰富了对这一问题的认识②③。

2. 如何保护

具体措施方面,在总体的保护原则和方针指导下,诸位学者从不同的角度,依据自己的学科纷纷发表成果。具体而言,可分为以下几个方面。

(1)保护非物质文化遗产需要处理的几种关系。

自保护非物质文化遗产工作开展以来,在实际工作中出现了一些问题,加之这项工作是一种崭新的工作,因此如何处理好与之相关的问题则成为迫切的事情。对此,许林田认为,保护非物质文化遗产需要处理好政府主导和社会参与、非物质文化遗产和物质文化遗产、活态文化和死态文化、保护与保存、非物质文化遗产保护与新农村建设、文化遗产保护与旅游开发、非物质文化遗产与民间信仰等七种关系。从他的论述可以看出,该文并无多少理论,但都是从实际工作中出发而总结出来的具体问题,具有很强的现实性,且所提问题皆是学者所关心讨论的④。苑利则从理论的角度探讨了保护非遗的几个问题,首先他认为须先弄清何为非遗?这是有关非遗的概念内涵问题。其次,要按照非遗的固有规律来传承。所谓的"非物质文化遗产传承规律",指的是历史上非物质文化遗产的传统传承方式。其实质就是按照传统的旧有方式传承,不刻意为之。再次,要坚持"以人为本"的原则,全心全意保护好传承人。传承人是非物质文化遗产传承下来的主要物质载体,是本项工作中的重中之重。最后,要处理好保护与经营、保护与开发之间的关系。显然,苑利的文章既有理论又包括实际问题,是一篇理论与实践相结合的文章。当然其中的实际问题也与许林田所关注的一致⑤。而刘成明作为一名地方文化工作者从自己的工作出发,也谈到了非遗保护中的几个问题,他认为有两个亟待解决的问题,其一,资

---

① 苑利,顾军.非物质文化遗产保护的十项基本原则[J].学习与实践,2006(11).
② 刘晓春.谁的原生态?为何本真性——非物质文化遗产语境下的原生态现象分析[J].学术研究,2008(02).
③ 宋俊华.论非物质文化遗产的本生态与衍生态[J].民俗研究,2008(04).
④ 许林田.非物质文化遗产保护应处理好的几种关系[J].浙江工艺美术,2007(09).
⑤ 苑利.非物质文化遗产科学保护的几个问题[J].江西社会科学,2010(09).

金投入不足,带来种种隐患;其二,应进一步做好法律法规的完善工作。其中较为重要的是第一条,他指出非遗保护过程中的五个缺陷:一是申报工作弄虚作假;二是重申报,轻保护;三是抓重点,忽略普查;四是重展示,轻基础工作;五是重工作,轻培训。该文可以说是对保护非遗工作的精准把脉①。冯骥才先生则从一个学者文化情怀的角度认为保护非遗要统一认识,正确处理文化强国、强省与国家文化精神之间的关系以及文化产业与文化遗产的关系,呼吁要把民间文化还给人民,表达了一个学者对保护非遗过程中出现的种种不合理现象的关心②。2017 年,项兆伦从一个官立者的角度也认为在保护非遗时,首先,要承认传承人群的主体地位;其次,要厘清所要保护的对象;再次,要加强传承能力建设和传承人群的学习;最后,要重视相关学术研究。并就上述四个问题提出了自己的建议③。

显然,上述文章不仅指出我国目前保护非遗过程中的具体问题,同时也从各种角度提出了自己的建议。研究者既有高校研究人员、文化学者,也有不同层次的政府官员,研究内容基本涵盖了保护非遗相关的各类问题。

(2)保护非物质文化遗产的具体途径。

基于上述学者和政府官员所指出的问题,在研究中,学者们针对各个侧面也提出了自己的见解。

第一,参与保护的政府。政府是非遗保护的管理者和主导者,各级政府对保护非遗的态度和政策直接影响到这一工作的成效,因此,在此过程中政府应该扮演什么样的角色呢?易文君认为政府需要健全组织机构,发挥政府职能;树立法治规范,明确政府角色;构建合理机制,监督政府角色。政府就是要承担起基本制度和规则的制定者、市场化和产业化的监督者、社会参与的协调者这三重角色④。李昕则从政府管理的角度提出了"国家政府主导型抢救模式",并具体阐述了这一主要运作方式及其利弊得失⑤。近年来,随着非遗保护工作的展开,除政府作用外,学者们也强调档案部门和高校在其中的作用,丰富了

---

① 刘成明.关于我国非物质文化遗产保护工作中急待解决的几个问题[J].大舞台,2010(08).
② 冯骥才.当前非物质文化遗产保护需要统一认识[J].民俗研究,2012(04).
③ 项兆伦.关于我国当前非物质文化遗产保护工作的几个问题[J].文化遗产,2017(04).
④ 易文君.我国非物质文化遗产保护中的政府角色定位[J].现代经济信息,2010(18).
⑤ 李昕.非物质文化遗产的国家政府主导型抢救模式分析[J].山东社会科学,2012(03).

保护的主体①②。

第二,对传承人的研究。因为非物质文化遗产的主要载体是掌握相关技艺的人,因此,保护非遗的应有之义即是让传承人更好地传承。有关这一问题的研究较为集中,学者对相关研究已经从不同角度做了详细的梳理,笔者在此从略③④。

第三,从法律的角度加以保护。陈庆云对这一问题做了全面的讨论分析。他首先综述了世界各地及我国在非物质文化遗产保护方面所做的立法努力,其次又从立法指导思想、法律保护模式、管理体制问题三个方面对上述法律加以解析,最后提出了三点建议:一是要树立保护与开发利用并重的立法指导思想,二是要遵守国内立法与国际保护接轨的原则,三是建立公法与私法相结合的综合法律保护体系。特别是对非物质文化遗产中知识产权的保护,制定保护非物质文化遗产的基本法,能有效保护非物质文化遗产的各方利益⑤。汤静则认为以往的探讨视角仅停留于相应规范的修补和改造层面,缺乏应有的法理审视,因此,她从法理的视角认为:价值目标是完善非物质文化遗产保护法律体系的逻辑前提;立法指导思想转变是完善非物质文化遗产保护立法的依托;法律规范的整合是完善非物质文化遗产保护法制的现实途径⑥。付弘针对立法处于起步阶段的现状,在概括现阶段非物质文化遗产保护的情况后,认为保护非物质文化遗产的主体应该是政府,且"非物质文化遗产"应该属于知识产权的范畴,为了保护这一产权,需要设置非物质文化遗产的密级加以保护⑦。

在保护非物质文化遗产方面,少数民族聚居地区是一个重要区域。因此有些学者专门就少数民族地区的法律保护进行了探讨。田艳的博士论文从人权的视角出发,通过人类学中常用的田野调查、法律注释及多学科比较分析等方法来研究中国少数民族文化权利法律保障问题,进一步对中国少数民族文

---

① 王巧玲,孙爱萍,陈考考.档案部门参与非物质文化遗产保护工作的现状及对策研究[J].北京档案,2015(01).

② 刘荻.非物质文化遗产保护视野下的高校图书馆特色馆藏建设[J].内蒙古科技与经济,2015(01).

③ 苗童童,王萍,王璐.国内非物质文化遗产传承人研究综述[J].太原师范学院学报(社会科学版),2017(05).

④ 太星南.我国非物质文化遗产传承人保护研究十年综述[J].红河学院学报,2017(05).

⑤ 陈庆云.非物质文化遗产保护法律问题研究[J].中央民族大学学报(哲学社会科学版),2006(01).

⑥ 汤静.非物质文化遗产保护之法理视角[J].湖南师范大学社会科学学报,2007(05).

⑦ 付弘.谈非物质文化遗产法律保护中应当界定的几个问题[J].青海社会科学,2008(04).

化权利关于法律保障完善的可能路径进行了探讨。该文虽然不是专门研究非物质文化遗产保护的文章,但里面所论述的核心问题,文化权利法律保障却与非物质文化遗产密切相关①。姚知兵认为寻求法律措施保护非物质文化遗产从目的上说是为了保护人类文化多样性和创造力,为此,针对民族地区关于非物质文化遗产保护问题,他提出非物质文化是民族地区间复杂社会关系的产物,并非该区域内的人都与文化生产方式的生产者、所有者和管理者有同样的利益。因此,他认为立法时,要将非物质文化保护与传承的产权与权益界定清晰,主体的利益要合理分配,同时还要保障民族地区共同体和个人的文化生产与消费权利②。

吴汉东以传统文化和非物质文化遗产的表现形式为对象,全面深入地讨论了传统文化的法律保护问题。他提出在法律保护方面,对传统文化的保护应该处理好三个问题:一是传统文化表现形式的补偿性使用;二是传统文化表现形式的正当性使用;三是传统文化表现形式的标示性使用③。此外,其他不同学者也从知识产权、文化权利方面做了相关论述,其探讨对象主要是围绕如何保护非物质文化遗产传承人的利益来立法④⑤。

第四,在生产、开发中保护。让非物质文化遗产持久地传承下去,单靠保护不是根本方法,必须找到一条让其自身不断生产和继承下去的根本途径。为此,非物质文化遗产中的经济效益很早就被学者提了出来。叶舒宪从经济价值的角度,认为非物质经济的大视野给我们重新认识非物质文化遗产提供了启示。节能和环保是非物质经济的最大优点,因此与工业化时代的物质经济相比,非物质经济更加符合人类可持续生存的需求,因此他提倡要大力发展文化产业和非物质经济,而非物质文化遗产则是将文化产业与非物质经济勾连起来的最好纽带。针对非物质文化遗产,如果真实生存资源和文化资本的理论不能提升到自觉的高度,只有像对待古董和收藏文物那样的保护意识,那

---

① 田艳.中国少数民族文化权利法律保障研究[D].北京:中央民族大学,2007.
② 姚知兵.民族地区非物质文化引产保护立法的几个问题[J].贵州民族学院学报(哲学社会科学版),2009(05).
③ 吴汉东.论传统文化的法律保护——以非物质文化遗产和传统文化表现形式为对象[J].中国法学,2010(01).
④ 严永和.我国民族自治地方制定非物质文化遗产知识产权保护法令的几个问题[J].中央民族大学学报(哲学社会科学版),2010(06).
⑤ 张媛,柏贵喜.文化身份合法化与民族文化传承的实践主体建构——以贵州省思南县傩文化传承为例[J].中南民族大学学报(人文社会科学版),2018(05).

是绝对不够的。非物质遗产与物质遗产的区别就在于,非物质遗产不是文物,而是需要活的传承,可以将其中的文化遗产转为文化资本①。

针对如何转化,叶舒宪并没有给出答案。与此同时,徐赣丽提出了开发式保护的框架。她把旅游市场机制引入其中,调动政府、学者、商家和文化主体的积极性,在现实中使非物质文化遗产找到生存的土壤。她认为这是一种双赢的模式,其关键环节是把文化遗产转变为一种旅游资源,而保护文化遗产是其核心部分②。于是,各地纷纷对非物质文化遗产进行旅游开发,这的确带来了不错的经济效益。然而,在生产开发的过程中,出现了一些片面追求经济利益而忽略保护等不合理现象。

针对这些现象,许多学者对此加以指出并提出解决的办法。如陈华文即认为对非遗的保护开发要避免出现非物质文化遗产的过度开发和商业化,产业化、旅游化要坚持生产性保护的原生态原则、就地保护原则、政府扶持原则和技能传承原则③。而谭宏则从生产性保护的理由、范围、生产过程、产权以及企业几个方面阐述了自己的理解④。马盛德在继续强调对非物质文化遗产坚持"生产性方式保护"的理念和底线的基础上,提出了需要引入现代的设计理念来发展非遗生产性项目。在传统非遗生产性项目的合理利用方面引入或融入现代的设计理念,就需要关注到当代人的审美心理和审美理念。在发展思路上,一方面,坚守传统,另一方面,面向现代,其观点虽值得再斟酌,但不失为一种思考的方向⑤。

此外,其他学者也从自身学科出发从不同角度提出了自己的建议。例如从整体角度提出要建立文化生态保护区,以便形成一个非物质文化遗产传承的良好环境⑥⑦⑧⑨。也有学者从口述史角度以历史学的方法来研究这一问题,他们认为口述传统是人类最为重要的非物质文化遗产的一种样态,要从口述

---

① 叶舒宪.非物质经济与非物质文化遗产[J].民间文化论坛,2005(04).
② 徐赣丽.非物质文化遗产的开发式保护框架[J].广西民族研究,2005(04).
③ 陈华文.论非物质文化遗产生产性保护的几个问题[J].广西民族大学学报(哲学社会科学版),2010,32(05).
④ 谭宏.对非物质文化遗产生产性方式保护的几点理解[J].江汉论坛,2010(03).
⑤ 马盛德.非物质文化遗产生产性方式保护中的几个问题[J].福建论坛(人文社会科学版),2012(02).
⑥ 刘魁立.文化生态保护区为题刍议[J].浙江师范大学学报(社会科学版),2007(03).
⑦ 陈勤建,尹笑非.论文化生态保护区的非文字文化保护[J].江西社会科学,2010(09).
⑧ 乔丽.生态文明视野下的非物质文化遗产保护[J].前沿,2011(07).
⑨ 黄永林."文化生态"视野下的非物质文化遗产保护[J].文化遗产,2013(05).

传统的发生性原理,特别是对口述、书写"形"与"理"的关系进行阐释①。在此基础上,要肯定口述史在非物质文化遗产保护中的重要功能和作用,让多学科、多领域都参与进来,这样,宏大的口述史研究就可以在非物质文化遗产保护视域下真正纳入文化发展的历史进程,促进文化保护和历史研究之间的结合②。但由于口述史在学术理念上的滞后和工作实践上的"一刀切",有学者主张可以从三个方面加以深化:第一,通过对口述史的调查倾听人民心声,理解人民心态;第二,借助社会语境的分析,赋予非遗口述史多层级的文化意义;第三,在"上情下达"和"下情上达"的意义上,对非遗口述史的工作予以功能拓展③。由于近年来数字化成为学术界关注的一种趋势,学者们也主张利用这一方法运用到非遗的保护中去④⑤。还有些学者或从新农村建设、或从教育的角度、或从人地关系、或从文化安全等不同的角度加以讨论,并结合当地的非遗情况加以探讨,数量丰富⑥⑦⑧⑨。

二、非物质文化遗产与旅游开发研究

在非物质文化遗产中,旅游学与非物质文化遗产相结合的一个新问题就是开发旅游资源,这一问题试图在充分了解各地非物质文化遗产的基础上,在非物质文化遗产的保护与旅游开发带来经济效益之间,找到一个最佳结合点。因此,有关这一研究多是将旅游学的理论运用于保护和开发非物质遗产中。至2018年,这一领域的研究极为丰富,既有具体的事例研究,也有理论上的思

---

① 彭兆荣.形与理:作为非物质文化遗产的口述传统[J].云南师范大学学报(哲学社会科学版),2010(03).
② 周新国.非物质文化遗产保护视野下的口述史研究[J].苏州大学学报,2012(06).
③ 李海云.当代非物质文化遗产保护中口述研究的适用与拓展[J].民俗研究,2014(04).
④ 阮艳萍.数字传承人:一类遗产表述与生产的新型主体[J].西南民族大学学报(人文社会科学版),2011(02).
⑤ 孙向阳.数字化技术视野下非物质文化遗产的传承与保护——以苗族史诗《亚鲁王》为中心[J].贵州民族研究,2016(03).
⑥ 刘秀英.新农村建设视野下非物质文化遗产保护路径探索[J].重庆科技学院学报(社会科学版),2011(05).
⑦ 曹晓辉.教育视野下的非物质文化遗产保护——以紫金县客家花朝戏为例[J].牡丹江大学学报,2011(08).
⑧ 赵李娜.人地关系视野下非物质文化遗产保护——以上海松江舞草龙为个案[J].云南师范大学学报(哲学社会科学版),2014(05).
⑨ 吕慧敏.文化安全视野下非物质文化遗产的保护与传承[J].广州大学学报(社会科学版),2015(10).

考。相关研究成果,许多学者都对其作了不同时段的综述。朱尖、柏松通过CNKI搜索截至2013年的全部相关研究,依据不同的标准制作出了各类表格,详细探讨了自非物质文化遗产提出以来的研究状况。从图1-5中可知,在包括2000年以前,仅有3篇文献,但从2000年开始则逐年快速增长。

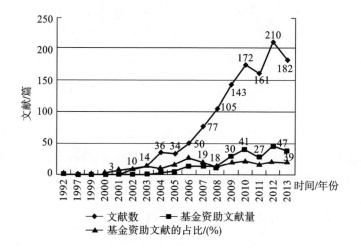

图1-5 国内遗产旅游研究文献年代分布与基金资助情况

而在期刊来源上,经统计得知,他所统计的1209篇文章刊载在506种期刊中,平均每种载文数约为2.39篇,其中核心期刊载文332篇,占总数的27.46%。总体看,专业性较强,其文章质量整体水平较高(见表1-1),整体刊物级别水平也较高,反证了遗产旅游的重要性及学者们的重视程度。

表1-1 遗产旅游研究部分期刊的发文量与相关情况

期刊名称	载文量/篇	比重/(%)	刊物级别	刊物所在地	刊物主办机构
《旅游学刊》	59	4.88	CSSCI	北京	北京联合大学旅游学院
《旅游纵览》	21	1.74	一般	河北秦皇岛	秦皇岛经济管理委员会
《资源开发与市场》	20	1.65	CSSCI	四川成都	四川省自然资源科学研究院

续表

期刊名称	载文量/篇	比重/(%)	刊物级别	刊物所在地	刊物主办机构
《旅游论坛》	20	1.65	CSSCI	广西桂林	桂林旅游高等专科学校
《旅游科学》	18	1.49	CSSCI	上海	上海旅游高等专科学校
《经济研究导刊》	18	1.49	一般	黑龙江哈尔滨	黑龙江省报刊出版中心
《乐山师范学院学报》	16	1.32	一般	四川乐山	乐山师范学院
《特区经济》	16	1.32	核心	广东深圳	深圳市深投教育有限公司
《人文地理》	15	1.24	CSSCI	陕西西安	中国地理学会/西安外国语大学
《安徽农业科学》	15	1.24	核心	安徽合肥	安徽省农业科学院
《中国商论》	13	1.07	核心	北京	中国商业联合会
《大众科技》	12	0.99	一般	广西南宁	中国科技开发院广西分院
《经济地理》	12	0.99	CSSCI	湖南长沙	中国地理学会/湖南经济地理研究所
《商场现代化》	12	0.99	一般	北京	中商科学技术信息研究所
《北京第二外国语学院学报》	10	0.83	专业	北京	北京第二外国语学院
《科技信息》	10	0.83	一般	山东济南	山东省技术开发服务中心
《贵州民族研究》	9	0.74	CSSCI	贵州贵阳	贵州省民族研究所
《资源科学》	9	0.74	CSSCI	北京	中国科学院地理科学与资源研究所

续表

期刊名称	载文量/篇	比重/(%)	刊物级别	刊物所在地	刊物主办机构
《生态经济》	9	0.74	核心	云南昆明	云南教育出版社
《西南民族大学学报》	9	0.74	CSSCI	四川成都	西南民族大学
《江苏商论》	9	0.74	核心	江苏南京	江苏省商业经济学会

在1209篇文献中,共有239篇文献受到不同程度的基金项目资助,比例为19.78%。其中受到国家社会科学基金和国家自然科学基金资助的文献最多,为142篇,占总资助文献的59.41%;省部各项资助达到3篇及以上的也不少(见图1-5、图1-6)。从数据看,我国遗产旅游研究受基金项目资助的比例不高,但文献被资助的基金级别较高[①]。

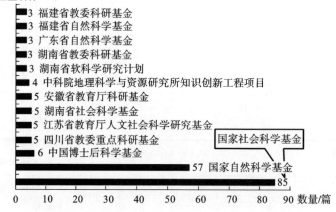

图1-6 遗产旅游研究受基金资助3篇及以上统计图(截至2014年)

而龙祖坤、金凰通过检索CNKI所收录2008年1月至2018年3月的文献后发现,不到十年间,共有1548篇与中国文化遗产旅游主题相关的文献产生,其中包含了1202篇期刊论文,346篇硕博论文。通过统计分析发现,从2008年到2018年十年间,有关文化遗产旅游的文献总体呈上升发展趋势。低速发

---

① 朱尖,柏松.基于文献计量的遗产旅游研究述评——以CNKI收录期刊论文为样本[J].资源开发与市场,2015,31(12).

展期在 2008—2009 年,增长的幅度小,文献数量急速增加的时间在 2009—2010 年,增幅十分明显。此后文献数量一直处于高速发展状态,且起伏范围不大(见图 1-7)①。

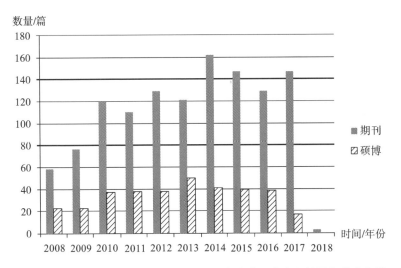

图 1-7 2008 年 1 月—2018 年 3 月文化遗产旅游研究论文数量与发表年份

显然,上述的统计皆表明,这一领域是学界关注的热点之一。笔者通过拜阅相关文章后认为,这些研究成果可分两大类:第一类是非物质文化遗产开发与保护的研究,第二类是非物质文化遗产旅游开发研究。第一类讨论的基本问题是如何在旅游开发中更好地保护非物质文化遗产,第二类则重点关注如何把非物质文化遗产的旅游价值开发出来及其相关问题。下面笔者即在前人所作综述的基础上加以回顾,在回顾中,笔者仅就学术意义较大的成果予以介绍。

(一)非物质文化遗产保护与旅游开发

作为一种保护非物质文化遗产的办法,即在生产开发中保护,这一方式是一种双赢路径,既能更好地保护和传承非物质文化遗产,又能为当地人民和政府带来经济效益。但是如何将二者最佳地结合起来呢?

宋欢认为,旅游开发需要从三个方面加以注意:第一,旅游资源的调查评价;第二,发展战略的制定;第三,旅游项目的设计。在旅游资源调查评价环节中,既要注意对非物质文化资源的调查搜集,同时要建立一套适用于非物质文化遗产资源的评价体系。还指出旅游开发不是保护非物质文化遗产的唯一途

---

① 龙祖坤,金凰.国内近十年文化遗产旅游研究综述[J].乐山师范学院学报,2018,33(06).

径,仅仅凭借旅游开发不可能完整地对其保护,更多地还需要政府及其相关部门的配合才能更好地对非遗进行保护,且迫切需要一部法律。显然,宋欢的研究是将非物质文化遗产的相关理论运用到旅游开发中去了①。

尹小珂、宋兰萍认为在旅游开发中,旅游的管理者和经营者都应克服"以我为中心"的思想观念,把非物质文化旅游视为可持续旅游,建立相应的政策法规,进行综合考虑。他们提出具体的措施:一是要实行源头控制,建立旅游开发与非物质文化资源保护的协调机制;二是要建立并完善相关的管理机构,即有关旅游资源与非物质文化环境的;三是要制定关于非物质文化旅游产业的管理办法,建立良好的旅游景区管理秩序②。

刘建平等人在认同上述学者观点的基础上进一步提出,在旅游开发中要加大对文化的宣传力度,提高整个社会对遗产保护的认识;借鉴国外的先进经验,增强我国在国际竞争中的实力;运用现代的科学技术手段,拓宽开发与保护途径;拓展旅游教育培训,提升从业人员素质等几个方面的内容。同时,他们也指出了旅游开发过程中对保护非物质文化遗产的消极影响③。

余凤龙等人则从旅游、经济、文化三者间的关系入手,认为对非物质文化遗产的开发要适度。在开发过程中,多重角色要相互配合,具体为政府要起到主导作用、公众积极参与、发挥传承人作用、由专家指导、企业化的运营以及旅游者要积极参与。尽量避免商品化、舞台化,要区别开发非物质文化遗产以及公众共同参与的协调合作机制④。

阚如良、李肇荣认为利用非物质文化遗产进行旅游开发,保护是前提。而这里提到的保护有两重意思:一是对非物质文化遗产本身的保护,二是对非物质文化遗产原生态文化环境的保护。因此,对非物质文化遗产的保护,不仅限于保护对象本身,而是涉及更广阔的范围——文化空间。由此他们提出了生态旅游的开发模式,认为其中社区旅游开发是一种最佳的模式⑤。

谭卫华、罗康隆则通过评述旅游开发保护非物质文化遗产的四种模式之

---

① 宋欢.旅游开发与非物质文化遗产保护[J].沧桑,2006(04).
② 尹小珂,宋兰萍.小议非物质文化遗产的旅游开发与保护[J].聊城大学学报(社会科学版),2006(03).
③ 刘建平,陈娇凤,林龙飞.论旅游开发与非物质文化遗产保护[J].贵州民族研究,2007(03).
④ 余凤龙,尹寿兵,杨蕾蕾.基于旅游视角的非物质文化遗产保护性开发研究[J].太原大学学报,2008(03).
⑤ 阚如良,李肇荣.论旅游开发与非物质文化遗产传承[J].旅游论坛,2008,1(06).

后,认为各种模式各有利弊。因此,他们在强调活态保护、整体保护后,指出还要从文化持有者的视角来探讨[①]。姜兆一在阅读大量前人研究成果的基础上,提出了保护形式选择、传承效能和保护绩效之间关系的构面变量,确定了研究的空白和机会,构建了评价模型,并提出关键变量的假设关系。他提出影响非遗保护形式的潜变量包括制度性保护、生产性保护、旅游化保护、活态性保护和传承性保护;传承效能的潜变量包括传承过程和游客感知;传承绩效的潜变量包括持续经济价值和文化空间拓展[②]。莫少辉专门探讨了非物质文化遗产保护在旅游开发中需要处理的两种关系,一是政府与非物质文化遗产继承者(特指民族、家族、家庭或个人)之间的关系,二是非物质文化遗产原始目的和意义与旅游业所带来的目的和影响之间的关系[③]。

有关非物质文化遗产保护与旅游开发的研究,在2013年以后基本没有多少进展,纵观研究成果,正如朱赟、叶新才所归纳的,非物质文化遗产保护与旅游开发历程经历了萌芽、保护、利用、协调四个阶段,虽成果丰富,理论研究趋势与实践相契合,但定性研究远远大于定量研究[④]。

(二)非物质文化遗产的旅游开发研究

前已述及,与非物质文化遗产保护的视角不同,这一问题主要着眼于如何开发非物质遗产,当然也会对如何保护有所涉及。非物质文化遗产的旅游开发研究成果非常丰富,相关研究的综述文章也较多,下面笔者对此加以分类概括。

1.非物质文化遗产与旅游开发之间关系的研究

最早对此问题的提出是从旅游学的角度,如何开发文化资源?张晓萍认为文化旅游与旅游文化是两个彼此联系但又不同的概念,文化旅游突出的是旅游方式,是以参与和感受地方文化为主的旅游,而旅游文化突出的是过程,指的是为了迎合游客而制作或者改变文化内涵的过程。文化旅游者可以更加广泛地与当地人接触,而旅游文化应更多地迎合旅游者的需要。因此开发旅游资源,应当考虑旅游与文化之间的关系。对此她提出了许多需要注意的问题,总体上她认为文化旅游更加适合,但要防止盲目开发。要注意保持开发和

[①] 谭卫华,罗康隆.旅游开发中的非物质文化遗产保护刍议[J].柳州师专学报,2010,25(03).
[②] 姜兆一.非物质文化遗产保护:形式选择、传承效能与保护绩效的关系研究[D].天津:天津财经大学,2012.
[③] 莫绍辉.旅游开发利用中非物质文化遗产两种关系论略[J].经济研究导刊,2013(31).
[④] 朱赟,叶新才.非物质文化遗产资源保护与旅游利用研究综述[J].旅游研究,2014,6(04).

保护的平衡,在开发和创新中保护原有文化的特色①。此后,随着非物质文化遗产概念的深入人心,学界具体表述为非物质文化遗产旅游。

刘玉清的关注点则把非物质文化遗产推向休闲市场,阐述促使非物质文化遗产走产业化之路的重要性②。刘茜阐述了非物质文化遗产是发展旅游业的重要资源③。张军在介绍了无形文化遗产概念演变的基础上,论述了无形文化遗产在旅游开发中所表现的特殊价值及其与有形文化遗产的关系,并总结了单独开发、与有形文化遗产的联动开发和旅游商品开发三种模式④。范玉娟认为非物质文化遗产具有较高的审美、艺术、体验价值,在加强区域旅游和塑造旅游形象、带动旅游产业链条、促进旅游娱乐和购物发展等方面具有很大的潜力,适度并科学的旅游开发是保护非物质文化遗产传承和发展的有效途径之一,除此还提出了未来非物质文化遗产旅游开发的理论研究方向与实践当中急需关注的几个问题⑤。

华春霞、贾鸿雁认为非物质文化遗产的经济价值具有间接性、潜在性和脆弱性,并从旅游活动的主体、客体及媒体对其开发的可行性等方面进行论述,认为非物质文化遗产的旅游开发具有四点意义:一是可以为其营造生存的"土壤"(即生存环境),二是可以培育更多受众,三是提供融资渠道,四是唤醒群众的保护意识⑥。梁保尔、马波认为在开发非物质文化遗产时要体现原真性,避免碎片化,设计旅游产品时要适宜于人民的解读,以便参与,而且还要有助于传承⑦。曹诗图、鲁莉利用既有理论将非物质文化遗产分为表演类、工艺美术类、传统医学类、民俗类四类,并针对每一类分别分析开发的可行性以及开发具体措施的构想⑧。王艳平根据联合国教科文组织的相关规定,提出非遗旅游资源与常规旅游资源有诸多差异,因此对于非遗这一概念需要用"认识路径"这样的关键词来固化。为此,王艳平认为对非遗的保护应该经历三个阶段,即

---

① 张晓萍.文化旅游资源开发的人类学透视[J].思想战线,2002(01).
② 刘玉清.把非物质文化遗产推向休闲市场[J].价格与市场,2003(03).
③ 刘茜.试用科学发展观认识非物质文化遗产保护与旅游发展[J].西北民族研究,2005(02).
④ 张军.论无形文化遗产在旅游开发中的有形化利用[J].中南民族大学学报(人文社会科学版),2005(03).
⑤ 范玉娟.非物质文化遗产的旅游开发研究[D].上海:上海师范大学,2007.
⑥ 华春霞,贾鸿雁.非物质文化遗产与旅游开发[J].东南大学学报(哲学社会科学版),2007(S2).
⑦ 梁保尔,马波.非物质文化遗产旅游资源研究——概念、分类、保护、利用[J].旅游科学,2008(02).
⑧ 曹诗图,鲁莉.非物质文化遗产旅游开发探析[J].地理与地理信息科学,2009,25(04).

从原始本真到经诸阶段真实再到唯旅游本真①。史亚萍在分析非物质文化遗产旅游开发影响的基础上,运用层次分析法构建了一套非物质文化遗产旅游开发的适宜性评价指标体系②。

2. 非物质文化遗产的旅游开发价值与潜力评估研究

根据学者的研究,有丰富多样的价值蕴藏在非物质文化遗产中。第一,历史价值。苑利、顾军认为这一价值主要体现在非遗具有证史价值、正史价值和补史价值。可为当地社会、经济、文化的研究提供详细的资料,帮助人们认识人类社会发展变迁的历史轨迹。第二,文化价值。邵际树认为非遗的文化价值主要体现在独特性、累积性和多样性上。第三,政治价值。许嵩龄认为传播中国思想政治文化的载体之一是非物质文化遗产,同时非物质文化遗产也是当代中国一项重要的软实力。第四,审美艺术价值。肖刚、邵际树认为其审美价值在于它带给人们精神上或情绪上的审美感染力,体现在工艺品、表演艺术、民族服饰等方面。第五,经济价值。在谭宏看来,非遗具有依附性、稀缺性、潜藏性和排他性特点,因此,认清非物质文化遗产的经济价值,有利于形成新的产业,为国民经济发展创造新的增长点。第六,教育价值。许忠伟、林月皆认为非遗可以传播历史、科学、艺术知识,增强民族自尊心和自信心,重建民族精神,促进民族文化认同③。那么,如何对这些价值和潜力做出评估,以设计出更好的旅游产品呢?

顾金孚、王显成的研究从旅游开发价值、遗产开发潜力、遗产影响力、生态敏感度、旅游开发条件五个方面建立了一个价值评价体系,并在此基础上确立不同非遗在旅游开发中的权重④。尹华光等学者通过三轮专家调查问卷,在理想评估指标的基础上,对其进行重要性打分,同时借助游客和居民的问卷调查进行筛选及模型修正,最后评估出非物质文化遗产旅游开发潜力的指标体系及权重,为非物质文化遗产的保护和开发奠定了一定的理论基础⑤。梁圣蓉、阚耀平通过专家访谈和旅游者调查的方式,以此确定非物质文化遗产旅游价

---

① 王艳平.非物质文化遗产旅游性质的认识路径[J].旅游科学,2009,23(01).
② 史亚萍.非物质文化遗产旅游开发的适宜性评价研究[D].湖北:三峡大学,2015.
③ 许忠伟,林月.非物质文化遗产与旅游开发的相关研究述评[J].北京第二外国语学院学报,2014,36(09).
④ 顾金孚,王显成.非物质文化遗产旅游资源价值评价体系初探[J].资源开发与市场,2008(09).
⑤ 尹华光,彭小舟,于洁.非物质文化遗产旅游开发潜力评估指标体系的构建[J].湖南大学学报(社会科学版),2009,23(06).

值的特征,并从客观的角度以游客认知的信息为基础,运用因子分析法量化了非物质文化遗产旅游价值的评价体系,构建了非物质文化遗产旅游价值评价模型。随后,通过对南通一些非遗旅游项目进行检验后得知,这一评价体系的构建过程体现了一定的客观性和科学性[①]。陈珠芳则从非遗的吸引力、生命力和承载力三个角度进行研究,并采用指标细化评分的方法[②]。蒋丽芹运用德尔菲法与层次分析法相结合,构建了非遗旅游价值的评价指标体系[③]。张宏乔把非遗旅游开发的价值、非遗所在地旅游的开发基础及非遗保护和延续性作为三个一级指标,稀缺性和独特性等14个类别作为二级指标构建了自己的价值评价体系[④]。

3. 开发主体研究

探讨对非物质文化遗产进行旅游开发的研究皆注意到开发主体的重要性,其中包括政府、社区、传承人。邓小艳在其论文中认为非物质文化遗产作为一种重要的旅游资源,其基础在于社区,其传承也在于社区,选择社区参与是有利于非物质文化遗产传承的践行方式。为实现开发与传承的良性互动,应以民族村寨为依托,构筑参与平台,提升参与能力,营造参与环境,充分实现社区主体角色的培育[⑤]。黄益军也认为在非物质文化遗产旅游开发中,应树立以社区为中心的非遗旅游发展理念,构建涵盖各利益相关者的非遗旅游协调机制、建设信息对称的非遗旅游信息共享平台、丰富社区参与非遗旅游的方式、保持社区参与非遗旅游的动态性以及搭建社区参与非遗旅游开发的一般模型[⑥]。孙梦阳等人通过构建利益相关者的利益平衡模型,结合结构方程和通径分析法对模型和假设进行检验,构建非遗旅游利益主体的关系图谱,划分利益主体间的关系类型,为非遗旅游适度开发提供了思路[⑦]。

---

① 梁圣蓉,阚耀平.非物质文化遗产的旅游价值评估模型[J].南通大学学报(社会科学版),2011,27(06).
② 陈珠芳.非物质文化遗产旅游资源开发价值评价研究[J].长江大学学报(社会科学版),2013,36(12).
③ 蒋丽芹.非物质文化遗产旅游价值评价体系构建及应用[J].边疆经济与文化,2014(01).
④ 张宏乔.非物质文化遗产的旅游资源价值评价[J].河南教育学院学报(哲学社会科学版),2015,34(04).
⑤ 邓小艳.文化传承视野下社区参与非物质文化遗产旅游开发的思路探讨[J].广西民族研究,2012(01).
⑥ 黄益军.非物质文化遗产旅游开发中的社区参与机制研究[J].广西社会科学,2013(08).
⑦ 孙梦阳,石美玉,易瑾.非物质文化遗产旅游开发利益平衡模型研究[J].商业研究,2015(09).

4. 非遗旅游开发模式研究

目前较为成熟的非遗旅游开发模式有以下五种：第一种，博物馆模式，即通过记录、录像或文字图片等形式保存和展示非遗；第二种，主题公园模式，即以非遗为主题，满足旅游者多样化休闲娱乐需求；第三种，实景舞台剧模式，即依托景区景点，以情景歌舞剧的形式将非遗融入舞台艺术中；第四种，节庆活动模式，即在非遗中萃取节庆主题，通过各种活动使非遗动态化，如泼水节；第五种，旅游商品模式，即通过旅游商品开发，彰显非物质文化遗产地域文化魅力，如蜀绣①。针对这几种模式，张希月在对比各种模式优劣的基础上，提出了相应的优化策略和创新性模式②。

5. 从游客的角度进行研究

由于旅游是一项以招揽游客为目的的设计活动，因此，为了更好地吸引游客，研究游客的旅游动机成为其中的一种方向。许忠伟、林月通过梳理学者的研究将游客出游的动机归纳为五类，即追求文化、交流情感、调节身心、自我教育以及自我实现③。刘啸等人通过实地调查和大量数据的分析，归纳和概括了旅游动机的特点。他们发现人类的本性是真正的、最为原始的旅游动机，反映了人的天生好奇心和求知欲，这种好奇心不断驱使人们探索生活圈以外的东西④。虞阳、戴其文运用问卷调查法和 PASW Statiscs 软件分析了到桂林的游客对非遗旅游产品的喜好、非遗旅游开发的态度等，分析结果表明：其一，传统音乐和舞蹈类是游客最感兴趣的非遗类型，对曲艺和传统戏剧最不感兴趣；其二，游客最喜欢的非物质文化遗产旅游产品是非遗主题公园，次之是民俗活动体验，而对非遗博物馆和餐饮消费兴趣偏低；其三，游客大都认同非遗保护的重要性，对非遗旅游开发也持赞同态度，但认为非遗旅游开发的主要问题是缺乏科学规划、公众参与不足和政府重视不够等⑤。

6. 开发中存在的问题及对策研究

虽然旅游开发的目的之一是保护，但是某些地方在开发时片面强调经济

---

① 梁圣蓉,阚耀平.非物质文化遗产的旅游价值评估模型[J].南通大学学报(社会科学版),2011,27(06).
② 张希月.非物质文化遗产的旅游开发模式与优化策略[J].人民论坛,2016(11).
③ 姜兆一.非物质文化遗产保护:形式选择、传承效能与保护绩效的关系研究[D].天津:天津财经大学,2012.
④ 刘啸,甘枝茂,杨延风.旅游动机——人类本性的回归——旅游动机的新探讨[J].干旱区资源与环境,2006(01).
⑤ 虞阳,戴其文.基于游客视角的非物质文化遗产旅游开发[J].资源开发与市场,2015,31(04).

效益,因此不可避免地出现了一些问题。上述各个部分的学者在论述中多少都会涉及这一问题,下面笔者就针对此问题研究的成果加以简单回顾。但娟对开发过程的问题做出梳理后,详细论述了非物质文化遗产进行开发时所需遵循的原则和规范以及开发形式的具体制度,并且提出完善非物质文化遗产开发的行政管理法规和非物质文化遗产开发利益分配法规,重点论述了完善利益分配的法律制度。将非物质文化遗产持有人(传承人)与非物质文化遗产作为两个独立的主体对开发利益进行分享是但娟论著的创新点,目的是解决当前非物质文化遗产生存发展需求和非物质文化遗产持有人(传承人)生存发展需求存在的差别问题,来更好地保障非物质文化遗产生存发展①。梁春娟、王娟针对不同形式的非物质文化遗产旅游产品,提出知识产权保护模式,并从制度、财政和科技三个方面提出了非物质文化遗产旅游产品的保护与开发对策②。赵悦、石美玉对非物质文化遗产能不能开发、由谁来开发、如何开发这三个学界关心的问题进行了分析和探究后认为,我国当前非物质文化遗产旅游开发中存在着三大矛盾,即保护与开发、开发主体之间、利益相关者之间的矛盾③。刘社军、吴必虎二人另辟蹊径,从生物遗传学的视角出发,在相关文献整理的基础上,通过类比法和举证法,从历史沉淀和地理变迁的角度分析了非物质文化遗产产生的基因差异。在对非遗发展困惑进行分析的基础上,探讨通过旅游开发将无形遗产有形化、大众化,优化文化基因赖以生存的遗传基质的可行性,从而实现非物质文化遗产保护和传承的双赢策略④。

7.其他方面

除上述几个方面外,尚有不少学者从其他方面对这一问题加以讨论。李玉臻分别从核心象征、核心价值观、集体记忆与历史记忆、符号和主体等角度,探讨了非物质文化遗产在旅游开发中与文化空间的关系⑤。邓小艳从符号消费的角度,认为在非物质文化遗产旅游开发过程中,要把"符号意义"作为核心,把整个开发过程看成一个系统的符号化运作过程,挖掘和构建符号意义,借助合适的载体展示符号意义,引导并启发旅游者参与符号消费⑥。另外,她

---

① 但娟.非物质文化遗产开发及其法律规制[D].重庆:西南大学,2010.
② 梁春娟,王娟.关于旅游产品知识产权与非物质文化遗产的保护对策[J].中国地名,2010(11).
③ 赵悦,石美玉.非物质文化遗产旅游开发中的三大矛盾探析[J].旅游学刊,2013,28(09).
④ 刘社军,吴必虎.非物质文化遗产的基因差异及旅游发展转型[J].地域研究与开发,2015,34(01).
⑤ 李玉臻.非物质文化遗产视角下的文化空间研究[J].学术论坛,2008(09).
⑥ 邓小艳.符号消费背景下非物质文化遗产旅游开发的路径选择[J].广西社会科学,2010(04).

还从建构主义原真性理论出发,依此建立相关模型①。还有的研究是从非物质文化景观的视角进行探讨②。张巍利用系统动力学的模型方法,将非遗旅游开发划分为四个子系统,分别为游客行为子系统、旅游开发企业子系统、非物质文化遗产资源子系统和政府行为子系统,建立了非物质文化遗产开发系统的动力学模型,角度新颖③。刁宗广从文化的创意性和真实性两个方面,探讨了二者在非物质文化遗产范畴内被整合到一起后的相互促进关系④。杨阳从"一带一路"的角度,在鄂尔多斯地区田野调查的基础上,探讨了民族地区非物质文化遗产旅游开发的协作机制问题⑤。除此之外,还探讨了各地方旅游开发的实例,兹不赘述。

三、惠及民生研究

自党的十七大以来,"惠民"的概念日渐为公众所知,党和政府也在按照这一精神按部就班地实行各项惠民政策。然而,目前有关惠民的理论研究却很少,大多着眼于惠民政策的具体实施,发表的论文也多为个人感想,因此,这一部分的回顾较为简略。

2009年,新华社记者杜宇专访时任中华人民共和国人力资源和社会保障部部长尹蔚民,他从三个方面强调要将惠民政策尽快落实到实处⑥。刘培林从两个方面论述了惠民生政策的全局性意义⑦。王安基于政策制定和执行的视角,主张惠民政策必须以民为本。他认为惠民政策的出发点就是解决民生问题,让人民共享改革成果,因此在政策制定过程中需要问需于民、问计于民、问策于民,在执行中更加惠民、利民、虑民,真正体现人民意志和人民利益,充分考虑人民的利益诉求和价值取向⑧。彭莹莹根据实地考察调研,对惠民政策的

---

① 邓小艳.基于建构主义原真性理论对非物质文化遗产旅游开发的解读[J].贵州民族研究,2010,31(02).
② 于崧.基于非物质文化景观的现代旅游规划设计研究[D].黑龙江:东北农业大学,2010.
③ 张巍.非物质文化遗产旅游开发系统的动态仿真研究[D].云南:昆明理工大学,2013.
④ 刁宗广.旅游开发中"非遗"文化的创意性和真实性[J].社会科学家,2015(02).
⑤ 杨阳."一带一路"背景下民族地区非物质文化遗产旅游开发的协作机制研究——基于在鄂尔多斯地区的田野调查[J].赤峰学院学报(汉文哲学社会科学版),2016,37(10).
⑥ 杜宇.让中央的惠民政策尽快落到实处——专访人力资源和社会保障部部长尹蔚民[J].中国劳动保障,2009(05).
⑦ 刘培林.惠民生政策措施的全局性意义[J].领导之友,2010(01).
⑧ 王安.惠民政策必须以民为本——基于政策制定和执行的视角[J].理论界,2010(01).

实施情况、问题以及对策提出了自己的看法①。马进虎表示,针对"十一五"期间,青海省在基层文化建设取得显著成效的同时,也存在着一些问题,如基层文化建设与文化惠民工程实施不平衡等,提出要坚持文化体制改革的正确方向等对策②。曾礼华、何健借助质性研究方法,以P市S社区的惠民政策实施过程为对象,分析了社区居民的民生观念及其行动取向。他们认为"在社会时空结构发生剧烈重组过程中,基层社区的治理结构受到基层人民情感和情绪的深刻影响。在基层政权和基层人民相互作用的过程中,民生福利观念成为人际联系中的首要情感,但是这一情感也左右着基层社会治理的机制。"该文将惠民、治理及人民的"找事"策略结合了起来③。

王帅认为在建设文化强国战略的背景下,我国政府投入了巨大的资源,构建庞大的公共文化服务体系,以切实履行公共文化服务职能,文化惠民工程由此应运而生。他通过对文化惠民工程的重点项目——乡镇综合文化站运转过程的实证发现,文化惠民工程的项目制符合项目制运作的发展规律。为了让文化惠民工程更好地发挥它应有的作用,从长远发展的角度来看需要做出以下变革:构建从政府主导到公民需求为导向的公共文化服务供给体系;健全公共文化服务项目制的多元决策参与机制;创新和借鉴现代项目管理机制和方法,以提高项目运作绩效④。陈水生运用范米特和范霍恩的政策执行过程模型,从五个维度去考察文化惠民工程中乡镇综合文化站的政策执行过程,发现公共文化服务项目制运作存在国家主导逻辑与地方自主逻辑、官僚政绩至上逻辑与公民需求导向逻辑之间两种内在矛盾和困境,从而限制了文化惠民工程项目制的执行效果⑤。

四、国外学术界研究现状

前已述及,对非物质文化遗产的最早关注是西方学者在讨论口头传统的过程中逐渐被联合国教科文组织所接受,最后被联合国定名为"非物质文化遗

---

① 彭莹莹.惠民政策的问题分析与对策研究[J].东方企业文化,2011(16).
② 马进虎.基层文化建设与文化惠民问题研究[J].青海社会科学,2012(04).
③ 曾礼华,何健.边缘政治的生产:惠民政策背景下社区居民的利益情感与行动取向——以P市S社区为例[J].晋阳学刊,2013(04).
④ 王帅.文化惠民工程的项目运作逻辑研究[D].上海:复旦大学,2014.
⑤ 陈水生.项目制的执行过程与运作逻辑——对文化惠民工程的政策学考察[J].公共行政评论,2014,7(03).

产"。因此相关研究国外学者探索较早,也较成熟。由于笔者获取西方著作不易,下面笔者仅就国内相关介绍加以简略综述。

(一)非物质文化遗产的研究

许忠伟、林月通过统计国内外相关成果分析后认为,国外研究更加侧重于可持续发展研究、旅游者研究以及文化遗产旅游目的地建设与管理,而国内研究主要集中在非物质文化遗产的基本问题,比如非物质文化遗产的内涵、功能等问题以及非遗与旅游之间的关系问题。可见国外更注重的是对非物质文化遗产的保护与可持续发展,而国内看重的是非遗所体现的经济价值。①

国外非物质文化遗产的概念主要来自官方的界定,就是联合国教科文组织提出的"指被各群体、团体、有时为个人视为其文化遗产的各种实践、表演、表现形式、知识和技能及其有关的工具、实物、工艺品和文化场所"。Golding(2004)对联合国教科文组织提出的"非物质文化遗产"概念,指出了三个方面需要注意的重点:一是物质遗产与它关联的产品和使用的实践经验一样重要;二是不断地得到传承和创新;三是在一个复杂的民族领域内,物质和非物质文化方面可以增加一种个体或团体的特性,同时在全球范围内,提高人们对文化多样性的尊重和对不同文化之间的理解。Thomas M(2005)比较了非物质文化遗产这一概念出现的历史以及出现在其他国际机构的假定,同时提出了联合国教科文组织产生这一概念的基本条件以及它与文化地理的相关性。Munjeri D较早地研究了非物质文化遗产的内涵及形式特征②。Daugstad K和Grytli D分析了非物质文化遗产的内涵本质、问题与可持续性③。Harriet Deacon从理论上指出保护非物质文化遗产的重要性④。Rex基于非物质文化遗产流失及消亡的现象,提出非物质文化遗产保护的几个基本观点⑤。Xavier

---

① 许忠伟,林月.非物质文化遗产与旅游开发的相关研究述评[J].北京第二外国语学院学报,2014,36(09).

② Munjeri D. Tangible and Intangible Heritage: From difference to convergence[J]. Museum international,2004,56(1-2):12-20.

③ Daugstad K, Grytli D. How to study and manage a multihistoric landscape[J]. Norsk Geografisk Tidsskrift-Norwegian Journal of Geography,1998,53(2-3):85-92.

④ Deacon H. Intengible heritage in conservation management planning:the case of Robben Island[J]. International Journal of Heritage Studies,2004,10(3):309-319.

⑤ Nettleford R. Migration Transmission and Maintenance of the Intangible Heritage[J]. Museum Internation,2004,56(1-2):78-83.

Greffe 则从不同案例的研究中提出非物质文化遗产保护的具体策略①。因此，国外不断在明确关于非物质文化遗产的内涵与特征，并且对非物质文化遗产的保护观点基本已经达成一致。

（二）非物质文化遗产与旅游研究

关于这方面的研究成果在国外更为丰富，据王立妹、卢松对国外相关研究成果的统计分析，非遗旅游在国外的研究历程经历了萌芽阶段（20 世纪 70 年代）、中期探索阶段（20 世纪 80 年代）和快速发展阶段（21 世纪以来）。其间所关注的问题包括：其一，非遗旅游与原真性；其二，非遗旅游与民族认同；其三，非遗旅游开发（包括资源保护、旅游开发影响、动力机制）；其四，非遗旅游与可持续发展；其五，非遗旅游与管理。综合这些研究成果，他们认为，从研究的历程上看，早在 20 世纪 70 年代，国外就开始对非遗旅游领域进行研究，其成果总体日益完善并呈现出繁荣的趋势。20 世纪 80 年代，Cohen E（1988）将"文化"(culture)、"原真性"(authenticity)与"旅游"(tourism)结合起来研究，成果较为丰富。20 世纪 90 年代，"原真性"依然受到学者们的关注。21 世纪初，研究成果呈快速上升的趋势，学者们对该领域的关注度越来越高。从研究主题来看，非遗旅游与原真性、民族认同、文化之间的联系较密切，原真性主要从以非遗为客体和以游客为主体这两个方面来研究，不同的利益者如政府、社区居民、企业、文化传承人、游客具有不同的民族认同。近年来，"地方认同"(identity of place)、"旅游开发"(tourism development)、"可持续发展"(sustainable development)、"管理"(management)也受到了学术界的关注②。

综合以上研究成果，我们发现，国内外较为成熟的研究，主要表现在对非物质文化遗产的内涵和性质、保护以及非物质文化遗产与旅游开发的关系方面。虽然西方学界研究较早，但在对国内实际情况调查的情况下，中国学界的研究更符合中国的国情。然而，截至目前，对于非遗旅游所产生的效益如何与国家所提倡的惠民政策结合起来，研究极少，这正是本课题所要重点研究的问题。

---

① Xavier G. Is heritage an asset or a liability? [J]. Journal of Cultural Heritage, 2004, 5(3): 301-309.
② 王立妹. 卢松. 国外非物质文化遗产旅游知识图谱分析[J]. 淮南师范学院学报, 2017, 19(06).

第三节　课题研究成果的主要内容、思路与方法

一、研究的主要内容

本课题研究的内容除绪论外,还有五个部分。第一部分主要概述环塔里木地区非物质文化遗产的现状。第二部分主要阐述这一地区非物质文化遗产的旅游开发状况并加以分析。第三部分论述在开发非物质文化遗产的旅游工作中对惠民情况的调查。第四部分主要是运用前人研究成果对当地旅游开发与惠民政策实施之间的关系加以理论探讨。第五部分主要针对当下在非物质文化遗产旅游开发与惠民之间存在的问题提出一些保障性的策略,以供当地政府参考。

二、研究的思路与方法

本课题研究的思路,即在对环塔里木地区的非物质文化遗产、非物质文化遗产的旅游开发以及旅游开发与惠民之间实际情况的详细调查基础上,运用相关理论成果,分析二者之间的关系,从而提出自己的建议。

所采用的方法主要包括:第一,人类学、社会学的田野调查法,主要是对当前环塔里木地区的非物质文化遗产资源、非物质文化遗产旅游开发以及惠民的现状进行全面掌握;第二,历史学的方法,主要是阅读相关历史文献,厘清当地非物质文化遗产的历史渊源,以更好地开发保护;第三,统计学方法,将田野调查中的相关数据加以统计,借以找出问题和规律;第四,理论联系实际,学界对这一领域的研究相当丰富,利用相关理论来研究环塔里木地区的问题,有助于总结出可供参考的策略。

三、研究的创新

综合以往的研究成果,本课题的创新之处在于,在充分了解环塔里木地区的非物质文化遗产、非物质文化遗产旅游开发以及惠民政策实施的情况下,将三者联系起来进行研究。力求将非物质文化遗产在旅游开发中所产生的经济效益最大化地惠及人民,为当地人民带来切实的利益,以构建一个和谐的社会。

四、研究的重点

本课题研究的重点是环塔里木地区非物质文化遗产旅游开发与惠民之间的关系。国家提倡开发非物质文化遗产的主要目的有两个,一是在开发生产中保护非物质文化遗产,二是将其中的经济效益挖掘出来。然而,目前如何将这一经济效益更好地惠及人民,在学界几乎是一项空白,这与当下国家提倡的惠民政策不相符合。因此,这一问题既是本课题研究的基本问题,也是研究的重点。

五、研究的不足

由于课题组成员的水平有限,限于国内获得资源的局限,以及在田野调查中相关机构对相关数据的封闭,本课题在研究中出现了理论(特别是国外)掌握不够全面,没有获得所需的全部数据,这为本课题的研究带来了障碍,期待进一步调查、学习后开展更为深入和全面的研究工作。

第二章
环塔里木地区概况及非物质文化遗产现状

第一节 塔里木盆地概况

  塔里木盆地地处新疆的南部,是中国内陆盆地中面积最大的。盆地位于天山山脉和昆仑山山脉之间。盆地面积约50多万平方千米,平均海拔近1300米,呈现出东低西高的地势特点。塔里木盆地是封闭性的山间盆地,周围是深大断裂所限制的稳定地块,微向北斜,旧罗布泊湖面是盆地最低点。

  塔里木盆地的地貌呈环状分布,其四周环以砾石戈壁,中心区域为辽阔的沙漠,在沙漠和盆地边缘的间隔地带由冲积扇和冲积平原组成,分布有绿洲。塔里木河的南边是中国最大的沙漠——塔克拉玛干沙漠,它也是世界第二大流动沙漠。塔里木盆地属于暖温带气候,年平均温度在9℃到11℃,全年有200多天为无霜期。因此,这里的自然灾害以风沙和干热风为主,导致了沙丘在盆地边缘向南移动的现象。

  盆地降水稀少,西风气流是这里主要水分的来源。因地形关系,盆地本身无法形成径流。在盆地南部主要有叶尔羌河、和田河、克里雅河等较大的几条河流;盆地北部主要有阿克苏河、库车河、渭干河、开都河等。这里地下水的动储水量在110亿—148亿立方米,其主要水源来自河床、渠道以及田间渗漏。盆地中的残余盐土、棕色荒漠土壤和龟裂性土壤主要分布于盆地边缘的昆仑山北麓和天山南麓。但这荒漠之下却蕴藏着丰富的天然气和石油,其蕴藏量分别约占全国总蕴藏量的四分之一和六分之一。

据有关考古发现和文献记载,很早就有居民在塔里木盆地的边缘生活,汉代以前主要是操印欧语系的塞人、月氏人或吐火罗人,他们属于高加索人种。当时,为了争夺西域地区,汉人和匈奴人纷纷迁居于此,形成了我国居民西迁的第一个浪潮。公元前176年,也就是汉文帝前元四年,匈奴冒顿单于遗汉文帝书云:"楼兰、乌孙、呼揭及其旁二(三)十六国,皆以为匈奴。"由此大批匈奴人进入西域,与汉人展开了对西域的争夺。经过长期争夺,约2世纪中叶,匈奴人战败告终,一部分南匈奴归顺了汉王朝,而北匈奴则被迫向西迁徙。"其羸弱不能去者住龟兹北"。到魏晋南北朝时,北匈奴后裔建立了"悦般国","众可二十余万"。同时,散居于塔里木盆地周边其他地区的匈奴人也有很多。

汉代时,通过屯垦、任官、经商、从军、移民等多种方式,汉人进入了包括塔里木盆地周边在内的西域地区,汉族成为进入新疆较早的民族之一。魏晋南北朝时,中原战乱纷纷,许多汉人迁至黄河以西,又辗转到达新疆,与汉代时在此屯田的士兵后代共同生活在吐鲁番地区,自此吐鲁番地区成为汉人的聚居地之一。公元460年以后,此地先后建立了以阚氏、张氏、麴氏等汉人为主的地方政权。其中麴氏的高昌王国统治长达140多年,历经9代。除汉族外,羌族也是较早进入塔里木盆地的民族之一。在20世纪60年代,这里考古发现了一枚刻有"汉归义羌长"的铜印。这里曾存在着"若羌"这一地名,再联系其他相关文献,我们有理由认为,汉代时羌人曾是这里一支重要的政治力量。到5世纪初,柔然的势力已深入至塔里木盆地的边缘,最强盛时吐鲁番和焉耆都归其管辖。公元487年,高车副伏罗部首领阿伏至罗因不满豆伦可汗曾率军侵扰北魏的边疆地域,随后与其弟率十余万户向西迁徙。在环塔里木地区生活的民族部落中,高车副伏罗部是第一个有文字记载的操突厥语的部族。

在匈奴、柔然之后,又一个在环塔里木地区建立自己政权的游牧民族是突厥。约在公元610—618年,突厥分裂为东、西两部分。西突厥管辖东至阿勒泰山,西到里海,"自玉门以西诸国皆役属之。遂与北突厥为敌,乃建庭于龟兹北三弥山"。统叶护可汗即位后,他"北并铁勒,西拒波斯,南接罽宾,悉归之,控弦数十万,霸有西域,据旧乌孙之地,又移庭于石国北之千泉。其西域诸国王悉受颉利发,并遣吐屯一人监统之,督其征赋"。

7世纪下半叶,青藏高原的吐蕃势力也进入西域南部。从8世纪末开始,吐蕃势力对环塔里木地区进行了长期的统治。他们在此驻扎军队,建立城堡,设置官职,大批吐蕃人民也聚集于此。从藏文文献及考古出土的吐蕃简牍中,发现了 60 多个部落名称。他们大多是来自原来部落中分化出来的千户。此外南北朝时,还有吐谷浑、嚈哒等民族在这一区域活动。

上述居民和民族纷纷迁移于此后,使得这里的民族更加多元。他们在生产生活中相互交流、通婚,加速了这一地区的民族融合。他们在相互融合与交流中,改变了当地原住居民的生产及生活方式。吐蕃势力在 9 世纪中叶后退出,但仍有很多吐蕃人民,他们不断与当地其他民族融合,最后消融在当地民族义化之中了。

自汉及唐的千余年间,虽然有很多民族先后统治这里,但这里的民族结构和布局在根本上从未改变。其原因在于,他们的生产方式存在着很大的差异。首先,来此统治的民族基本上属于游牧民族,他们有的虽然长期统治这里,但建立起来的政权皆是游牧性质,仅仅在塔里木地区边缘从事放牧,并未进入绿洲,因此没有改变自己的生产及生活方式。其次,在绿洲生活的汉人,除在吐鲁番地区之外,其他地区的汉人散居在几个屯田点上,人数不多,且平时跟这些少数民族接触不多。因此,无论是汉人还是其他少数民族,都不能对该地的民族结构带来根本的影响。相反,倒是生活于此的汉人,受到当地人民的影响,不断与当地居民融为一体。

纵观历史,这一地区是我国少数民族的聚居地,其民俗风情与其他地区有很大不同。在长期的历史发展过程中,这里的人们形成了很多独具特色的少数民族文化,经过不断传承发展成为今天丰富的非物质文化遗产。因此,如何开发利用这些文化资源,将其转化为经济效益为当地人带来实惠,构建团结、和谐的社会主义社会,是一个重要的议题。本课题所研究的范围,是围绕在塔里木盆地周围的市县城市。

第二节　环塔里木地区概况

环塔里木地区有悠久的历史和丰富的资源,是新疆少数民族比较集中的地方。这里除了阿拉尔市、图木舒克市,还包括巴音郭楞蒙古自治州、克孜勒苏柯尔克孜自治州(后简称克州)、和田地区、喀什地区以及阿克苏地区。

一、巴音郭楞蒙古自治州

巴音郭楞蒙古自治州(通常简称巴州),位于新疆的东南部。东邻甘肃省、青海省;南与西藏自治区相接,倚靠昆仑山;西边与和田、阿克苏地区相连;北与伊犁、塔城、乌鲁木齐、吐鲁番等地、州、市相连并以天山为界。东西和南北各有800余千米的长度。

早在西汉初期,巴州境内就有若羌、且末、乌垒、渠犁、焉耆、危须等11个"城国"或"行国"。公元前60年,西汉政府在乌垒(今巴州轮台县境内)设西域都护府。公元91年,东汉政府在楼兰置西域长史加以统治。唐时设焉耆都护府。公元1759年,清设置喀喇沙尔办事大臣,实行伯克制度。卡墙(今巴州且末县)、卡克里克(今巴州若羌县)隶属于阗办事大臣管辖。乾隆三十六年,土尔扈特与和硕特蒙部东归。乌纳恩苏珠克图盟旧土尔扈特部南路四旗、巴图色勒图盟和硕特中路三旗实行札萨克制,共游牧于珠勒都斯,由喀喇沙尔办事大臣兼辖,伊犁将军节制。

1950年4月12日成立了焉耆专署,四年后撤销。又分别设置了管辖焉耆、和硕、和静三县的巴音郭楞蒙古自治州和管辖库尔勒、尉犁、若羌、轮台、且末五县的库尔勒专署。1960年底,库尔勒专署合并到巴音郭楞蒙古自治州,州府迁到库尔勒。至1983年库尔勒县并入库尔勒市后,形成现在八县一市的格局,即库尔勒市、轮台县、若羌县、尉犁县、且末县、焉耆县、和硕县、和静县、博湖县。

巴州地貌分属天山、昆仑山和阿尔金山等三个地貌区,基本格局呈"U"字形。境内有山、水、沙漠和绿洲。在全州面积中,山地面积占47.7%;平原面积占52.3%。横亘于准噶尔盆地和塔里木盆地之间的天山山脉,是亚洲最大的山系之一,在州境内长约950千米。山间的盆地和纵向的谷地,将整个山系分割成多个山脉和山块,主要包括天格尔山、阿拉沟山等。巴州南部的昆仑山为东北-西南走向的东昆仑,海拔为7723米的木孜塔格峰是其最高的峰。巴州东南部塔里木盆地东与青海柴达木盆地之间的界山是且末以东的阿尔金山,由北向东延伸,一般高度为3000—5000米,气候干旱,为荒漠山地①。

库尔勒市是巴州政治、经济、文化的中心,因盛产香梨,故称"梨城"。"库

---

① 巴音郭楞蒙古自治州人民政府[EB/OL]. 2019-04-16. https://baike.baidu.com/item/%E5%B7%B4%E9%9F%B3%E9%83%AD%E6%A5%9E%E8%92%99%E5%8F%A4%E8%87%AA%E6%B2%BB%E5%B7%9E/5310284?fromtitle=%E5%B7%B4%E5%B7%9E&fromid=7568354.

尔勒"汉语意思为"楼兰人"。有"古丝路雄关"之称的铁门关闪烁着千年丝路文化的神秘光彩,孔雀河依然哺育着这座既古老又年轻的城市。如今,库尔勒市城市建设已十分完备,有完善的基础设施和日渐完整的交通网络,并先后获得"中国魅力城市"等十多项荣誉。库尔勒市建有大型国际机场,缩短了这里和全国其他地区乃至世界各地区的距离。2017年年末,巴州总人口127.93万人(不含未落户常住人口),少数民族人口57.87万人,其中蒙古族4.98万人,维吾尔族44.88万人,汉族70.06万人。

二、克孜勒苏柯尔克孜自治州

克孜勒苏柯尔克孜自治州(通常简称克州)位于新疆维吾尔自治区的西南部,总面积7.25万平方千米,下辖一市(县级)三县,阿图什市为其府治。"克孜勒苏",柯尔克孜语意为"红水",柯尔克孜族是该州的民族主体。克州在我国最西部,处于天山南脉、昆仑山北麓和塔里木盆地西端的帕米尔高原山。这里90%以上为山区,有"万山之州"的美誉。该州西北、西南部分别与中亚、南亚等周边6个国家相邻,在1000多千米的边境线上,分布着254个通外山口和两个国家一类口岸。东部与阿克苏相邻,南与喀什相依,是中国唯一以柯尔克孜族为自治民族的自治州。

约3000年以前,这里还处于母系社会的部落联盟状态,而此时中原社会已进入奴隶社会的鼎盛时期。当时,这里出现了三种文化类型,山区为狩猎文化和游牧文化,平原地区为农耕文化。据我国史籍记载,中原的黄帝、舜帝、尧帝等首领都与境内的部落联盟有过密切的联系。《竹书纪年》载"黄帝时西王母献白环,舜帝时又献之","尧,西王母献其白管","舜受终西王母献益地图";《贾谊新书》称:"黄帝涉流沙,登于昆仑,于是还归中国";尧帝"身涉流沙,地封独山,西见王母,驯及大夏、渠叟"。从以上这些记载可以明确看出,中华古帝与境内的西王母之邦等部落联盟长期都有友好往来。

秦汉之际,境内以各个绿洲为核心的、从事定居农业的"城郭诸国"及从事游牧的"行国"开始形成。当时阿图什隶属疏勒国,阿合奇属尉头国,乌恰属捐毒国,阿克陶属桢中国。汉时设置西域都护府加以统治,后克州境域正式并入汉朝版图。在漫长的历史发展过程中,克州先后受西域长史府、西戎校尉府和西突厥王庭的统治。唐朝时,这里辖于安西都护府,北宋、辽时期,境内大部分土地属喀喇汗王朝管辖。元时,克州辖于中书行省,受断事官辖治。明初,辖于别失八里的喀什噶尔。明永乐十六年,朵豁剌惕即亦力把里首府大臣,将克州变为自己家族的世袭领地。

天山南麓在1678年被蒙古部噶尔丹侵占。在清政府平定准噶尔叛乱之后,即1759年设置了总理回疆事务参赞大臣,使得州境在参赞大臣的管理之下。乾隆二十七年,清政府在伊犁设"总统伊犁等处将军",使克州境内又辖于伊犁将军。从1913—1944年,克州境内先后建了阿图什县、乌恰县、阿合奇县。克孜勒苏柯尔克孜自治州在1954年7月14日成立。

自治州成立时称克孜勒苏柯尔克孜自治区,1955年2月新疆维吾尔自治区成立后,将克孜勒苏柯尔克孜自治区改称克孜勒苏柯尔克孜自治州。2017年年末,克孜勒苏柯尔克孜自治州总人口为620591人。其中维吾尔族约占总人口的65.9%,柯尔克孜族约占总人口的26.2%,汉族约占总人口的6.7%①。

克州位于欧亚大陆中心,属暖温带大陆性气候。日照充足,四季分明,温差较大。春季升温快,多风,多浮尘,天气多变;夏季热;秋季凉爽;冬季寒冷,多晴天。山区气候寒冷,降水不均匀,四季不分明,冬季十分漫长,一年内仅有冷暖之分。这里旅游资源丰富,在历史长河中,留下了很多的历史文化古迹,如佛窟、佛塔、伊斯兰教遗址和古墓、古堡遗迹、古驿站遗址、石人墓和古岩画、坎儿井遗迹。

这里历史悠久,留下了数量众多的非物质文化遗产。克州是古代三大文明(华夏文明、古希腊文明、古印度文明)、三大宗教(基督教、佛教、伊斯兰教)、三大语系(汉藏语系、印欧语系、阿尔泰语系)荟萃的地方及东西方文化交融碰撞的地方。《玛纳斯》是一千年前传承下来的柯尔克孜族英雄史诗,也是一部浓缩的柯尔克孜族历史,它与《格萨尔王》《江格尔》被列为中国三大英雄史诗,是第一批列入国家级非物质文化遗产的项目。

克州的文化与东方华夏文化同源分流,同根多枝。这里多民族文化并存,它们相互交融、相互影响、共同发展。在民族迁徙中,各民族先后来到这里,不仅促进了这里的开发,发展了生产力,而且也丰富了这里的文化。在这里,多种语系交融,有阿尔泰语系、汉藏语系与印欧语系,形成了多种语言和文字共存并行、相互借用、互为补充的局面。此外,这里还有着丰富多彩的宗教文化,其中伊斯兰文化保留有佛教文化的元素以及萨满传统的遗俗。传统艺术中,

---

① 克孜勒苏柯尔克孜自治州2017年国民经济和社会发展统计公报[N/OL].克州日报,2018-06-28[2018-06-28].http://bzwap.kzinfo.com.cn/content/2018-06/28/016852.html.

流传于民间的故事有炼石补天的女娲、偷取昆仑神火的普罗米修斯以及乌古斯可汗。

这里留下了各种文化碰撞的印记。自南向北，克州的文化拼图呈现出三大块，西南山区为塔吉克文化，中部是维吾尔文化，北部则是柯尔克孜文化。历史悠久的三种文化，有着厚重的文化传统，特别是民间文学和民间艺术作品十分丰富。除上面所提到的非遗外，还有脍炙人口的维吾尔族《阿凡提的故事》、柯尔克孜族的古典乐曲《康巴尔汗》以及维吾尔族的《十二木卡姆》。它们不仅是柯尔克孜和维吾尔民族音乐创作的基础，同时也是民族音乐的经典。

克州也是西胡文化的起源地，在古代，疏勒乐、柘枝舞以及胡腾舞长期在这里流传，不仅对这里的群众产生影响，而且很早就传入中原地区，对中原文化也产生了很大的影响。同时，由于汉族人民很早来到这里，因此，这里的民族文化也含有大量的汉文化元素。汉文化的融入，也极大地丰富了这里人民的精神生活，提高了境内各民族的文化素质，有利于增强各族人民的凝聚力，也为克州的社会繁荣和进步奠定了坚实的基础。

三、阿克苏地区

阿克苏地区地处塔里木盆地的西北一隅，东与巴州接壤，南与和田地区相望，西与克州紧邻，西南与喀什地区相接，北与伊犁哈萨克自治州毗邻，西北与吉尔吉斯坦、哈萨克斯坦两国交界。总面积13.13万平方千米，占新疆面积的8%。"阿克苏"，维吾尔语意为"白水"。

这里历史悠久，在境内的库车、温宿和柯坪县均发现了公元前7000—前6000年的人类活动痕迹。公元前60年，西域都护府对境内的姑墨加以管辖，魏晋南北朝时期，姑墨又受龟兹管理。唐代时期，这里称陇右道西部。公元647年，唐政府在此设立龟兹都督府，第二年安西都护府迁于此，同时将焉耆、龟兹、于阗、疏勒四镇归属于安西都护府，历史上称"安西四镇"。至北宋，龟兹等地属于高昌回鹘王国，元代作为察合台的封地。在准噶尔部叛乱被平定后，在此设置阿克苏郡王。进入民国后，先后将这里改为阿克苏行政区、第四行政区和第四行政督察专员公署。中华人民共和国成立不久后，中国人民解放军步兵二军五师进驻阿克苏，并于1950年7月成立阿克苏地区革命委员会，1983年将阿克苏县改为市，由阿克苏地区所管辖。至2013年年初，经新疆维吾尔自治区政府同意,在一师一团设立金银川镇,把阿克苏市、阿瓦提县和柯坪县划归至阿拉尔市管辖。

阿克苏地区地势由西北向东南倾斜,境内地表景观较为丰富,北部为山区,中部为山麓砾质扇形地,冲积平原、戈壁和绿洲交错变幻,南部则为著名的塔克拉玛干沙漠。中部地区有丰茂的天然草场,黑英山盆地、拜城盆地、柯坪盆地以及乌什谷地等都是水量丰沛、土地肥沃的老绿洲。由于阿克苏远离海洋,地处亚欧大陆深处,形成了暖温带干旱型气候。这里干燥、降水少,每年、每个季节都有很大变化。这里日照时间长,冬寒夏热,昼夜温差非常大,加之境内的地表景观丰富多样,因此,境内各地的气候差异很大。如西部和北部山区,夏季凉爽、湿润多雨,冬季寒冷;拜城盆地和乌什谷地则夏季略短,降水稍多,冬季略长;南部沙漠区夏季酷热,多风少雨,冬季干冷。除拜城盆地和乌什谷地以外,平原区都比较干燥,夏季炎热,冬季寒冷。

自古以来,阿克苏就是丝绸之路上的重要驿站之一,这里不仅有着优美的自然风光,还有历史悠久的历史建筑,更有种类多样的非物质文化遗产。在自然景观方面,这里有大龙池高山湖泊、大草原、盐水沟雅丹地貌、泪泉、九眼泉、戈壁魔城天山神木园、黑英山以及老虎台等。在人文景观方面,最著名的要数西域三十六国中的"龟兹古国"遗址。该遗址位于库车市境内。著名的克孜尔千佛洞和库木吐喇千佛洞等石窟群始建于两晋时期,这一石窟群是印度佛教文化、西域文化与中国传统文化结合的产物。此外,昭怙厘大寺、汉代烽燧、古代冶炼遗址、伊斯兰教遗址等也闻名遐迩。非物质文化遗产不仅有联合国级的木卡姆,还有国家级的维吾尔族卡拉库尔胎羔皮帽制作技艺、维吾尔族乐器制作技艺和柯尔克孜族绣花布单制作技艺等。这里是东西方文明的交汇点,因处于丝绸之路上,这里的文化呈现出丰富多彩的特征,其中多浪文化和龟兹文明最负盛名。尤其是这里的龟兹乐舞,很早就传入汉人宫廷,极大地促进了中国传统音乐舞蹈的发展。

汉族是阿克苏地区的主体民族,另外还有维吾尔族、回族、蒙古族、哈萨克族、柯尔克孜族等35个民族。

四、喀什地区

喀什地区地处塔里木盆地的西南端,古称疏勒,地处欧亚大陆中部。东与塔克拉玛干大沙漠接壤,东北与柯坪县、阿瓦提县相接,西北与克州的阿图什市、阿克陶县和乌恰县相连,东南与和田地区的皮山县为邻。喀什地区因地处边疆,边界与多个国家毗邻,自西向南依次与塔吉克斯坦、阿富汗、巴基斯坦、吉尔吉斯坦、乌兹别克斯坦和印度等国相邻,边境线总长888千米。喀什地区总面积16.2万平方千米。喀什地区的行政公署所在地是喀什市(属于县级市),它也是喀什地区的政治、经济、文化中心。2010年,喀什经济开发区被批为国家第六个经济特区,成为中国内陆的第一个经济特区。

维吾尔语"喀什噶尔"音译的简称即喀什,其语源融合了突厥语、波斯语及古伊斯兰语等,含有"初创""各色砖房""玉石集中之地"等几种不同的解释。疏勒、疏附、任汝都是喀什的古称,包括今喀什市、疏勒县、疏附县、伽师县一带在内的地区为古时疏勒,今塔什库尔干县为古时蒲犁、莎车,今英吉沙和阿克陶在内的地区为古时依耐,今塔什库尔干南部为古时乌禾宅,今叶城为古时西夜等诸国地。

公元前138年张骞出使大月氏,经过今喀什地区,公元前126年回到长安便向汉武帝禀告西域各国的情况。于是,疏勒、尉头、莎车、依耐等国开始被汉朝所知。

唐显庆二年,西突厥汗国被唐所灭,疏勒、葱岭正式归属唐朝版图。唐朝在此设安西都护府来管理。不久,唐朝又设立疏勒都督府,但其中,今巴楚县境则属龟兹都督府所辖。公元713—741年,唐设葱岭守捉在原碣盘陀国都城驻兵防边,碣盘陀国成为唐朝最西边的边防守捉城。唐代以后,这里不复为中原王朝统治。

乾隆二十年(1755年),清军西征准噶尔部,"大小和卓"叛乱于1759年被平定以后,喀什地区正式纳入清朝版图。纳入清朝之后,清政府在喀什噶尔设置"总理回疆事务参赞大臣"一员,总理南疆的喀什噶尔、英吉沙尔、和阗、叶尔羌、乌什、阿克苏、喀喇沙尔、库车八大城的事务,另外还设领队大臣、协办大臣各一员,专门管理喀什噶尔、英吉沙尔的事务。同时,仍实行"伯克制",管理民务。可见,清朝十分重视对这里的统治。为此,至乾隆二十六、二十七年,清政府又分别在莎车改设办事大臣和领队大臣,在新疆设立伊犁将军一员。伊犁将军总理天山南北的军事和民政,喀什噶尔的参赞大臣也属于伊犁将军统辖,进一步加强对这里的控制。此后,"总理回疆事务参赞大臣"一职的驻地多次更换,其官职的级别和名称也屡有变更,体现了这里社会的复杂性。鸦片战争后,阿古柏势力在沙俄的支持下,发动叛乱,直到光绪三年(1877年)才被全部消灭镇压,清政府重新掌握了对该地区的管辖权。光绪八年,清政府设置喀什噶尔道(后改为兵备道)。其下辖相继有 2 个府,直隶厅、分防厅、直隶州各 1 个,以及 6 个县,道府驻喀什噶尔回城。

喀什地区的南部、北部依次耸立着喀喇昆仑山和天山,西部和东部依次被帕米尔高原和塔克拉玛干沙漠环绕。在诸山和沙漠之间,叶尔羌河、喀什噶尔河的冲积平原镶嵌其中,呈现出西南向东北倾斜的地势。由于喀什地区三面环山,印度洋的湿润气流难以到达这里,而北冰洋的寒冷气流也很难穿透,因此形成了这一区域干旱炎热的暖温带荒漠景观。同时,三面山上的积雪一旦融化,便会给这里带来丰富的水源,为绿洲的开发创造了条件,因此在这里形成了喀什噶尔和叶尔羌河两大著名的绿洲。

喀什地区境内四季分明,光照较长,热量充沛,气温变化大,极不稳定。这里降水很少,且蒸发快,夏季炎热,不过酷暑期短;冬天较为温暖,但低温期长;春夏时节,大风频繁,所以沙暴、浮尘的天气较多。因气候差异较大,地形复杂,喀什大体分为 5 个区。地形地貌、地域降水影响了喀什地区的水系,冰川、山区积雪带成为各河系的源头,各条河流年内明显的枯与洪都随着山区水分的融冻而变化,使得各河流都成了融补型河流。

喀什境内生活过许多古老的民族,这里民族众多,他们为这里文化的繁荣和经济的发展,贡献了巨大的力量。在漫长的历史长河中,各民族相互融合、协作,逐渐完成了现代民族的发展进程。截至 2005 年,境内主要民族有维吾尔族、汉族、塔吉克族、回族、柯尔克孜族、乌孜别克族、哈萨克族等 31 个民族。

喀什有老城和新城两座城。老城以艾提尕尔清真寺为中心,街道四散开来。每个周五的早晨,人们都能听到寺中买增(宗教职务)召唤教徒做礼拜的声音。这里人文景观非常丰富,除城内的艾提尕尔清真寺、香妃墓、大巴扎以外,还有喀什以南的卡拉库里湖、慕士塔格峰、石头城和红其拉甫口岸。喀什市是以维吾尔族人为主要居民的古老城市,具有浓郁的民族特色,是新疆极具代表性的地区。

维吾尔族的服饰风格独特、美观多样。男子衬衣外面多穿没有纽扣、右衽斜领、长及膝盖的袷袢(长袍)。妇女喜穿色彩鲜艳、有领无衽的衣裙。无论男女老幼,都喜欢戴绣工精美的小花帽。未婚少女多编十多条长辫。白布缠头的多是宗教职业者。饮食方面多以面食为主,有烤馕、拉面、曲曲、汤面、烤包子和抓饭等,喜食牛、羊肉。除此之外,瓜果是维吾尔族群众生活中的必需品,同时,他们还喜欢喝奶茶和砖茶,喜好饮酒。

五、和田地区

和田地区位于塔里木盆地的南端。南、北、东、西依次与西藏、阿克苏、巴州、喀什毗邻,边界线长达264千米,西南以喀喇昆仑山为界。和田地区下辖和田1个县级市和7个县。

和田地区,历史上称"于阗",是古西域国名,清朝初期改为"和阗",在1959年又改为"和田"。《唐书·西域传》载:"于阗或曰瞿萨旦那,办曰涣那、曰屈丹,北狄曰于遁,诸胡曰豁旦。"《大唐西域记》称作瞿萨旦那国:"唐言地乳,取其俗之雅言也。俗语谓之汉那国。匈奴谓之于遁,诸胡谓之豁旦,印度谓之屈丹,旧曰于阗,讹也。"还称:"瞿萨旦那国,周四千余里,沙碛大半。"瞿萨旦那为国名,含义是"地乳"。

秦汉以前,在这里先后有塞人、羌人、月氏人等不同的古老民族繁衍生息。张骞凿空西域后,在汉文典籍中第一次记录和田地区。当时的皮山、于阗、精绝、戎卢诸国都位于今和田境内。魏晋时期,于阗国与中原地区保持着密切的关系。清时,在这里设置和阗办事大臣。

1949年后在此设立和阗专区专员公署。和阗于1959年改为和田。2000年,和田地区划分和田县、皮山县、于田县、墨玉县、洛浦县、策勒县、民丰县7个县和和田市1个县级市。

昆仑高山在南部划成弧形横贯和田地区东西。浅丘低山区在北坡,南坡则山势渐缓。山脉高峰约为6000米,最高在7000米以上。昆仑山麓以北,戈壁横布,各河流冲积扇平原绿洲继续分布,冲积的扇缘与塔克拉玛干沙漠连接直到塔里木盆地中心。

和田地区在欧亚大陆腹地,因西有帕米尔高原、北有天山山脉,在高原和大山的屏障下,西伯利亚的冷空气很难穿透。而南部横亘着的昆仑山、喀喇昆仑山,又阻隔了来自印度洋的暖湿气流,因此,这里形成了暖温带极端干旱的荒漠气候。这一气候的主要特点是四季分明,春季升温快但不稳定,多风沙浮尘,夏季炎热,秋季降温快,冬季冷而不寒。全年光照时间长,热量丰富,昼夜温差大。和田地区南,从喀喇昆仑山口至空喀山口的山区,大部分被冰雪覆盖。在长约400千米的山区,即喀拉喀什河到克里雅河之间是昆仑山冰川的主要集中区。昆仑山冰川属大陆性山岳冰川,是中国最大的冰川区之一。它们规模大、雪线高、融化速度缓慢。其中昆仑山脉北坡的玉龙冰川面积最大,达251.7平方千米,长达25千米。

和田地区土地面积达2492.7万公顷,除草场、冰川和少量耕地、林地外,山地面积中的42%为裸岩石砾地,难以利用。平原面积中,沙漠和戈壁面积占了89.5%,能利用的绿洲面积只有近1万公顷。在和田地区后备土地资源中,有18.97万公顷的无沼泽化、无盐渍化、无危害或危害轻的土地属于一级土地;约15.46万公顷的轻度盐渍化、轻度沼泽化、轻度沙化的土地属于二级土地;三级土地是质量较差的中度盐渍化、中度沼泽化、沙化的土地,有14.95万公顷;四级土地有48.7万公顷。

与阿克苏一样,和田地区也是一个以维吾尔族为主体的多民族地区,除了维吾尔族,还生活着汉族、哈萨克族、柯尔克孜族、蒙古族、藏族、土家族、乌孜别克族等民族。

作为中外文化的交汇处,各种文化都在这里产生过影响,它们在这里相互影响、相互融合,从而创造出了如昆仑神话这般的灿烂文明。长久以来,各个民族都在这里建立过政权,不同的政治势力在此处逐鹿争雄,你方唱罢我登场。政权更迭,民族多样,所以在这里形成了丰富多元的文化类型。和田的叼羊表演、桑皮造纸技艺、于阗乐舞等民族游艺、手工技艺和艺术,都是颇具特色的文化遗产,如今它们纷纷列入到各个级别的非物质文化遗产项目之中。

叼羊是这一地区颇有特色的体育项目,同时也是一项古老的游戏活动,它体现了少数民族在马背上勇敢无畏的精神。该活动在当地的农村、牧区十分普遍。每当在春季及婚、丧、嫁、娶和各种节日期间,当地都会举行叼羊比赛。维吾尔族的桑皮纸制作技艺目前已被列入国家级非物质文化遗产,主要流传于新疆南部的和田地区,宜植桑的吐鲁番地区也有分布。维吾尔族的桑皮纸制作工艺与其他地区的造纸工艺基本相同,只是维吾尔族的桑皮纸原料是以桑树枝嫩皮为主,制成的纸分低、中、高3个档次,用途比较广泛,目前,这一技艺正被作画的农民所采用,逐渐恢复了它的活力。此外,和田还是有名的歌舞之乡,于阗乐舞是它最负盛名的乐舞。汉代时,和田的《于田佛曲》就传入中原,而且汉朝宫廷也出现了《于阗乐》。魏晋南北朝时期,中原到处流行于阗乐舞。进入唐朝后,由于唐朝政府对这里加强控制,当地乐舞大批进入唐朝宫廷和中原地区,如唐朝的国乐《十部乐》中,就收入了《于阗乐》。除《于阗乐》外,专门演奏于阗筚篥的演奏家尉迟青当时誉满长安,"万方乐奏有于阗"家喻户晓,一直传为佳话。此外,和田佛文化遗址和出土文物较多。比如汉晋时期精绝国故址的尼雅遗址、当地人称为"什斯比尔"的买力克阿瓦提古城、洛浦县的阿克斯皮力古城、于田县的喀拉墩古城、民丰县的安迪尔古城、巴格其乡的约特干遗址、以佛塔为中心的寺院建筑遗址热瓦克佛塔以及库克玛日木石窟等都是世界知名的古遗址。

第三节　环塔里木地区非物质文化遗产的现状

环塔里木地区历史上就是一个少数民族占多数的区域,这里的服饰、饮食以及曲艺传统皆与其他地区不同,在非物质文化遗产的数量中占有一定的比例。环塔里木盆地非遗项目的最大特点就是多样性和独特性。多样性体现在其类型多样,数量丰富;独特性则是指这里的非遗项目相较于其他地区,独具民族特色。近年来,随着该地区优秀传统民族文化申遗的成功,这些遗产被越来越多的国内外人民了解,不仅增进了世人对这一地区的认识,同时也促进了民族的团结。

环塔里木地区的优秀非物质文化遗产,是稳定当地社会的重要文化资源,它对增强当地人民的民族自豪感以及对中国传统文化的认知有着极大的帮助作用,同时它也是开发当地旅游资源、促进当地经济发展、切实落实惠民政策的原动力。随着非遗在人们心中地位的提高,新疆维吾尔自治区政府非常重视本地区非物质文化遗产的申报工作,同时也对本地区已经申报成功的非遗项目加以保护。首先政府制定了相关条例加以保护。2008年,自治区政府出台了《新疆维吾尔自治区非物质文化遗产保护条例》,在2010年又制定了《新疆维吾尔自治区木卡姆艺术保护条例》,这些条例的制定和出台标志着新疆非遗的保护工作步入了法治的轨道。其次,新疆维吾尔自治区政府建立了国家、自治区、地(州、市)和县的四级非遗名录体系,在全自治区范围内加以实施,使得非遗保护工作更加规范,同时也极大地增强了当地各级政府和人民的非遗保护意识。最后,为了积极推广新疆的非遗项目,吸引更多的游客来此参观,从2006年开始,新疆维吾尔自治区政府除在"非物质文化遗产日"前后举办有关非遗的各类展演外,许多非遗项目还应邀积极地在其他各省市区进行展示。自2013年起,有关"非物质文化遗产日"的展示、展演地点开始有意识地从乌鲁木齐下移到各个地州,如此一来,能让各地普通人民更多地了解当地的非遗和优秀传统文化。正是在这一系列措施的推动下,环塔里木地区的非遗项目也发展较好。下面笔者即根据学界已有的研究成果并结合自己的田野调查,对这一区域的非物质文化遗产现状做相关概述。

一、非物质文化遗产及分类

较早提出"非物质文化遗产"概念的是联合国教科文组织,这一概念的产生迫于遗产保护本身的需要,它是相对于"物质遗产",如历史遗址、建筑等物质性的文化遗产而提出的新概念。在巴黎召开的第17次世界遗产大会上,联合国教科文组织通过了历史性的文件《保护世界文化和自然遗产公约》,其中文化遗产包括物质文化遗产与非物质文化遗产,从此,这一概念成为国际上通行的概念而且被各国政府和人民所接受并使用。根据该公约,非物质文化遗产指的是"被各社区、群体,有时是个人,视为其文化遗产组成部分的各种社会实践、观念表述、表现方式、知识、技能,以及与之相关的工具、实物、手工艺品和文化场所。这种非物质文化遗产是被世代相传的,不同社区、群体在适应各自周围自然和环境的过程中,在历史互动中不断更新再创造,为人民、群体提供持续的文化认同感,增强对人类创造力和文化多样性的尊重。当然,需注意的是该公约所保护的不是非物质文化遗产的全部,而是符合现有国际人权公约的、利于建立彼此尊重的、和谐的、最能使人类社会实现可持续发展目标的那部分非物质文化遗产"。[①]

在联合国《公约》对非物质文化遗产定义的基础上,我国政府为符合中国的实际,根据本国的情况,对各类非物质文化遗产的概念加以修订。国务院办公厅在2005年颁布了《关于加强我国非物质文化遗产保护工作的意见》,在该意见中,我国政府对非遗定义进行了具体的诠释,即"非物质文化遗产指各族人民世代相承的、与群众生活密切相关的各种传统文化表现形式(如民俗活动、表演艺术、传统知识和技能,以及与之相关的器具、实物、手工制品等)和文化空间"。

---

① 王文章.非物质文化遗产概论[M].北京:文化艺术出版社,2006.

非物质文化遗产根据它的表现方式可分为两类：一类是传统的文化形式，如表演艺术、民俗活动、传统知识以及生产技艺等；另一类是文化空间，即有价值的文化内容所展现的空间场所，如每年按照日期定期举行传统文化表演时的场所。这一空间与那些历史文化遗址有着很大的不同。历史文化遗址，主要是历史上遗留下来的有形建筑或废墟，是一种可以看到的人文景观，因其代表着特殊的历史事件而具有了历史文化价值。但文化空间则与之不同，它虽然也具有一定的物质外形，是可以看到的，但是它仅仅在非遗活动进行表演或展示时才具有意义，换句话说，它只有与非遗项目发生关系时才具有价值。

根据相关文献和专家学者的研究，非物质文化遗产具体表现为：一是口头传统，包括作为非物质文化遗产媒介的语言；二是传统表演艺术（含戏曲、音乐、舞蹈、曲艺、杂技）；三是民俗活动、礼仪、节庆；四是有关自然界和宇宙的民间传统知识和实践；五是传统的手工艺技能；六是与上述表现形式相关的文化空间[①]。笔者所依据的是国务院、文化部自 2006 年 6 月至 2022 年 12 月所公布的第一至第五批非物质文化遗产名录及扩展名录，以及新疆所公布的第一至第五批自治区非物质文化遗产名录。尽管新疆维吾尔自治区建立了国家级、自治区级和地（州、市）级、县级三级非遗申请制度，但是由于种种原因限制，目前已经开发的非遗项目绝大多数仅限于国家级和自治区级。另外，由于地（州、市）级、县级的非遗名录多有重复，因此，本课题所统计仅限于世界级、国家级和自治区级。下面笔者即将环塔里木地区的非物质文化遗产分地区加以统计分析。

二、各地区非物质文化遗产统计

（一）巴音郭楞蒙古自治州

巴州即巴音郭楞蒙古自治州，其首府是库尔勒，这里主要是蒙古族的聚居地，另外还生活着部分维吾尔族和回族，因此，这里民俗风情独特，非物质文化遗产丰富。据笔者统计，巴州的非物质文化遗产较为丰富，从国家级到自治区级，都有一定数量。详见表 2-1。

---

① 王文章.非物质文化遗产概论[M].北京：文化艺术出版社，2006.

表 2-1 巴州非物质文化遗产一览表(截至 2022 年)①

类型	地区	非遗名称	级别
民间文学	巴州②	江格尔	国家级、自治区级
	博湖县	祝赞词	国家级、自治区级
	博湖县	蒙古族谚语	自治区级
	和静县	蒙古族民间故事	自治区级
	轮台县	维吾尔族歌谣	自治区级
传统音乐	尉犁县	维吾尔族民歌(罗布淖尔维吾尔族民歌)	国家级、自治区级
	巴州	蒙古族长调民歌	国家级、自治区级
	巴州	新疆花儿	国家级
	焉耆县	新疆花儿	自治区级
	若羌县	赛乃姆(若羌赛乃姆)	自治区级
	博湖县	蒙古族托布秀尔	自治区级
	博湖县	蒙古族短调民歌	自治区级
	且末县	维吾尔族阿拉其热瓦甫艺术	自治区级
	且末县	维吾尔族山区民歌	自治区级
传统舞蹈	和静县	新疆蒙古族舞蹈萨吾尔登	国家级、自治区级
	博湖县	新疆蒙古族舞蹈萨吾尔登	国家级、自治区级
	若羌县	赛乃姆(若羌赛乃姆)	国家级
	且末县	维吾尔族动物模拟舞(老虎舞、鹅舞、鸭舞)	自治区级
	且末县	赛乃姆(且末赛乃姆)	国家级、自治区级
	库尔勒	赛乃姆(库尔勒赛乃姆)	国家级、自治区级
	尉犁县	罗布淖尔维吾尔族做饭舞	自治区级
	尉犁县	罗布淖尔维吾尔族狮子舞	自治区级
传统体育、游艺和杂技	和静县	赛马(蒙古族赛马)	自治区级
	和硕县	赛骆驼	自治区级
	轮台县	斗羊	自治区级
	且末县	维吾尔族曲棍球	自治区级

① 中国非物质文化遗产网·中国非物质文化遗产数字博物馆：https://www.ihchina.cn/project.html；新疆维吾尔自治区文化和旅游厅非物质文化遗产名录：http://wlt.xinjiang.gov.cn/wlt/xzzx/202207/feff88804722492da0950ca39df59cb5.shtml。

② 注：部分非遗项目以巴州为单位进行申报。

续表

类型	地区	非遗名称	级别
传统美术	焉耆县	回族刺绣	自治区级
	轮台县	刺绣（维吾尔族）	自治区级
	和静县	新疆蒙古族唐卡	自治区级
	博湖县	新疆蒙古族刺绣技艺	国家级
	和静县	蒙古族骨雕技艺	自治区级
传统技艺	且末县	维吾尔族花毡、印花布织染技艺	国家级、自治区级
	和静县	新疆蒙古族奶酒酿造技艺	自治区级
	博湖县	新疆蒙古族托布秀尔制作技艺	自治区级
	博湖县	蒙古包制作工艺	自治区级
	博湖县	新疆蒙古族刺绣技艺	自治区级
	博湖县	新疆蒙古族服饰制作技艺	自治区级
	和静县	毛纺织级擀制技艺（蒙古族）	自治区级
	轮台县	维吾尔族铁皮制品制作技艺	自治区级
	焉耆县	回族宴席九碗三行子	自治区级
传统医药	和静县	新疆蒙古医药	自治区级
	博湖县	新疆蒙古医药（金烙术、药浴）	自治区级
	博湖县	裹羊皮疗法	自治区级
民俗	博湖县	蒙古族服饰	国家级
	和静县	新疆蒙古族那达慕节	自治区级
	和静县	那达慕	国家级
	和静县	蒙古族驯马	自治区级
	和静县	蒙古族转场习俗	自治区级
	和静县	新疆蒙古族婚俗	自治区级
	和硕县	蒙古族祖拉节	自治区级
	焉耆县	回族服饰	自治区级
	焉耆县	回族婚俗	自治区级
	库尔勒	麦西热甫（维吾尔族托依麦西热甫）	自治区级

从表2-1可以看出,截至2022年,整个巴州范围内,国家级非遗14项,自治区级48项(部分非遗项目既为国家级也为自治区级),涵盖了各种类型。国务院、文化部于2006年公布的第一批国家级非物质文化遗产中,巴州的《江格尔》名列其中,它成功申报为国家级非物质文化遗产项目,表明巴州这一地区历史文化深厚,是极具代表性的少数民族地区之一。如果将其详细分类统计,可以看出在巴州内部各类非遗的数量和种类都不平衡,详见表2-2。

表2-2 巴州地区非物质文化遗产数量、种类统计分析表

地区	国家级	自治区级	民间文学	传统音乐	传统舞蹈	传统体育、游艺和杂技	传统美术	传统技艺	民俗	传统医药
			表演艺术类			生活艺术类			传统民俗类	
巴州	3	2	2	3	0	0	0	0	0	0
库尔勒	1	2	0	0	2	0	0	0	1	0
和静县	2	12	1	0	2	1	2	2	5	1
博湖县	4	11	3	2	2	0	1	4	1	2
且末县	2	6	0	2	3	1	0	2	0	0
尉犁县	1	3	0	2	2	0	0	0	0	0
轮台县	0	4	1	0	0	0	0	0	0	0
和硕县	0	2	0	0	0	0	0	0	1	0
若羌县	1	1	0	1	1	0	0	0	0	0
焉耆县	0	5	0	1	0	0	1	1	2	0
总计	14	48	7	11	12	4	5	10	10	3

从图2-1中,我们可以发现在巴州地区中,博湖县的非遗数量最多,且国家级非遗项目数量居首位,其次是和静县,数量排在第二,总体来说,巴州地区的非遗项目十分丰富,在资源开发上有巨大的潜力。

和静县在巴州的西北部。境内山川秀丽,奇峰叠起,气候宜人,是巴州的人口大县;1939年设和通县;1965年,改和靖县为和静县。和静县境内生活着

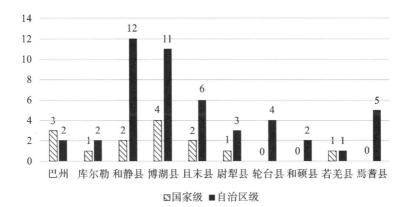

图 2-1 巴州境内各县市非物质文化遗产分级示意图

蒙古、汉、维吾尔、回等 29 个民族，是一个以蒙古族为主要人口的县。其境内的蒙古族萨吾尔登舞蹈，于 2008 年被列入第二批国家级非物质文化遗产。萨吾尔登是新疆蒙古族人民所表演的一种乐舞。这种乐舞是在弹奏者和舞蹈表演者的紧密配合下完成的。其伴奏的乐器以蒙古族乐器"托布秀尔"为主，其旋律也以表现马为主。在这一乐舞中，可以展现马的各种情况，如缓步行走的马、快步疾走的马，惟妙惟肖，甚至连跛脚的马也能表现出来。在这些曲调的伴奏下，舞蹈表演者翩翩起舞，随着弹奏者的节拍，时而表现马儿信步草原，时而表现二马并行，让在场所有人身临其境。在表演过程中，每当进入高潮，舞者和乐手都会全身心投入。乐手会弹奏出马儿嘶鸣的叫声，舞者也会随声附和。此时，周围观众也会情不自禁纷纷加入舞蹈的行列，男人们有人在搭建帐篷，有的在挤奶，有人在模拟山羊顶角；而女人们则常用抖肩、揉肩或下腰等优美的动作来抒发自己的柔情和遐想，展现出蒙古民族欢庆的劳动场景。萨吾尔登乐舞既展现了蒙古汉子的勤劳、有力，又表现了蒙古女子的温柔多情。

在巴州各个县中，颇为特殊的是博湖县和尉犁县。博湖县位于焉耆盆地东南部，天山南麓，即开都河下游，东北与西北依次与和硕县、焉耆县毗邻。1971 年博湖建县，因境内有博斯腾湖（全国最大的内陆淡水湖）而得名。博湖县由汉、蒙、回等 18 个民族构成。尉犁又称"罗布淖尔"，源于"罗布泊"而得名。它位于巴州腹地，离乌鲁木齐市有 520 千米，在库尔勒市南 50 千米处。境内主要是维吾尔族和汉族。国道 218 线横贯尉犁县，该县是南疆的重要交通枢纽之一。博湖县的非物质文化遗产数量有 15 项，尉犁县 4 项，但是他们的级别却很高。博湖县有 2 项世界级非物质文化遗产而尉犁县有 1 项。

博湖县的祝赞词在 2011 年被列入第三批国家级非物质文化遗产,当时共同申请的单位除博湖县外,还有内蒙古自治区的东乌珠穆沁旗和新疆塔城地区的和布克赛尔蒙古自治县。中国北方蒙古游牧民族的传统民间文学形式之一的祝赞词,是一种语言自然流畅、有一定韵调,一气呵成的自由诗。祝词和赞词,统称为"祝赞词"。祝赞词是蒙古族人民在长期的生产劳动和生活中逐渐形成的口头表达形式。在最初,蒙古族原始居民出于对大自然的敬畏,在生产劳动中,猎户和牧民们在生产之前对周围的山川、河流以及森林进行祈愿,祈祷生产顺利,打猎成功。后来猎户和牧民们创作的词汇被编成歌谣,这种有文字记载的歌谣充满了对自然万物的歌颂,以获得大自然的宠爱和馈赠。后来随着生产水平和文化水平的提高,人们逐渐对大自然认识之后,便不再赞颂大自然,特别是从事农业生产后,人们开始将祝赞词的对象转移到农业生产中来了。后来,祝赞词更多的是应用于日常生活中。如在"那达慕"节日大会、婚礼仪式以及自己饲养的牲畜和使用的生活用具上等,都编汇出了相应的歌词加以赞祝。由此可以看出,祝赞词既有悠久的历史,又具有独特的民族风格与生活气息。

博湖县的另一项国家级非遗项目是新疆蒙古族刺绣技艺,它于 2008 年列入第二批国家级非物质文化遗产,当时文化部将其归入"传统美术"类。刺绣,蒙古语为"哈塔戈玛拉"。新疆蒙古族在历史文化的漫长变迁和发展中,不断融合其他民族的文化艺术精髓,逐渐形成了本民族传统艺术的特色。蒙古族妇女大多擅长刺绣,从小就学习刺绣手艺。这一技艺与蒙古族独特的生活方式密切相关。蒙古族被称为"马背上的民族"。为了适应骑马这一生活方式,蒙古族的妇女们发明了独特的蒙古服饰,体现出她们独特的游牧特色。在蒙古族的服饰中,无论男子还是女子,大多都偏爱在腰间系上红色、黄色或绿色的绸带或腰带。出于审美的需要,他们在绸带或腰带上往往会绣上美丽的图案,因此形成了高超的刺绣技艺。罗布桑却丹的《蒙古风俗鉴》记载,早在元代时,刺绣即已成为蒙古族妇女生活的一部分。心灵手巧的蒙古族妇女不仅把刺绣当作一种家务,同时在刺绣中还寄托了她们生活的理想。通过刺绣,将自己对丈夫或未来丈夫的情感融入其中,她们通过各种图案表达自己的情感。刺绣完成后,女子之间还会相互比较,一争高下。而她们的丈夫带着自己妻子亲手完成的刺绣作品，在男人中间也会夸耀自己妻子的能干。因此，刺绣艺术不仅是一种手工技术，同时也是蒙古族人民生活、情感的反映。

尉犁县的罗布淖尔是流传在这一地区及周边的一种维吾尔族民歌，它于2008年被列入第二批国家级非物质文化遗产。它内容丰富，旋律优美，节奏极具感染力。按照内容的不同，罗布淖尔维吾尔族民歌可分为三类：劳动歌、爱情歌和历史歌。劳动歌主要有猎歌、挖渠歌、打场歌、麦收歌、砌墙歌、纺车谣等许多反映劳动场景的歌曲。这些歌曲是维吾尔族人民在劳动过程中的总结，它们描述了当地人民的劳动场景，也表达了他们在劳动中的喜怒哀乐。爱情歌是维吾尔族青年男女对爱情向往的倾诉。许多爱情歌表达了青年男女对爱情的无比忠贞和热烈追求。而历史歌则是反映维吾尔族人民历史上一些重大事件的歌曲。它们有的记载了发生在这一地区的重大历史事件，比如北疆流行的《往后流》《筑城歌》等；有的揭露帝国主义侵略者的丑恶面貌，如阿古柏分裂势力企图分裂祖国，给当地人民带来无尽的灾难，其中就有谴责阿古柏的歌曲《迫迁歌》；有歌颂农民起义的，如《铁木尔海力派之歌》《英雄沙迪尔》《马车夫之歌》等，表现了维吾尔族人敢于抗争的精神。在罗布淖尔维吾尔族民歌被列入国家级非物质文化遗产后，这些生动活泼且富有历史价值的民间歌曲得到了进一步的保护，并专门培养非遗的传承人。目前，克里曼沙吾提和吐地尼亚孜·拉孜木被认定为国家级的传承人。

（二）克孜勒苏柯尔克孜自治州

克州位于环塔里木地区的西部，境内主要是柯尔克孜族和维吾尔族。这里有着世界级的非物质文化遗产《玛纳斯》以及国家级的非遗"驯鹰"技艺，有"猎鹰之乡"的美誉。据笔者统计，截至2022年，境内自治区以上的非遗项目有33项，其中世界级1项，国家级6项，其余自治区级26项（部分非遗项目既为国家级也为自治区级），具体详见表2-3。

表2-3 克州地区非物质文化遗产统计表（截至2022年）

类型	地区	非遗名称	级别
民间文学	克州①	玛纳斯	世界级、国家级、自治区级
	阿克陶县	帕米尔柯尔克孜约隆歌	自治区级
	阿克陶县	柯尔克孜约隆	国家级

① 注：部分非遗项目以克州为单位进行申报.

续表

类型	地区	非遗名称	级别
传统音乐	克州	柯尔克孜族库姆孜艺术	国家级
	克州	柯尔克孜族民歌	自治区级
	阿合奇县、乌恰县	柯尔克孜族库姆孜艺术	自治区级
	乌恰县		国家级
	乌恰县	柯尔克孜族噢孜库姆孜（口弦）	自治区级
	阿图什市	维吾尔族民歌	自治区级
传统舞蹈	阿图什市	维吾尔族阿图什民间舞蹈	自治区级
传统体育、游艺和杂技	乌恰县	叼羊（柯尔克孜族）	自治区级
	阿合奇县	柯尔克孜族奥尔朵	自治区级
	阿合奇县	柯尔克孜族托古孜库尔阔勒（九巢棋）	自治区级
传统美术	阿合奇县	毡绣和布绣（柯尔克孜族）	自治区级
	阿克陶县	刺绣（柯尔克孜族）	自治区级
传统技艺	克州	柯尔克孜族约尔麦克（毛线编）编织技艺	自治区级
	阿图什市	维吾尔族花帽制作技艺	自治区级
	阿图什市	维吾尔族斯尔开（葡萄果醋）制作技艺	自治区级
	阿图什市	阿图什白皮帽制作技艺	自治区级
	阿图什市	维吾尔族馕制作技艺（阿图什白苞谷馕）	自治区级
	阿克陶县	柯尔克孜族白毡帽制作技艺	自治区级
	乌恰县	柯尔克孜族毡房营造技艺	自治区级
曲艺	乌恰县	阿依特斯（柯尔克孜族）	自治区级
民俗	阿合奇县	柯尔克孜族驯鹰习俗	国家级、自治区级
	乌恰县	柯尔克孜族服饰	国家级、自治区级
	阿克陶县	柯尔克孜族饮食	自治区级
	阿克陶县	维吾尔族塔合麦西热甫	自治区级
传统医药	阿图什市	维吾尔医药（正骨术、萨姆萨克传统医术）	自治区级

从表2-3可以看出，克州非物质文化遗产的总体数量不多，但级别较高，其中《玛纳斯》级别最高，也最负盛名。其他四项国家级非遗分别为柯尔克孜约隆、柯尔克孜族库姆孜艺术、柯尔克孜族驯鹰习俗、柯尔克孜族服饰。此四项高级别的非遗项目皆是柯尔克孜族的历史文化遗产，由此可以看出柯尔克孜族在当地具有悠久历史。该地区非遗项目的类别以及州内各县的分布情况见表2-4。

表 2-4 克州地区非物质文化遗产数量、种类统计分析表

地区	世界级	国家级	自治区级	表演艺术类				生活艺术类			传统民俗类	
				民间文学	传统音乐	传统舞蹈	曲艺	传统体育、游艺与杂技	传统技艺	传统美术	民俗	传统医药
克州	1	2	3	3	2	0	0	0	1	0	0	0
阿合奇县	0	1	5	0	1	0	0	2	0	1	2	0
阿克陶县	0	1	5	2	0	0	0	0	1	0	2	0
阿图什市	0	0	7	0	1	1	0	0	4	0	0	1
乌恰县	0	2	6	0	3	0	1	1	1	1	2	0
总计	1	6	26	5	7	1	1	3	7	2	6	1

图 2-2 显示,从空间来看,阿图什市申报的自治区级非遗项目最多,但项目级别不高;乌恰县次之,但有两项国家级非遗项目,情况较为特殊;阿合奇县和阿克陶县列居该地区第三。

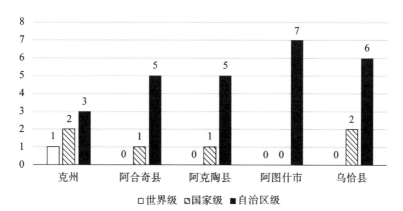

图 2-2 克州地区各县市非物质文化遗产分级示意图

经国务院批准,在 2006 年英雄史诗《玛纳斯》被列入第一批国家级非物质文化遗产名录,三年后进入世界级非物质文化遗产名录。据文献记载,这部史诗共有八部,二十余万行。《玛纳斯》有广义、狭义之分。广义上的《玛纳斯》指的是整个八部史诗,而狭义上的则是指史诗的第一部。与藏族《格萨尔》、蒙古

族《江格尔》不同的是,《玛纳斯》表现了柯尔克孜族玛纳斯一家及其七代子孙的故事。《玛纳斯》以故事中第一部主人翁的名字命名,主要讲述的是柯尔克孜族一家八代人不畏艰辛、艰难创业的故事。故事中穿插着他们优美的爱情故事。通过对故事的叙述,反映了历史上柯尔克孜族人反抗契丹人和卡勒玛克人的奴役,以及肃清内奸、为民除害的斗争过程,同时,体现了柯尔克孜人民为了追求自由,勇于反抗压迫的精神。这一史诗可以说是整个柯尔克孜族在这一地区开拓、定居、发展和生活的缩影。

《玛纳斯》不仅仅是一部珍贵的文学遗产,同时也是一部研究柯尔克孜族的百科全书,它涉及柯尔克孜族的历史、语言、民俗、宗教等各个方面。这部史诗不仅具有较高的文学欣赏价值,还具有重要的学术研究价值。史诗中在人物塑造和故事情节的安排上都有独特之处。在语言艺术方面,《玛纳斯》采取格律诗的形式,不拘一格。每个诗段都押脚韵,也有兼押头韵、腰韵的情况。诗行大部分由7个或8个音节组成,也有11个音节的,史诗每部分演唱时,都有固定的曲调。史诗中在对某个场景或对象进行描述时,经常充满生动的比喻,让人产生丰富的联想。比如描述柯尔克孜族的英雄们,常会用高山、狂风、急流、湖泊、雄鹰等词汇来形容。不仅如此,即便是英雄们所骑乘的战马,史诗也运用恰当的比喻,如对战马的形容多以白斑、杏黄、枣骝、千里驹、银耳、青鬃枣骝、飞马、短耳健马、银鬃青烈马等名称冠之,让人一目了然,如在眼前。史诗还会将不同类型的战马与不同类型的英雄相匹配。柯尔克孜族人民独特的生活方式和生活环境大多用这些词来描述。除此以外,《玛纳斯》中还包含了几乎所有的柯尔克孜族民间韵文体裁,既有不少精练的谚语,还有优美的神话传说和大量的习俗歌。在内容上,史诗中有大量关于柯尔克孜族的游牧范围、游牧生活和路线的记载。此外,柯尔克孜族的生活场景也是史诗表现的主要内容之一,如家庭成员、武器制造、生产工具、饮食、住居房屋、服饰、婚丧嫁娶、娱乐活动以及原始的萨满教习俗等,极为丰富。这些记载为我们了解柯尔克孜族人民以及当地社会的发展变迁提供了珍贵的资料。就目前情况而言,环塔里木地区民间文学类非遗《玛纳斯》的旅游开发处于较好的水平。

阿合奇县的驯鹰也是列入国家级非物质文化遗产的项目之一。阿合奇县位于新疆西部天山南脉腹地的高寒山区。托什干河穿过狭长的山谷,夏秋季节时,在河谷山麓地带,水草丰美,为兔子的繁衍生息提供了丰富的食源。大量的兔子、狐狸等为鹰的生存提供了食物来源。鹰,在柯尔克孜族人民心中有着重要的意义。生活于此的柯尔克孜族人,从很早就开始训练老鹰为他们捕捉兔子、狐狸等小型动物,为自己补充食物。因此,在柯尔克孜人民心中就逐渐形成了以猎鹰为核心的文化。从古至今,猎鹰都是柯尔克孜族人家庭生活中的一员。如今,猎鹰不仅受国家保护,同时柯尔克孜族人还为自家的猎鹰登记了"户口",正式成为"家庭成员"。

在阿合奇县的苏木塔什乡,全乡400多户牧民,几乎全部都会驯鹰猎捕,这里至今还保留着完整的驯鹰技术和驯养方式,因此这里被命名为"猎鹰之乡",当地的柯尔克孜人被称为"鹰王"。1991年英国驯鹰专家安德鲁到这里考察驯鹰技艺时,不由地赞美道:"阿合奇县的苏木塔什乡是全世界的猎鹰故乡。"在每年冬季闲暇期间,苏木塔什乡的牧民们都会举行猎鹰捕猎比赛。届时会有数百只驯鹰云集于此,猎捕活动会长达数日,当地人民几乎全部会来此观看,场面十分壮观。

(三)阿克苏地区

阿克苏地区位于环塔里木盆地的西北侧,维吾尔族为该地区的主体民族,另外还有柯尔克孜族、蒙古族、哈萨克族等35个民族。阿克苏地区的非遗项目十分丰富,详见表2-5。

表2-5 阿克苏地区非物质文化遗产一览表(截至2022年)

类型	地区	非遗名称	级别
传统音乐	库车市	库车维吾尔族民歌	自治区级
	库车市	维吾尔族民歌	国家级
	阿瓦提县	新疆维吾尔木卡姆艺术(刀郎木卡姆)	自治区级
	阿瓦提县	维吾尔族刀郎热瓦甫艺术	自治区级
传统舞蹈	库车市	库车赛乃姆	国家级、自治区级
	库车市	维吾尔族萨玛瓦尔舞	自治区级
	库车市	维吾尔族顶碗盘子舞	自治区级
	阿瓦提县	维吾尔族匹尔舞	自治区级
	乌什县	维吾尔族匹尔舞	自治区级
传统体育、游艺与杂技	拜城县	维吾尔族开克力克宿库西吐如西	自治区级
	阿瓦提县	维吾尔族叼羊	自治区级
	沙雅县	维吾尔族传统魔术	自治区级

续表

类型	地区	非遗名称	级别
传统美术	沙雅县	木器彩绘	自治区级
	阿克苏市	刺绣（维吾尔族）	自治区级
	温宿县	柯尔克孜族刺绣	国家级
传统技艺	沙雅县	维吾尔族卡拉库尔胎羔皮帽制作技艺	国家级、自治区
	新和县	维吾尔族乐器制作技艺	国家级、自治区
	拜城县	传统棉纺织技艺（维吾尔族帕拉孜纺织技艺）	国家级、自治区
	柯坪县	毛纺织及擀制技艺（维吾尔族花毡制作技艺）	国家级、自治区级
	柯坪县	柯坪维吾尔族恰皮塔（薄馕）制作技艺	自治区级
	柯坪县	柯坪维吾尔族库休克（木勺）制作技艺	自治区级
	阿克苏市	维吾尔族木制器具制作技艺	自治区级
	温宿县	柯尔克孜族马鞍制作技艺	自治区级
	温宿县	柯尔克孜族绣花布单制作技艺	自治区级
	库车市	维吾尔族铜器制作技艺	自治区级
	新和县	维吾尔族木雕技艺	自治区级
	阿瓦提县	阿瓦提维吾尔族慕萨莱斯酿造工艺	自治区级
	库车市	维吾尔族馕制作技艺（库车大馕）	自治区级
	沙雅县	苇编技艺	自治区级
	沙雅县	维吾尔族畜力车套具制作技艺	自治区级
	沙雅县	维吾尔族传统小刀制作技艺	自治区级
	阿瓦提县	维吾尔族乐器制作技艺	自治区级
民俗	阿克苏市	维吾尔族却日库木麦西热甫	国家级、自治区级
	拜城县	奥斯曼染眉习俗	自治区级
	沙雅县	维吾尔族传统捕鱼习俗	自治区级
	乌什县	维吾尔族婚俗	自治区级
	阿瓦提县	新疆维吾尔刀郎麦西热甫	世界级、国家级、自治区级

从表2-6中即可看出阿克苏地区的非物质文化遗产总量不多，但级别较高，有世界级项目1项，国家级项目9项，所占比例较高。就内部各县分布来看，阿瓦提县非遗项目位列第一为9项，沙雅县和库车市为8项，阿克苏市、柯

坪县及拜城县都分别为4项。其中,阿瓦提县有1项世界级的非遗,除库车市和乌什县外,其余县市均有1项国家级非遗,级别也较高。

从图2-3中可以看出,在阿克苏地区,国家级非物质文化遗产项目在各县市的优势并不明显。在此情形下,当地政府在制定旅游开发以及惠民政策时需要考虑这一实际情况。

表2-6 阿克苏地区非物质文化遗产数量、种类统计分析表

地区	世界级	国家级	自治区级	民间文学	表演艺术类		生活艺术类			传统民俗类	
					传统音乐	传统舞蹈	传统体育、游艺与杂技	传统美术	传统技艺	民俗	传统医药
库车市	0	2	6	0	2	4	0	0	2	0	0
沙雅县	0	1	7	0	0	0	1	1	5	1	0
拜城县	0	1	3	0	0	0	1	0	2	1	0
阿克苏市	0	1	3	0	0	0	0	1	1	2	0
阿瓦提县	1	1	7	0	2	1	1	0	2	3	0
柯坪县	0	1	3	0	0	0	0	0	4	0	0
温宿县	0	1	2	0	0	0	0	1	2	0	0
新和县	0	1	2	0	0	0	0	0	3	0	0
乌什县	0	0	2	0	0	1	0	0	0	1	0
总计	1	9	35	0	4	6	3	3	21	8	0

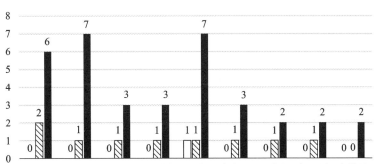

图2-3 阿克苏地区各县市非物质文化遗产分级示意图

阿克苏地区非遗项目尽管总数不多,但级别较高。其中包含有表演艺术类、生活艺术类、传统民俗类三项。与巴州不同的是,阿克苏地区的生活艺术类项目较多,占据一半以上。新疆维吾尔族的木卡姆艺术是一种大型综合的古典音乐艺术形式,是集歌、乐、舞于一体的艺术遗产。它是流传于新疆各维吾尔族聚居区的《十二木卡姆》《吐鲁番木卡姆》《刀郎木卡姆》以及《哈密木卡姆》的总称,主要分布在天山以南的喀什、和田和天山以北的伊犁、吐鲁番、哈密等维吾尔族聚居区,在乌鲁木齐、阿瓦提、麦盖提等大、中、小城镇中也广为流传。

流传于阿克苏地区、喀什地区的主要是《刀郎木卡姆》,它主要分布在塔里木盆地西北部的刀郎地区,其中以麦盖提县(原来的刀郎地区就是现在的麦盖提县)最为盛行。据说《刀郎木卡姆》原有12套,但目前仅搜集到9套,其中包括《巴希巴雅宛木卡姆》《孜尔巴雅宛木卡姆》《区尔巴雅宛木卡姆》。每套《刀郎木卡姆》都由"木凯迪曼"(意为序言)、"且克脱曼"(即节拍)、"赛乃姆"(意为偶像、神像)、"赛勒凯斯"(意为意愿或者变化)、"色利尔玛"(意为柔软、润滑)5个部分组成。另外,还包括不同节拍和节奏的歌舞套曲作为前缀,为散板序唱。5部分中的每一部演奏时间都不长,为6～9分钟,9套演奏完大概需要一个半小时。歌者在乐器的伴奏下演唱,歌词大都是流传于本地区的维吾尔族民谣。其韵律优美,所演唱的民谣,饱含了刀郎地区维吾尔族人民的各种情感,也反映了当地维吾尔族人民生活的方方面面。感情真挚,内容丰富,是刀郎地区维吾尔人的生活写照。如果说叶尔羌河流域是《刀郎木卡姆》的故乡,那么《刀郎木卡姆》则是《十二木卡姆》的源头和根基。它的重要意义在于,它不仅形成了自身的特点和内容,更为重要的是,由于《刀郎木卡姆》的传播和影响,在喀什、吐鲁番、哈密、伊犁等地区也形成了独具地方特色的木卡姆。但总体来说,个性的奔放自由、音乐节奏和舞蹈步伐的纯朴有力是木卡姆艺术的共同特点。

2014年,维吾尔族民歌被列入第四批国家级非物质文化遗产项目。维吾尔族民歌在维吾尔族传统音乐中,是极有特色、极为丰富的一种演唱形式。由于库车是古龟兹所在地,因此库车的维吾尔族民歌蕴含着浓厚的龟兹乐舞遗风。这里的民歌成了新疆维吾尔族民歌的代表,在库车境内家喻户晓,广为流传。库车民歌特别讲究歌中有乐、乐中有舞、歌舞同乐,体现了歌、乐、舞"三位一体"的存在状态,歌唱丰富了音乐和舞蹈的艺术表现形式,三者彼此推动。经过长期的历史演变,在库车民歌中依然能看见龟兹乐舞的影子,通过这种"继承、发展、融合"的过程,可以确定库车民歌就是龟兹乐舞的延续和发展。

沙雅的维吾尔族卡拉库尔胎羔皮帽制作技艺于2008年被列入国家级非物质文化遗产名录。沙雅县的卡拉库尔胎羔皮及其胎羔皮帽的制作技艺,至今已有2000多年的历史。考古工作人员曾在该县的乌什喀特古城(为汉代时的古城)发掘出土过卡拉库尔胎羔皮和胎羔皮做的帽子,由出土文物可以证明这项技艺的发展历史。然而,随着社会的变迁、现代科技的进步,这一技艺濒临失传。据沙雅县非物质文化遗产保护办公室的工作人员介绍,在整个沙雅县,目前依然掌握这一技艺的仅有50余人,从事胎羔皮帽制作的民间匠人更少,只有10余人,他们分布在沙雅县英买力镇、沙雅镇等地。因此,这一技艺被列入国家级非物质文化遗产,对它的保护和传承具有重要的意义。在当地政府的倡导下,为了保护卡拉库尔胎羔皮帽制作这一传统技艺,沙雅县专门成立了"保护传统胎羔皮帽子制造技术领导小组",与此同时,以制作胎羔皮帽师傅为主的传统制造技术指导小组也已成立。领导小组和指导小组的主要工作是联络全县的制帽师傅,在制帽师傅之间积极开展交流与协作,培养技艺传承人,两个组织的成立将会加强并促进这一技艺的保护和发展。

新和县加依村的维吾尔族乐器制作技艺,是2008年与疏附县等联合向文化部申报并获批的国家级非物质文化遗产。《新和县志》载:1845年2月20日,林则徐在考察水利的途中,于"托克苏托玛回庄借宿",在此期间他写下了《回疆竹枝词三十首》的系列诗作。其中一首写道:"城角高台广乐张,律谐夷则少宫商。苇笛八孔胡琴四,节拍都随击鼓铛。"从这首诗里我们可以发现,林则徐经过这里所听到的音乐与中原地区有很大不同,它没有中原地区音乐中"宫商"的音阶。此外,诗中还提到了几种乐器,比如八孔的巴拉曼(即筚篥)、四弦的艾捷克和达卜(即手鼓),并且提到这些乐器的演奏都会随着击打的鼓点来控制节拍。节奏变幻轻缓,韵律优美动听。这些都体现出维吾尔族乐器的独特性。

而温宿县的柯尔克孜族刺绣制作技艺于2008年被列入国家级非物质文化遗产名录。《元史·世祖本纪》载:至元23年,元政府"赐欠州诸局工匠纱五万六千一百三十九绽十三两",欠州即今天的新和县,表明了这一地区很早就有对纱的需求。纱是专门用来织布的必需品,也就是说这一地区的人们很早就掌握了织布的技艺,这表明柯尔克孜族的刺绣技艺历史悠久,且与中原文化密切相关。这项历史悠久、祖辈相传,积累了柯尔克孜族人民无穷智慧的制作技艺逐步显示出其独特的魅力。柯尔克孜族刺绣制作技艺,第一步即是布局的设计和图案的选择,这体现出了工匠们的慎重。第二步才开始刺绣。柯尔克孜族的花毡上刺绣图案技艺精巧,所绣图案题材也多种多样。工匠们会根据不同的需要选择不同类型,其中最基本的图案包括动物、日月星辰、几何图案以及各种花草树木。在颜色的选择上,也有很多讲究,因为不同的颜色象征着不同的含义。对于柯尔克孜族人民来说,红色始终是他们最钟爱的颜色。

(四)喀什地区

喀什是以维吾尔族为主的聚居地区,位于塔里木盆地的西南端,许多古老民族曾在这里繁衍生活。在漫长的历史发展过程中,各民族互相影响、相互融合,共同促进了这里的经济发展和文化进步,并一起完成了现代民族的发展进程。境内主要有汉族、维吾尔族、柯尔克孜族、塔吉克族、哈萨克族、达斡尔族、蒙古族等 31 个民族。正因为此,这一地区非遗的数量非常丰富,详见表 2-7。

表 2-7 喀什地区非物质文化遗产一览表(截至 2023 年)

类型	地区	非遗名称	级别
民间文学	喀什地区①	阿凡提故事	国家级、自治区级
	疏勒县	维吾尔热比亚和赛丁传说	自治区级
传统音乐	麦盖提县	维吾尔族木卡姆艺术(刀郎木卡姆)	世界级、国家级、自治区级
	莎车县	维吾尔族木卡姆艺术(十二木卡姆)	自治区级
	巴楚县	维吾尔族木卡姆艺术(刀郎木卡姆)	自治区级
	喀什地区	乌孜别克族爱希来、叶来	国家级、自治区级
	莎车县	乌孜别克族爱希来、叶来	自治区级
	喀什地区	维吾尔族鼓吹乐	自治区级
	喀什地区	新疆维吾尔木卡姆艺术(十二木卡姆)	自治区级
	塔什库尔干县	塔吉克族民歌	自治区级

① 注:部分非遗项目以喀什地区为单位进行申报。

续表

类型	地区	非遗名称	级别
传统音乐	叶城县	维吾尔族叶城赛乃姆	自治区级
	叶城县	维吾尔族喀喇昆仑山区歌舞	自治区级
	莎车县	维吾尔族喀群赛乃姆	自治区级
	岳普湖县	维吾尔族萨巴依演奏艺术	自治区级
	喀什市	维吾尔族民歌	自治区级
	喀什市	热瓦甫弹唱	自治区级
	麦盖提县	维吾尔族卡龙琴艺术	自治区级
	塔什库尔干县	塔吉克族民歌	国家级
传统舞蹈	塔什库尔干县	塔吉克族鹰舞	国家级、自治区级
	莎车县	维吾尔族赛乃姆	国家级
	喀什市	喀什赛乃姆	自治区级
	喀什市	(维吾尔族)萨玛舞	国家级、自治区级
	麦盖提县	维吾尔族刀郎舞	自治区级
	英吉沙县	维吾尔族动物模拟舞(老虎舞、鹅舞、鸭舞)	自治区级
	英吉沙县	维吾尔族萨帕依舞	自治区级
	英吉沙县	维吾尔族石头舞	自治区级
	叶城县	维吾尔族阿勒喀舞	自治区级
传统体育、游艺与杂技	塔什库尔干县	马球(塔吉克族马球)	国家级、自治区级
	巴楚县	维吾尔族且力西	自治区级
	巴楚县	叼羊(维吾尔族叼羊)	国家级、自治区级
	岳普湖县	摔跤(维吾尔族且力西)	国家级、自治区级
	岳普湖县	维吾尔族转轮秋千	自治区级
	塔什库尔干县	塔吉克族牦牛叼羊	自治区级
	疏勒县	维吾尔族葫芦人绊跤	自治区级
	麦盖提县	维吾尔族曲棍球	自治区级
	英吉沙县	维吾尔族达瓦孜	自治区级
曲艺	喀什市	维吾尔族莱帕尔	自治区级
传统美术	喀什市	维吾尔文书法	自治区级
	塔什库尔干县	刺绣	自治区级
	喀什市	维吾尔族建筑装饰技艺	自治区级

续表

类型	地区	非遗名称	级别
传统技艺	喀什市	维吾尔族模制法土陶烧制技艺	国家级、自治区级
	英吉沙县	维吾尔族模制法土陶烧制技艺	国家级、自治区级
	伽师县	维吾尔族模制法土陶烧制技艺	自治区级
	英吉沙县	维吾尔族传统小刀制作技艺	国家级、自治区级
	英吉沙县	维吾尔族花毡、印花布织染技艺	国家级
	英吉沙县	维吾尔族摸戳印花布技艺	自治区级
	疏附县	维吾尔族乐器制作技艺	国家级、自治区级
	喀什市	维吾尔族乐器制作技艺	国家级、自治区级
	喀什市	维吾尔族铜器制作技艺（喀什铜器制作技艺）	国家级、自治区级
	岳普湖县	维吾尔族铜器制作技艺	自治区级
	喀什市	维吾尔族金银首饰制作技艺	自治区级
	喀什市	维吾尔族木雕技艺	自治区级
	伽师县	维吾尔族手工枝条编制(柳编)	自治区级
	伽师县	维吾尔族传统棉纺织技艺	国家级
	巴楚县	维吾尔族卡瓦普(烤鱼)	自治区级
	英吉沙县	维吾尔族皮帽制作技艺(英吉沙县皮帽)	自治区级
	疏勒县	维吾尔族皮帽制作技艺(疏勒县皮帽)	自治区级
	疏勒县	维吾尔族馕制作技艺(疏勒花馕)	自治区级
	叶城县	维吾尔族乔鲁克(靴)制作技艺	自治区级
	叶城县	维吾尔族驼毛切克曼布制作技艺	自治区级
	叶城县	核桃麻糖制作技艺	自治区级
	塔什库尔干县	塔吉克族乐器制作技艺	自治区级
	泽普县	木制器具制作技艺(维吾尔族)	自治区级
	泽普县	瓜果储藏技艺	自治区级
	伽师县	维吾尔族传统织布技艺	自治区级
	麦盖提县	维吾尔族乐器制作技艺	自治区级
	巴楚县	维吾尔族乐器制作技艺	自治区级
	喀什市	保健茶制作技艺	自治区级
	莎车县	苇编技艺	自治区级
传统医药	莎车县	维吾尔医药(食物疗法)	国家级、自治区级

续表

类型	地区	非遗名称	级别
民俗	麦盖提县	维吾尔刀郎麦西热甫	世界级、国家级、自治区级
	岳普湖县	麦西热甫（维吾尔族古勒巴格麦西热甫）	自治区级
	泽普县	麦西热甫（维吾尔族乔康麦西热甫）	自治区级
	疏附县	维吾尔族诺茹孜节	自治区级
	疏勒县	古丽汗麦西热甫	自治区级
	巴楚县	维吾尔刀郎麦西热甫	自治区级
	麦盖提县	维吾尔族服饰	自治区级
	塔什库尔干县	塔吉克族婚俗	国家级、自治区级
	塔什库尔干县	塔吉克族引水节和播种节	国家级、自治区级
	塔什库尔干县	塔吉克族服饰	国家级、自治区级
	塔什库尔干县	塔吉克族丧俗	自治区级
	塔什库尔干县	肖贡巴哈尔节	自治区级
	喀什市	维吾尔族婚俗	自治区级
	喀什市	维吾尔族摇床育婴习俗	自治区级

从表 2-7 可以看出，这一地区的非物质文化遗产类别多样，涉及各个类型，级别也高，有 2 项世界级、22 项国家级。当然，部分项目既为国家级也为自治区级，如麦盖提的维吾尔族木卡姆，既是世界级也是国家级，本是同一个非遗项目，但按级别分属两项；又如维吾尔族铜器制作技艺，既作为喀什市的国家级非遗项目，又作为岳普湖县的自治区级非遗项目分别统计，这一情形在表格中有多项。

针对喀什地区非物质文化遗产数量和种类的划分，笔者亦对其进行了统计分析，详见表 2-8。

表 2-8　喀什地区非物质文化遗产数量、种类统计分析表

地区	世界级	国家级	自治区级	民间文学	表演艺术类			生活艺术类		传统民俗类	
					传统音乐	传统舞蹈	曲艺	传统体育、游艺与杂技	传统技艺	传统美术	民俗	传统医药
喀什地区	0	2	4	2	4	0	0	0	0	0	0	

续表

地区	世界级	国家级	自治区级	民间文学	表演艺术类			生活艺术类			传统民俗类	
					传统音乐	传统舞蹈	曲艺	传统体育、游艺与杂技	传统技艺	传统美术	民俗	传统医药
塔什库尔干县	0	6	11	0	2	2	0	3	1	1	8	0
喀什市	0	3	15	0	2	3	1	0	8	2	2	0
叶城县	0	0	6	0	2	1	0	0	3	0	0	0
英吉沙县	0	3	7	0	0	2	0	1	7	0	0	0
麦盖提县	2	2	7	0	4	1	0	1	1	0	4	0
莎车县	0	2	5	0	3	1	0	0	0	0	0	2
疏勒县	0	0	5	1	0	0	0	1	2	0	1	0
岳普湖县	0	1	5	0	1	0	0	3	1	0	1	0
巴楚县	0	1	6	0	1	0	0	3	2	0	1	0
伽师县	0	1	3	0	0	0	0	0	4	0	0	0
疏附县	0	1	2	0	0	0	0	0	0	0	1	0
泽普县	0	0	3	0	0	0	0	0	2	0	1	0
总计	2	22	79	3	19	10	1	12	34	3	19	2

由表2-8统计分析可知,整个喀什地区申报的非遗项目最多,其中世界级非遗项目有2项,国家级非遗项目占22项,其级别非常高,在新疆地区属于前列。其中以塔吉克族生活为主的塔什库尔干自治县,共计非遗项目17项,其中国家级有6项,令人瞩目,喀什市比塔什库尔干县的总数量多一。麦盖提县的项目总体级别最高,世界级非遗两项均在麦盖提县,而英吉沙县有3项国家级非遗。即便是数量较少的泽普和疏附两县,都各有一项国家级非遗项目。这一地区非遗项目的总体实力,可见一斑。为了数据显示更加直观,可详见图2-4。

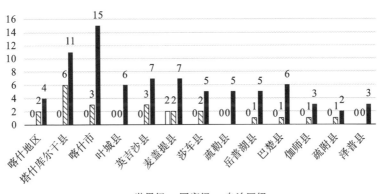

图 2-4　喀什地区内部各县非物质文化遗产分级示意图

在两项世界级项目中,维吾尔木卡姆艺术(十二木卡姆、刀郎木卡姆)大致情况已如上述。另一项为麦盖提县的维吾尔刀郎麦西热甫,该项目于 2006 年被列入第一批国家级非物质文化遗产,并在 2010 年 11 月正式确定为世界级非物质文化遗产项目。麦盖提县是维吾尔族主要聚居区,约 90% 的人口是刀郎维吾尔族,他们个个能歌善舞,多才多艺,刀郎麦西热甫是他们极其喜爱并且参与面极为广泛的传统艺术。刀郎麦西热甫有着悠久的历史,它起源于西域土著民族文化,同时又受到伊斯兰文化的影响。在上古时期,维吾尔族的祖先们主要从事渔猎生活,在闲暇时间,他们往往在旷野、山间、草原或场院中即兴发挥,载歌载舞,抒发他们的壮志豪情。随着时代的发展和人类意识的变迁,刀郎维吾尔族人民又将刀郎舞的作用和功能充实到刀郎麦西热甫之中,形成了独具特色的刀郎文化。刀郎麦西热甫以表现刀郎地区的维吾尔族人民喜庆丰收、欢乐生活和野外狩猎的场景为主,包括刀郎木卡姆的演唱、群众自娱性的民间舞蹈等,但大体可分为四种类型,即农牧业生产、节庆和人生礼仪、民俗活动以及社交活动。在表演过程中,它往往不受时间、场地和人数的限制,可以随时随地进行表演,规模可大可小,参与性非常强。正是基于这一特征,刀郎麦西热甫很受群众的欢迎,而且广泛流传。这一艺术形式不仅反映了这一地区发展的悠久历史和丰富多彩的民族生活,同时也具有很高的社会教化功能。时至今日,这一传统艺术仍然保持着这一地区人民的原有面貌,也是当地人民日常生活的重要组成部分。

喀什的乌孜别克族埃希来、叶来被列入第二批国家级非物质文化遗产名录,当时申报单位除喀什地区外,还有新疆维吾尔自治区艺术研究所和伊犁哈萨克自治州。埃希来(又称"大艾修来""穷艾修来"),是一种由普通人民在长期的生产生活中集体创作的民间歌曲,主要由民间歌手埃希来奇或阿皮孜在各种聚会上演唱。在演唱时,歌手常用回音、颤音、倚音、滑音等装饰手法,再配以苍老、深沉的音色,使得这一传统艺术独具特色和风韵。它的调式结构以七声为主,但又富于变化,往往在同一首民歌甚至同一乐段中会采用各种调式。埃希来的第一段具有开头性质,调式较低,接下来的各乐段具有一定的程式,一般依次为小高潮、中高潮、大高潮和结尾。因此,其旋律以级进为主,叙诵性较强,其中的情绪也不断地变化,由开始时的深沉,逐渐变得激动,最后以深沉结束。除旋律外,它的唱词也颇具特色。唱词一般为多段式律诗,每段四句,每句 13 到 16 个音节,内容多表现人生中的种种苦难困厄、失恋后的悲痛以及劝人弃恶从善等,篇幅较长。叶来是乌孜别克人民喜爱的另外一类民间歌曲,也称"库夏克"。它相对于埃希来而言是一种短小的民歌,常在民间集会上表演,所以当地人又将其称为"歌舞性民歌"。与埃希来一样,叶来的唱词也是每段四句的多段式律诗,但每句音节要少于埃希来,大多为七音节。歌曲的内容也比埃希来单一,以爱情为主。它节奏鲜明,活泼轻快,唱词多为民间歌谣,具有比较强的可舞性。

塔什库尔干县的马球项目,也于 2008 年被列入第二批国家级非遗名录。马球起源于波斯,后又传入中原。从三国时曹植《名都篇》中的"连骑击鞠壤,巧捷推万端"诗句来看,至少在汉末,马球就已经传入中原,并成为了一种普通的体育项目。但它的盛行期是唐、宋、元时期,至清代逐渐消失。马球作为一项体育项目,主要流行于政府的军队和宫廷贵族中。喀什作为马球自波斯传入中原的必经之地,这里的塔吉克族人很早就有了这项运动。在文献记载中,塔什库尔干县有"石头城马球场"的记载,可以证明 1974 年 9 月,在纪念成立塔什库尔干县 20 周年时,曾举行过马球比赛。

英吉沙县的维吾尔族模制法土陶烧制技艺是新疆地区第一批进入国家级非物质文化遗产名录的,这一技艺已有两千多年的历史。维吾尔族的先民们主要从事游牧业,因此,那些笨重不易携带且易碎的陶器并不为他们所常用。在公元 9 世纪中叶后,维吾尔族人民不断迁移到塔里木盆地的边缘定居生活。在此地,他们逐渐放弃了游牧业而转以农业为主。从游牧到农业,他们的生活也从原来的流动改为定居。因此,陶器就成为他们的日常必需品。他们不断向当地土著人学习制陶技术,但由于受到当地陶土质量和烧制技术的限制,他们所生产的陶器也仅仅限于土陶,并没有进一步发展为陶瓷。目前,模制法土陶烧制技艺以英吉沙县为代表,主要流传于该县乡镇的维吾尔族聚居区。英吉沙县的土陶技艺主要包括"素陶"和"琉璃陶"两大类,其中最富特色的是"琉璃陶",当地河岸特有的细质黄胶泥是其主要原材料。模制法土陶技艺没有文字记载,全靠师徒之间的面面相传,所以,这一非遗的保护主要是集中于传承人的保护。时至今日,在英吉沙县维吾尔族人民生活中,土陶制品仍是不可缺少的器具。

(五)和田地区

和田地区位于塔里木盆地的南端,在我们所研究的五个地区中面积较小。它是一个以维吾尔族为主体的多民族地区,地区内主要有维吾尔族、汉族、回族、哈萨克族、柯尔克孜族、满族、蒙古族、藏族、土家族、乌孜别克族等 22 个民族。这一地区被列入自治区级及以上的非物质文化遗产总数量相对较少,详见表 2-9。

表 2-9　和田地区非物质文化遗产一览表(截至 2023 年)

类型	地区	非遗名称	级别
民间文学	策勒县	维吾尔族谚语	自治区级
	墨玉县	维吾尔族达斯坦	自治区级
传统音乐	策勒县	维吾尔族山区民歌	自治区级
	和田地区①	维吾尔族鼓吹乐	自治区级
	和田地区	新疆维吾尔木卡姆艺术	自治区级
	和田地区	维吾尔族民歌	自治区级
	策勒县	巴拉曼音乐	自治区级
	洛浦县	巴拉曼音乐	自治区级
传统舞蹈	于田县	赛乃姆(和田赛乃姆)	国家级、自治区级
	墨玉县	维吾尔族油灯舞	自治区级
曲艺	和田地区	维吾尔族莱帕尔	自治区级
传统体育、游艺与杂技	于田县	曲棍球(维吾尔族曲棍球)	国家级、自治区级
传统美术	和田地区	和田玉玉雕	自治区级
	和田地区	维吾尔族建筑艺术(阿依旺赛来民居)	自治区级
	洛浦县	葫芦雕刻	自治区级
	策勒县	维吾尔文书法	自治区级

①　注:部分非遗项目以和田地区为单位进行申报.

续表

类型	地区	非遗名称	级别
传统技艺	洛浦县	维吾尔族艾德莱斯绸织染技艺	国家级、自治区级
	洛浦县	维吾尔族地毯织造技艺(维吾尔族地毯织造技艺)	国家级、自治区级
	和田地区	维吾尔族民居建筑技艺(阿依旺赛来民居营造技艺)	国家级
	和田地区	维吾尔族桑皮纸制作技艺	自治区级
	于田县	于田维吾尔族妇女服饰	自治区级
	于田县	维吾尔族铁器制作技艺	自治区级
	于田县	维吾尔族木雕技艺	自治区级
	于田县	维吾尔族木质大门制作技艺	自治区级
	和田市	维吾尔族胡尔捃制作技艺	自治区级
	和田市	维吾尔族馕制作技艺(和田果西格尔地)	自治区级
	策勒县	维吾尔族卡瓦甫(烤全牛)	自治区级
	策勒县	维吾尔族皮帽制作技艺(策勒县皮帽)	自治区级
	策勒县	核桃麻糖制作技艺	自治区级
	策勒县	维吾尔族保健茶制作技艺	自治区级
	皮山县	土法榨油技艺	自治区级
	和田县	维吾尔族窗棂制作技艺	自治区级
传统医药	和田地区	维吾尔医药(木尼孜其·木斯力汤药制作技艺)	国家级
	策勒县	维吾尔医药(和田药茶制作技艺)	国家级
民俗	于田县	维吾尔族服饰	国家级
	皮山县、于田县	麦西热甫(克里阳麦西热甫、普鲁麦西热甫)	自治区级
	策勒县	维吾尔族居宛托依仪式	自治区级

从表2-9中可以看出,这一地区国家级项目8项,自治区级项目34项(部分项目既为国家级也为自治区级)。但仔细分析后则发现,巴拉曼音乐为策勒县和洛浦县共同所有,维吾尔族建筑艺术(阿依旺赛来民居)与维吾尔族民居建筑技艺(阿依旺赛来民居营造技艺)分属两个类型。下面笔者再按照前面的标准将地区内各县的情况进一步分析,具体详见表2-10。

表 2-10 和田地区非物质文化遗产数量、种类统计分析表

地区	世界级	国家级	自治区级	表演艺术类				生活艺术类			传统民俗类	
				民间文学	传统音乐	传统舞蹈	曲艺	传统体育、游艺与杂技	传统技艺	传统美术	民俗	传统医药
和田地区	0	2	7	0	3	0	1	0	2	2	0	1
策勒县	0	1	9	1	2	0	0	0	4	1	1	1
洛浦县	0	2	4	0	1	0	0	0	4	1	0	0
于田县	0	3	7	0	0	2	0	2	4	0	2	0
和田市	0	0	2	0	0	0	0	0	2	0	0	0
墨玉县	0	0	2	1	0	1	0	0	0	0	0	0
皮山县	0	0	2	0	0	0	0	0	1	0	1	0
和田县	0	0	1	0	0	0	0	0	1	0	0	0
总计	0	8	34	2	6	3	1	2	18	4	4	2

通过对表 2-10 和图 2-5 的分析可以发现，本地区国家级及以上非遗项目的比例不高，且有几项如维吾尔木卡姆艺术、维吾尔医药、维吾尔服饰等世界级、国家级非遗项目是与其他地区共同享有的。生活艺术类的项目占三分之一，其中传统技艺类又占据其中的大部分，因此这一地区的特色主要体现在传统技艺类。值得注意的是洛浦县，虽县城不大，但有两项国家级非遗项目。维吾尔族艾德莱斯绸织染技艺是 2008 年在文化部公布的第二批国家级非物质文化遗产名录中收录的。这一工艺分为丝和绸两部分，洛浦县最为著名的是绸。"艾德莱斯"是"扎染"的意思，这种丝绸的染色主要是采用我国古老的扎经染色工艺，依据图案的要求，在经纱上扎结，进行分层染色、整经、织绸的程序。丝绸在染色的过程中，图案由于受到染液的浸润，会形成自然的色晕，错落有致，疏散但却不杂乱，不仅增加了图案的层次感和色彩的过渡面，而且还形成了艾德莱丝绸纹独特的变化特点。

和田地区的维吾尔族民居建筑技艺（阿依旺赛来民居营造技艺）于 2011 年进入第三批国家级非物质文化遗产名录。这一建筑技艺是为了适应新疆的

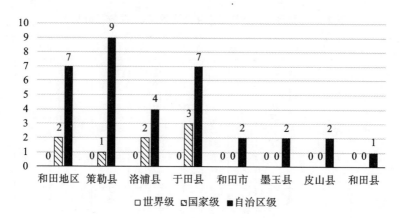

图 2-5 和田地区各县非物质文化遗产分级示意图

地理环境以及维吾尔族人民自己的民俗而逐渐形成的。当地维吾尔族人民的住宅多是隔热性能良好的平顶土坯房屋,这种住居建筑的形成主要源于当地干旱、多风沙的自然环境特点。由于这一地区为沙漠区,降雨量少,当地的土质具有极强的黏结性,且容易脱水成型。当地人民结合这两大特点,逐渐创造了这颇具特色的建筑技艺。利用这种技艺所建的房屋,顶层平坦,可以吸收日光;屋墙厚实,为土质,窗子少,利于保温;内部顶层采用拱形,扩大了居住的空间,而且房屋与庭院在空间上布置合理,内外融通,起居生活方便。南疆民居建筑形式大多以"阿以旺"式和"阿克赛"式为主,这两种建筑布局都是以户外活动场所为中心的,建筑风格是敞开的庭院空间和封闭的居室空间,形成了内向性风格的宅院。当地居民在房屋的装饰上也往往更注重外观,如房屋的外廊、顶棚、门窗多用木雕,饰以藻井和色彩艳丽的彩画,且装饰手法细腻,内容丰富。而内部装饰则用石膏花饰,多用于室内的墙面、壁龛等处,装饰纹样较单一,大多是植物或几何纹,偶尔也有维吾尔族文字和图案。这一建筑样式受阿拉伯建筑文化的影响很大。公元10世纪以后,随着伊斯兰教传入西域,阿拉伯建筑文化也随之传播于此,这使得维吾尔族居民建筑上的图案、纹样、色彩和一些构件的构图发生了很大的变化。

三、环塔里木地区非物质文化遗产的总体分析

综合以上各地区的非遗项目,我们可以发现,五个地区的非遗项目分布不平衡,呈现出数量不等、级别有差的特点。下面笔者再根据上述数据对五个地区的非遗情况进行整体归类,详见表 2-11、图 2-6 和图 2-7。

表 2-11　环塔里木地区非物质文化遗产数量、种类统计分析表

地区	世界级	国家级	自治区级	民间文学	表演艺术类	生活艺术类	传统民俗类
巴州	0	14	48	7	23	19	13
克州	1	6	26	5	8	13	7
阿克苏地区	1	9	35	0	10	27	8
喀什地区	2	22	79	3	30	49	21
和田地区	0	8	34	2	10	24	6

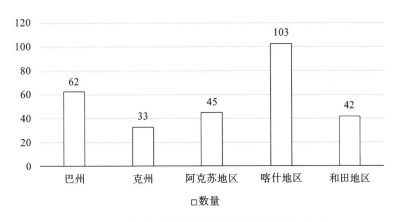

图 2-6　环塔里木地区非物质文化遗产数量分布图

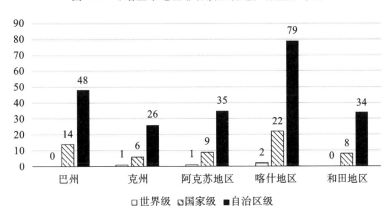

图 2-7　环塔里木地区非遗级别对比图

由表 2-11、图 2-6、图 2-7 可以看出，五个地区中喀什地区非遗项目数量最多，且级别最高，这一状况会影响到这一地区的旅游业开发和经济的发展以及由此给当地人民带来的实惠利益。如果我们再从类别上加以分析，又可发现其他的一些特征，详见图 2-8。

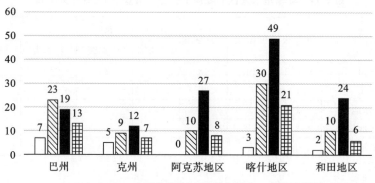

图 2-8 环塔里木地区非遗类型对比图

从图 2-8 中看出,在五个地区的非遗项目中,生活艺术类在各地区中皆占据主要地位,这一状况的出现应该与这些少数民族地区人民的日常生活有关。生活艺术类主要包括传统技艺、传统美术、传统体育、游艺及杂技。特别是传统技艺,是这些地区的少数民族人民在历史的长期发展中为了适应当地的地理环境和生计问题,逐渐形成的一些富有民族特色的技术、技能,具有丰厚的历史价值。在新疆的历史文献中,有一些相关的记载,如关于酿酒:

酒之上品者惟葡萄,系用葡萄入器内,窨久发过酿成。色微绿,味虽醇而不浓,再以造烧酒法重蒸,则色白味辣,有力,能醉人。性甚热,能治寒痣。又有以沙枣烧者,名阿拉克,味酱而淡。其用糜子或稻米、大麦磨面,连皮盛于器内,入曲,用水搅拌酿成,连皮带面而饮者,如内地之黄酒,名巴克逊。①

其次是表演艺术类。作为少数民族的聚居地,这里的人民能歌善舞,他们传统的音乐舞蹈皆具有民族特色,展现了这里的人民热情好客的风尚。在历史文献中对此亦有相关记载,如:

绰尔,形如内地之箫。以竹为之,通体长二尺三寸九分六厘。凡四孔,最下一孔,距管端二尺一寸三分;次上一孔,距管端一尺九寸三分三厘;次上一孔,距管端一尺七寸二分;最上一孔,距管端一尺五寸二分三厘。上口径九分六厘四毫。管末口径六分三厘,以舌侧抵管之上口,吹以成音。

达卜,即鼓也。以木为腔,帽以革。面径一尺三寸六分五厘二毫,高二寸

---

① (清)永贵,苏尔德.《新疆回部志》卷二《饮食》,《四库未收书辑刊》玖辑影印清乾隆五十九年南屏理抄本[M].北京:北京出版社,2000.

二分七厘五毫。其小者面径一尺二寸二分四厘,高一寸六分二厘。以手指击之。①

  显然,生活艺术类和表演艺术类在此地区非遗数量较多,其原因离不开这里人民的生活传统与性格。然而,随着历史环境的改变和社会的发展,很多非遗项目濒临消失。因此,如何开发和保护非遗以及惠及这里的人民,是当前一个迫切且重要的议题。

---

  ① (清)傅恒等修,钟兴麒等校注.《西域图志校注》卷四十《音乐·准格尔部·乐器》[M].乌鲁木齐:新疆人民出版社,2002.

第三章
环塔里木地区非物质文化遗产旅游开发的现状分析

从第二章对环塔里木地区的非物质文化遗产统计分析中可以发现,这一地区的非物质文化遗产大多是在少数民族人民生产生活中形成并传承的项目,这就是学界所说的"少数民族非物质文化遗产"。因为在特征、内容等方面,少数民族非遗与汉族非遗存在很大的不同,因此其中所蕴含的价值、保护开发中的原则有着自己独特的一面。基于此,有不少学者就少数民族非遗的相关内容进行了探讨研究。目前,学界对这方面的研究已比较成熟,研究内容主要包括以下几个方面:一是有关少数民族非遗的内涵、分类和特点;二是有关少数民族非遗体现的价值与保护意义;三是有关少数民族非遗保护原则及保护措施;四是有关少数民族非遗保护工作存在的问题、建议与对策。① 其中关于对少数民族非遗旅游开发的研究与对汉族非遗的研究一致,主要是探讨开发的可行性、途径和意义。

新疆作为少数民族非遗数量较为丰富的地区之一,学界对这一地区的关注从很早就已开始。张慧在2006年即撰文呼吁要对新疆非物质文化遗产立即进行保护。针对世界级的非物质文化遗产维吾尔族木卡姆以及《玛纳斯》的生存状况,一方面,她认为随着生产方式、生活方式以及社会习俗的转变,上述遗产存在的文化生态环境十分窘迫。另一方面,曲目整理不完善也是造成遗

---

① 龙运荣.近十年来我国少数民族非物质文化遗产研究述评[J].贵州师范大学学报(社会科学版),2012(01).

产濒临灭绝的原因之一。因此,她认为抢救、保护这些珍贵的非物质文化遗产迫在眉睫。此外,她指出了保护这些遗产的重要意义。① 此后关于如何保护新疆少数民族非物质文化遗产,学者们展开讨论,或从立法的角度,或从保护体系的建构,或从高校等保护主体,或从旅游开发等方面分别提出自己的建议。

在旅游开发研究方面,与全国其他地区相比,有关新疆的成果目前不多,且起步较晚。王玉玲运用民俗学、旅游学等多学科研究方法,立足于新疆非物质文化旅游资源概况和开发现状以及相关研究,力图创建新疆非物质文化遗产旅游资源的开发模式体系,为解决非物质文化遗产旅游开发中出现的问题提供了有益的参考。② 尤海平针对新疆国家级非物质文化遗产的旅游开发进行了探讨。③ 朱小玲则从产业化的角度对新疆少数民族文化的发展进行了研究,实际上主要探讨的是新疆范围内的少数民族非物质文化遗产。④ 由于环塔里木地区的非遗项目异常丰富且级别较高,这一地区的研究相对丰富。下面笔者即根据相关研究及自己的田野调查,对环塔里木地区非物质文化遗产的旅游开发现状做概述分析。

第一节　环塔里木地区非物质文化遗产旅游开发现状分析

关于"非遗旅游资源"是什么,刘小燕等认为它是能够吸引游客并促使游客前往某一地域去感受和体验的动机,同时能通过一定手段实现扩散与传播的各种非物质的事物和现象,通常这些事物和现象客观存在于一定社会形态中,同时需要依附特定的文化空间存在。⑤ 王玉玲认为非物质文化旅游资源是一种人文旅游资源,具有一些鲜明的特征,如综合性、利用上的永续性、参与性、非季节性、地域性与可扩散性并存等。⑥ 针对新疆非遗的特点,尤海平认为新疆国家级非遗项目总体类型比较齐全,一定程度上提供了旅游开发的基础。

---

① 张慧.新疆非物质文化遗产保护的紧迫性与深远意义[J].新疆艺术学院学报,2006(02).
② 王玉玲.新疆非物质文化旅游资源开发模式研究[D].上海:华东师范大学,2009.
③ 尤海平.新疆国家级非物质文化遗产旅游开发研究[D].乌鲁木齐:新疆师范大学,2010.
④ 朱小玲.新疆少数民族文化产业化发展研究[D].乌鲁木齐:新疆大学,2011.
⑤ 刘小燕,冯学钢.关于非物质文化旅游资源开发的初步探讨[J].桂林旅游高等专科学校学报,2007(05).
⑥ 王玉玲.新疆非物质文化旅游资源开发模式研究[D].上海:华东师范大学,2009.

因此,他认为新疆的非遗项目开发价值高。① 高源通过调查问卷的形式对环塔里木地区的非遗旅游开发进行了评估。评估的结果显示,这里的旅游资源基础良好,但遗产的状况、开发的基础条件以及开发的潜力都很一般。这表明环塔里木地区非物质文化遗产的旅游开发现状并不理想,加之地处偏远,相关配套措施跟不上,大部分的非物质文化遗产开发程度还比较低②。因此,这一地区的非物质文化遗产的旅游开发还有很大的空间。

一、环塔里木地区非物质文化遗产旅游开发的适宜性分析

从旅游开发的角度来看,非物质文化遗产也是一种重要的旅游资源。通常旅游资源使旅游者产生旅游动机才可能有经济、社会和生态效益。环塔里木地区非物质文化遗产具有显著的民族性、参与性、地域性等特点,作为不可再生、不能替代的旅游资源,它更加珍贵、更需要严格保护。一般对旅游者有较强吸引力、娱乐性强和参与性强的非遗旅游资源,在旅游业开发与利用中是极具明显旅游价值的。

不同民族在不同地理空间的非遗旅游资源,类型也有所不同,所体现的旅游价值也不同。各种民族的灿烂文化更具有发展旅游业的优势,内容丰富多彩的历史文化遗产、文物古迹、文学艺术、特种工艺、风土民情、美味佳肴等,不但具有提供旅游观光、购物娱乐、商务考察的功能,而且能为旅游者提供便利,满足旅游者的需求。非物质文化遗产价值的表现形式之一是文化资本,非物质文化遗产旅游资源的开发利用,特别是古老又独特的文化现象在旅游业发展当中能体现游客层次,各种类型的旅游产品能提高旅游品质和旅游地的知名度。开发非物质文化遗产资源也是提高社会效益的重要手段。

通过第二章介绍的环塔里木地区非遗的基本情况,我们可以看出这一地区的非物质文化遗产项目具有很高的文化价值和审美价值,同时依托于高品质的物质载体所展现。从旅游业可持续发展的视角出发,这些丰富的非物质文化遗产资源是文化旅游开发中的珍品。但这并不意味着,所有的非物质文化遗产都可以作为旅游产品来利用和开发。针对环塔里木地区的某个特定非物质文化遗产开发利用之前,必须进行判断。

---

① 尤海平.新疆国家级非物质文化遗产旅游开发研究[D].乌鲁木齐:新疆大学,2010.
② 高源.环塔里木地区非物质文化遗产旅游资源评价与开发价值研究[D].阿拉尔:塔里木大学,2014.

环塔里木地区非物质文化遗产是否适合旅游开发利用,要从以下几个方面来考虑:第一,非物质文化遗产在旅游开发中能产生经济效益,并且这些经济效益能为当地民居所分享;第二,居民享受到该非物质文化遗产带来的好处,从而主动加入保护非物质文化遗产的行列,营造良好的保护环境;第三,旅游开发不会对环塔里木地区非物质文化遗产的传承性造成不利影响。

对于环塔里木地区主要的非物质文化遗产类型,在对旅游资源进行开发利用的过程中,大多数是可以作为旅游产品开发利用的,并且这些非物质文化遗产是环塔里木地区旅游业发展的生命线。口头传统类的非物质文化遗产极具有开发价值,它能通过各种途径得以开发,在弘扬民族文化的过程中占有重要的特殊地位,是中国乃至世界文化宝库中的一颗璀璨的明珠。可以将非物质文化遗产旅游开发的重点之一放在传统表演艺术类,这类遗产已有一定的开发基础。民俗游艺、礼仪和节庆类的非物质文化遗产能够吸引更多的旅游者,尤其是节庆活动,它是一道有深厚文化意蕴,同时又被人们津津乐道的独特风景,是人们生活中的特别印记,是民俗风情的一种载体。传统手工技艺类遗产能够打造出独具一格的旅游产品,根据市场和现代化进程的需要,构建旅游商品体系。民间手工技艺制品除了具有使用价值之外,还具有丰富的历史、人文、学术、艺术、经济价值。而有关的民间传统知识的内容,在旅游过程中,导游可以将这类非物质文化遗产贯穿在旅游活动中,从而使旅游者对环塔里木地区的历史文化有进一步的了解。

二、环塔里木地区非物质文化遗产旅游开发的现状

笔者通过查阅相关资料以及实地调查,大致整理了环塔里木地区非物质文化遗产项目的概况,但由于一些实际原因,笔者未能掌握全部数据,具体情况如表 3-1 所示。

表 3-1 环塔里木地区非物质文化遗产旅游开发项目表

地区	非遗名称	级别
巴州	江格尔	国家级、自治区级
	祝赞词	国家级、自治区级
	蒙古族谚语	自治区级
	蒙古族民间故事	自治区级
	维吾尔族歌谣	自治区级

续表

地区	非遗名称	级别
巴州	维吾尔族民歌（罗布淖尔维吾尔族民歌）	国家级、自治区级
	蒙古族长调民歌	国家级、自治区级
	新疆花儿	国家级、自治区级
	蒙古族托布秀尔	自治区级
	蒙古族短调民歌	自治区级
	维吾尔族阿拉其热瓦甫艺术	自治区级
	维吾尔族山区民歌	自治区级
	新疆蒙古族舞蹈萨吾尔登	国家级、自治区级
	赛乃姆（且末赛乃姆）	国家级、自治区级
	赛乃姆（库尔勒赛乃姆）	国家级、自治区级
	罗布淖尔维吾尔族做饭舞	自治区级
	罗布淖尔维吾尔族狮子舞	自治区级
	赛乃姆（若羌赛乃姆）	国家级、自治区级
	维吾尔族动物模拟舞（老虎舞、鹅舞、鸭舞）	国家级、自治区级
	赛马（蒙古族赛马）	自治区级
	赛骆驼	自治区级
	斗羊	自治区级
	维吾尔族曲棍球	自治区级
	回族刺绣	自治区级
	维吾尔族刺绣	自治区级
	新疆蒙古族刺绣技艺	国家级、自治区级
	蒙古族骨雕技艺	自治区级
	蒙古族唐卡	自治区级
	维吾尔族花毡、印花布织染技艺	国家级、自治区级
	新疆蒙古族奶酒酿造技艺	自治区级
	新疆蒙古族托布秀尔制作技艺	自治区级
	蒙古包制作工艺	自治区级
	新疆蒙古族服饰制作技艺	自治区级
	回族宴席九碗三行子	自治区级
	新疆蒙古医药	自治区级
	新疆蒙古医药（金烙术、药浴）	自治区级

续表

地区	非遗名称	级别
巴州	裹羊皮疗法	自治区级
	蒙古族服饰	国家级
	那达慕	国家级、自治区级
	蒙古族驯马	自治区级
	新疆蒙古族婚俗	自治区级
	蒙古族转场习俗	自治区级
	蒙古族祖拉节	自治区级
	回族服饰	自治区级
	回族婚俗	自治区级
	麦西热甫(维吾尔族托依麦西热甫)	自治区级
喀什	阿凡提故事	国家级、自治区级
	维吾尔热比亚和赛丁传说	自治区级
	维吾尔族木卡姆艺术(十二木卡姆、刀郎木卡姆)	世界级、国家级、自治区级
	乌孜别克族爱希来、叶来	国家级、自治区级
	塔吉克族民歌	国家级、自治区级
	塔吉克族鹰舞	国家级、自治区级
	维吾尔族赛乃姆	国家级、自治区级
	维吾尔族喀喇昆仑山区歌舞	自治区级
	维吾尔族喀群赛乃姆	自治区级
	维吾尔族萨巴依演奏艺术	自治区级
	热瓦甫弹唱	自治区级
	维吾尔族卡龙琴艺术	自治区级
	维吾尔族鼓吹乐	自治区级
	维吾尔族民歌	自治区级
	萨玛舞	国家级、自治区级
	维吾尔族萨帕依舞	自治区级
	维吾尔族石头舞	自治区级
	维吾尔族动物模拟舞(老虎舞、鹅舞、鸭舞)	自治区级
	维吾尔族刀郎舞	自治区级
	维吾尔族阿勒喀舞	自治区级

续表

地区	非遗名称	级别
喀什	马球（塔吉克族马球）	国家级、自治区级
	叼羊（维吾尔族叼羊）	国家级、自治区级
	摔跤（维吾尔族且力西）	国家级、自治区级
	维吾尔族转轮秋千	自治区级
	塔吉克族牦牛叼羊	自治区级
	维吾尔族葫芦人绊跤	自治区级
	维吾尔族曲棍球	自治区级
	维吾尔族莱帕尔	自治区级
	维吾尔族达瓦孜	自治区级
	维吾尔文书法	自治区级
	维吾尔族建筑装饰技艺	自治区级
	维吾尔族模制法土陶烧制技艺	国家级、自治区级
	维吾尔族传统小刀制作技艺	国家级、自治区级
	维吾尔族花毡、印花布织染技艺	国家级
	维吾尔族摸戳印花布技艺	自治区级
	维吾尔族乐器制作技艺	国家级、自治区级
	维吾尔族铜器制作技艺（喀什铜器制作技艺）	国家级、自治区级
	维吾尔族金银首饰制作技艺	自治区级
	维吾尔族木雕技艺	自治区级
	维吾尔族手工枝条编制（柳编）	自治区级
	维吾尔族传统棉纺织技艺	国家级
	维吾尔族传统织布技艺	自治区级
	维吾尔族卡瓦普（烤鱼）	自治区级
	维吾尔族皮帽制作技艺	自治区级
	维吾尔族馕制作技艺（疏勒花馕）	自治区级
	维吾尔族乔鲁克（靴）制作技艺	自治区级
	维吾尔族驼毛切克曼布制作技艺	自治区级
	核桃麻糖制作技艺	自治区级
	木制器具制作技艺	自治区级
	塔吉克族乐器制作技艺	自治区级

续表

地区	非遗名称	级别
喀什	保健茶制作技艺	自治区级
	瓜果储藏技艺	自治区级
	苇编技艺	自治区级
	维吾尔医药（食物疗法）	国家级、自治区级
	维吾尔刀郎麦西热甫	世界级、国家级、自治区级
	维吾尔族服饰	自治区级
	塔吉克婚俗	国家级、自治区级
	塔吉克族引水节和播种节	国家级、自治区级
	塔吉克族服饰	国家级、自治区级
	塔吉克族丧俗	自治区级
	肖贡巴哈尔节	自治区级
	维吾尔族婚俗	自治区级
	维吾尔族摇床育婴习俗	自治区级
	维吾尔族诺茹孜节	自治区级
	古丽汗麦西热甫	自治区级
阿克苏	维吾尔族民歌	国家级
	库车维吾尔族民歌	自治区级
	新疆维吾尔木卡姆艺术（刀郎木卡姆）	自治区级
	维吾尔族刀郎热瓦甫艺术	自治区级
	库车赛乃姆	国家级、自治区级
	维吾尔族萨玛瓦尔舞	自治区级
	维吾尔族顶碗盘子舞	自治区级
	维吾尔族匹尔舞	自治区级
	维吾尔族传统魔术	自治区级
	维吾尔族开克力克宿库西吐如西（斗石鸡）	自治区级
	维吾尔族叼羊	自治区级
	维吾尔族刺绣	自治区级
	木器彩绘	自治区级
	柯尔克孜族刺绣	国家级、自治区级
	维吾尔族卡拉库尔胎羔皮帽制作技艺	国家级、自治区级

续表

地区	非遗名称	级别
阿克苏	维吾尔族乐器制作技艺	国家级、自治区级
	传统棉纺织技艺(维吾尔族帕拉孜纺织技艺)	国家级、自治区级
	毛纺织及擀制技艺(维吾尔族花毡制作技艺)	国家级、自治区级
	柯坪维吾尔族恰皮塔(薄馕)制作技艺	自治区级
	柯坪维吾尔族库休克(木勺)制作技艺	自治区级
	维吾尔族木制器具制作技艺	自治区级
	柯尔克孜族马鞍制作技艺	自治区级
	柯尔克孜族绣花布单制作技艺	自治区级
	维吾尔族铜器制作技艺	自治区级
	维吾尔族木雕技艺	自治区级
	阿瓦提维吾尔族慕萨莱斯酿造工艺	自治区级
	维吾尔族馕制作技艺(库车大馕)	自治区级
	苇编技艺	自治区级
	维吾尔族畜力车套具制作技艺	自治区级
	维吾尔族传统小刀制作技艺	自治区级
	维吾尔族却日库木麦西热甫	国家级、自治区级
	奥斯曼染眉习俗	自治区级
	维吾尔族传统捕鱼习俗	自治区级
	维吾尔族婚俗	自治区级
克州	新疆维吾尔刀郎麦西热甫	世界级、国家级、自治区级
	玛纳斯	世界级、国家级、自治区级
	柯尔克孜约隆	国家级、自治区级
	柯尔克孜族库姆孜艺术	国家级、自治区级
	柯尔克孜族民歌	自治区级
	柯尔克孜族噢孜库姆孜(口弦)	自治区级
	维吾尔族民歌	自治区级
	维吾尔族阿图什民间舞蹈	自治区级
	柯尔克孜族奥尔朵	自治区级
	柯尔克孜族托古孜库尔阔勒(九巢棋)	自治区级
	毡绣和布绣(柯尔克孜族)	自治区级

续表

地区	非遗名称	级别
克州	柯尔克孜族约尔麦克（毛线编）编织技艺	自治区级
	维吾尔族花帽制作技艺	自治区级
	叼羊（柯尔克孜族）	自治区级
	阿依特斯（柯尔克孜族）	自治区级
	阿图什白皮帽制作技艺	自治区级
	维吾尔族馕制作技艺（阿图什白苞谷馕）	自治区级
	柯尔克孜族白毡帽制作技艺	自治区级
	柯尔克孜族毡房营造技艺	自治区级
	柯尔克孜族驯鹰习俗	国家级、自治区级
	柯尔克孜族服饰	国家级、自治区级
	柯尔克孜族饮食	自治区级
	维吾尔族斯尔开（葡萄果醋）制作技艺	自治区级
	维吾尔医药（正骨术、萨姆萨克传统医术）	自治区级
和田	维吾尔族塔合麦西热甫	自治区级
	维吾尔族谚语	自治区级
	维吾尔族达斯坦	自治区级
	维吾尔族山区民歌	自治区级
	巴拉曼音乐	自治区级
	赛乃姆（和田赛乃姆）	国家级、自治区级
	维吾尔族油灯舞	自治区级
	维吾尔族莱帕尔	自治区级
	维吾尔族木卡姆艺术	自治区级
	曲棍球（维吾尔族曲棍球）	国家级、自治区级
	和田玉玉雕	自治区级
	维吾尔族建筑艺术（阿依旺赛来民居）	自治区级
	维吾尔族民歌	自治区级
	葫芦雕刻	自治区级
	维吾尔文书法	自治区级
	维吾尔族艾德莱斯绸织染技艺	国家级、自治区级
	维吾尔族地毯织造技艺（维吾尔族地毯织造技艺）	国家级、自治区级

续表

地区	非遗名称	级别
和田	维吾尔族民居建筑技艺(阿依旺赛来民居营造技艺)	国家级
	维吾尔族桑皮纸制作技艺	自治区级
	于田维吾尔族妇女服饰	自治区级
	维吾尔族铁器制作技艺	自治区级
	维吾尔族木雕技艺	自治区级
	维吾尔族木质大门制作技艺	自治区级
	维吾尔族胡尔捃制作技艺	自治区级
	维吾尔族馕制作技艺(和田果西格尔地)	自治区级
	维吾尔族卡瓦甫(烤全牛)	自治区级
	维吾尔族皮帽制作技艺(策勒县皮帽)	自治区级
	核桃麻糖制作技艺	自治区级
	维吾尔族保健茶制作技艺	自治区级
	土法榨油技艺	自治区级
	维吾尔族窗棂制作技艺	自治区级
	维吾尔医药(木尼孜其·木斯力汤药制作技艺)	国家级
	维吾尔医药(和田药茶制作技艺)	国家级
	维吾尔族服饰	国家级
	维吾尔族居宛托依仪式	自治区级
	麦西热甫(克里阳麦西热甫、普鲁麦西热甫)	自治区级

注:统计时间截至2022年。

从表3-1可以看出,喀什地区对非物质文化遗产开发最多,当然其总数也最多。环塔里木地区的世界级和国家级的非遗项目几乎都进行了开发,自治区级的大部分得到了开发。

三、环塔里木地区非物质文化遗产旅游开发的模式

通过环塔里木地区各地方政府对非物质文化遗产开发的现状可以看出,各地方政府大多聘请具有规划资质的规划研究院结合当地的旅游资源状况加以开发设计,因此针对不同种类的非遗项目,各地也都采取了不同的开发策略。

(一)旅游路线开发模式

这一模式在环塔里木地区是最为常见的模式,如阿克苏地区推出的龟兹—西域精粹旅游路线,其路线为阿克苏—温宿—拜城—库车—新和—沙雅—阿拉尔—阿瓦提—乌什。巴州推出"探秘楼兰""罗布荒原任我行""将军戈壁展雄姿"路线,其具体路线包括为乌鲁木齐—库尔勒—若羌—罗布泊镇—雅满苏—哈密—巴里坤—木垒—乌拉斯台镇—温泉—乌鲁木齐。显然,这是跨地区的环游路线,适合自驾游。这种路线式的开发,将沿途各种风景和民俗、土特产品都涵盖进去了。对于游客而言,这是一种体验式加参与式的旅游。通过路线旅游,游客不仅可以沿途感受新疆各地区的民俗风情,而且也可以跟当地人民交流。对于开发者而言,这种模式将游客的吃穿住行都包括在内,还可以对游客展示地方特色的舞蹈、服饰、习俗,同时也可以售卖本地的土特产品,如非遗项目中的刺绣、服装等。因此,这一开发模式是一个双赢模式。

(二)旅游综合街区模式

这一模式在环塔里木地区也普遍存在,这一开发模式是选某一个地方进行规模建设,里面吃、住、游一体化,利用综合街区,集中展示当地的民俗风情、特色小吃、土特产品,是一种集旅游与商业经营于一体的开发模式。目前,和田地区已开发出了几条特色民俗街区,阿克苏地区也有老城历史街区等。

(三)主题公园模式

主题公园主要是依托既有的自然环境,将其打造成具有某个主题的公园景观。公园内有各种展示本地民俗风情、土特产品的区域。在公园内,既可以将本地传统的舞蹈、民歌、杂技搬上舞台,又可以出售本地传统工艺生产的土特产品,使游客在领略自然美景的同时,也能感受本地的民俗风情。例如,克孜勒苏柯尔克孜自治州开发启动的柯尔克孜民俗风情主题公园等。

(四)民俗古村落开发模式

针对环塔里木地区中的不少颇负民族特色的传统村落,各地纷纷以其为旅游核心点,带动周边的经济发展。其中较为著名的是巴州尉犁县的罗布人村寨。它位于巴州腹地,总面积近6万平方千米。距尉犁县城35千米的罗布人村寨景区,离库尔勒市约85千米,景区占地面积134平方千米。罗布人村寨景区于1999年开始开发,一年后开始营业,随后村内的景点不断增多,2006年和2010年先后被评为国家3A级、4A级旅游景区,2012年被评为国家级风景名胜区。同时，罗布人村寨还是自治区级的非物质文化遗产特色景区。烤羊是这里的传统美食，由于烧烤技术十分精湛，景区内有一次可同时烤116只全羊的西域第一大烤坑，创下吉尼斯世界纪录，景区在2013年荣获"烧烤美食之都"的称号。可以说，罗布人村寨是目前环塔里木地区开发较为成功的一个村落之一。

再比如克州阿合奇县的科克乔库尔民俗文化村也是如此。由于这里的柯尔克孜族居民几乎每家都训练猎鹰，这里的猎鹰文化极为浓郁，也极有特色。科克乔库尔村是新疆旅游100个重点项目之一，是专门针对当地的非物质文化遗产而推出的旅游开发规划。该文化村突出的核心就是猎鹰文化，景点就是跟猎鹰有关的古物展览区、猎鹰表演区、猎鹰文化展示区。在猎鹰文化展示区，主要展示的是本村的猎鹰世家。除猎鹰文化外，其他非遗也在这里得到开发利用，如柯尔克孜刺绣和库姆孜制作工艺。除非遗外，这里还附带开发了相关的部分，如文艺表演区和餐饮区等。因此，整个文化村就是对阿合奇县非遗项目的大规模开发。

（五）主题旅游文化节模式

利用这一模式进行旅游开发的项目，需要投入巨额资金，因此，这一模式只是在某个地方实行，其中较为有名的是克州对境内世界级非遗《玛纳斯》的开发。截至2018年，克州已成功举办了9届以"玛纳斯"为主题的旅游文化节，该节日成为当地的一个最负盛名的旅游项目。每年在节日举办之时，吸引了来自全世界各地的企业、游客。以举办旅游文化节为契机，将克州境内的其他非遗项目作为主题的景点和自然景观结合起来。如克州政府开辟的帕米尔高原风光游、边境口岸游和以盖孜驿站、苏里堂麻扎及玛纳斯弹唱为重点的历史文化游。同时在旅游景点沿线建造以猎鹰、叼羊、赛马及农家乐等民俗风情为地方特色的旅游项目。除玛纳斯文化节外，州内各县也会举办类似的旅游文化节，如阿合奇县每年都会举办一届的诺如孜文化节。在诺如孜文化节上，阿合奇县政府会再设"猎鹰文化节"，文化节上将别具一格的驯鹰表演和捕猎场面，呈献给广大的游客，大力宣传自己的猎鹰文化，该文化节目前已成为阿合奇县的一张名片，吸引着越来越多的国内外游客慕名前来。此外，巴州对境内国家级的非物质文化遗产项目《江格尔》也进行了开发。如在2018年，巴州在和静县举办了首届江格尔旅游文化节等，表明了巴州对此非遗项目也开始重视起来。

这种主题旅游文化节的举行,不仅极大地提升了当地非遗的知名度,而且为保护非遗提供了条件,同时,利用这种活动,当地还可以从事各种商业活动。如在"江格尔那达慕——文化旅游非遗体验活动"中,游客们观看了恢宏震撼的《江格尔传奇》实景剧,聆听《江格尔》说唱表演,观看《神奇的江格尔》文艺表演,还品尝并观赏了江格尔盛宴。江格尔盛宴有"迎客茶""雪山牛肉羹""烤羊背""绝地逢生""九曲回肠"等十二道菜品等。这可以说是一次成功的民俗展示和商业营销活动。

四、环塔里木地区非物质文化遗产旅游开发出现的问题

尽管环塔里木地区周边各地方政府大力发掘地区内非遗的旅游资源,积极地促进了当地经济的发展,但在旅游开发中也不可避免地出现了一些问题。

(一)非遗项目没有系统地规划和统筹考虑

在包括非遗在内的旅游资源开发过程中,各州、县(市)未建立"党政统筹、高位推动、部门联动、定期调度、齐抓共管"的旅游工作机制。第一,各景区和各部门之间的管理关系并不清晰。对于一些重点景区,州政府和县市政府之间权责不明晰,因此,景区管理中出现了管理秩序混乱的情况。第二,当地政府未将当地的旅游资源整合好,各景区之间各自为政,部门间缺乏良好的协调机制。各景区在运营过程中,只顾自己的营业收入和规划建设,不能从整体上营造一个良好的旅游环境。第三,对于部分旅游公司、旅游管理的职能部门,其管理工作不全面,且出现了管理部门虚设或撤销的现象。因此,很多景区内的管理较为混乱,缺乏监督。第四,部分地区的旅游从业人员,文化水平较低,素质不高,专门人才严重不足。如克州具有旅游专业高等学历的从业人员数量较少,获得相应从业资格的人员也十分稀缺。第五,对于一些自治区级、开发难度较大的非物质文化遗产,重视程度不够,即便开发了,也是放任自流,不加统一规划。

(二)旅游规划项目水平较低

旅游业是发展地方经济的重要动力之一,非遗体现出的旅游价值是其中重要的一项。然而,大部分非物质文化遗产在旅游开发中,却缺乏高标准的指导,导致非遗传承人保护意识不强、目标不明确,进而导致周围群众保护意识淡薄。旅游开发中,无论是非遗传承人还是当地群众,过于注重里面的经济价值,为了获得利润出现了一些迎合游客、欺骗游客的现象,从而让许多非遗项

目如一些传统技艺,失去了本真性。此外,政府对非物质文化旅游资源整合不够,区域之间未能有效协作,部门之间配合不够,这些都导致非物质文化遗产开发利用不够。旅游开发项目的规划水平较低,不能充分挖掘其中的有效价值,包括文化价值和经济价值。特别对一些世界级的非遗项目,重视程度不够,如巴州对于境内的国家级非遗《江格尔》,直到2018年才真正开发。同时,对那些已经开发的非遗项目,由于在规划时眼光不够长远,出现市场定位不明确和开发中出现其他问题,致使旅游发展不能做大做强。

(三)未建立良好的融资渠道

旅游开发前期需要投入大量的资金进行基础建设、广告宣传、项目规划等。环塔里木地区经济水平较为落后,因此,旅游开发中面临着严重的资金不足问题。在解决资金方面,除充分利用其他省市区的援疆资金外,当地政府还需要自己拓宽融资渠道。然而,环塔里木地区关于资金扶持方面却存在诸多问题。到目前为止,很多地区并未建立起健全的融资渠道,也未制定出特别有效的招商引资优惠政策,导致旅游开发的投资严重不足。此外,由于管理上的复杂性,旅游主管部门很难将各景区的建设资金统筹分配,无法在区域范围内将资金按照轻重缓急的秩序使用;而且即便引入民间资本,由于监督不到位,一些缺乏道德操守的不良开发商不按合同履行,仍会出现资金到位不及时的现象。

(四)对非物质文化遗产的旅游开发相对滞后

虽然各地区对非物质文化遗产中的旅游价值很早就有认识,但限于各种条件而迟迟得不到开发。例如,巴州的非物质文化遗产较为丰富,但对于这些非遗的旅游开发情况则相对滞后,如对国家级非遗项目《江格尔》的开发。《江格尔》是蒙古族史诗,影响深远,其分布地域也较广泛。对于《江格尔》的旅游开发,其故乡和布克赛尔蒙古自治县走在了前列。在《江格尔》于2006年被列入国家级非物质文化遗产名录后,和布克赛尔蒙古自治县就开始了对它的宣传和开发。相比之下,巴州则逊色得多。直到2018年,巴州才举办首届江格尔旅游文化节。

再如另一项世界级非遗《格萨(斯)尔》。这一项目在内蒙古地区宣传开发得很好,也较早。该项目在2009年被列入联合国教科文组织人类非物质文化遗产代表作名录后,西藏和内蒙古都进行了一系列的开发,然而直到2017年,新疆民间文艺家协会原主席马雄福才提出《格萨(斯)尔》在新疆的传播面有待拓宽。而"祝赞词"至今还没有得到开发。博湖县的新疆蒙古族刺绣技艺,目前在一定程度上得到开发。实际上,巴州目前的旅游开发,主要还是着眼于物质文化,如对库尔勒市内部铁门关的开发,"环博斯腾湖旅游区""巴音布鲁克生态旅游区"等。

第二节　环塔里木地区非物质文化遗产旅游开发的相关措施及建议

各地政府为了发展地方经济,纷纷打起"文化旅游"的招牌,利用非物质文化遗产中所体现的经济价值,在开发保护中大力发展非物质文化遗产旅游,并提出与之相应的措施。

一、环塔里木地区非物质文化遗产旅游开发的相关措施

环塔里木地区民族众多,颇负民族风情,非物质文化遗产项目数量众多,因此,各地政府一直在强调这一资源。下面笔者依据相关资料及田野调查的情况,对此问题分而述之。

(一)巴音郭楞蒙古自治州

一个地区的旅游开发是随着相关配套设施的完善而逐步展开的,环塔里木地区地处中国西北部,位置偏远,因此这里的旅游开发虽然资源丰富,但交通不便成为主要的障碍。而在 2000 年以后,这里的交通开始改变。乌鲁木齐至库尔勒航班经国家民航总局批准在 2003 年 1 月 18 日首航。2005 年 9 月和硕至库尔勒高速公路正式交付使用。2007 年 9 月 12 日一架由乌鲁木齐起飞的波音民航客机在库尔勒新机场安全降落。这是该种机型首次在此降落,标志着库尔勒新机场首次试飞成功。2013 年 8 月 27 日,国航 CAl267 航班平稳降落在库尔勒机场,标志着库尔勒—哈密—北京的定期航线首航成功。2013 年 11 月 21 日,一列通勤列车驶进哈密—罗布泊铁路的最后一站——罗中站,结束了罗布泊没有铁路的历史,同时拉开了罗布泊地区铁路运输工作的序幕。由此可以看出,巴州的交通设施从航空到公路、铁路都得到了大大改善,这为巴州的旅游开发提供了基础。2016 年,古尔邦节期间,高速实行免费政策,为游客出行提供了便利条件。

自 1999 年以来,巴州先后完成了《巴音郭楞蒙古自治州旅游发展总体规

划》和《博斯腾湖全域旅游一体化发展规划》，以及罗布人村寨、芳香植物生态观光园、孔雀河滨河风景旅游带、巩乃斯森林公园、塔里木胡杨林公园等重点旅游区（点）规划。2002年6月，为了加快旅游支柱产业的培育、发展定位和地位的确立，巴州旅游发展工作会议作出了《关于加快旅游业发展的决定》。2006年以来，和静县投入几百万元，完成了巴音布鲁克区巩乃斯小城镇总体规划和巴音布鲁克旅游目的地发展系列规划；同时，州旅游局完成了巴州特色旅游发展的相关规划；此外，库尔勒市着力打造了库尔勒香梨文化园的旅游品牌。2015年，巴州又提出"干大旅游、大干旅游"的实施意见。2016年，巴州旅游局在完成"十三五"规划编制修订工作的同时，启动了《巴州旅游发展总体规划》的修编以及全州旅游资源普查项目的工作，基本已完成全州旅游资源普查前期的调研工作；还评审了尉犁县罗布人村寨景区修建的详细规划，博斯腾湖景区孔雀海滩水公园的设计方案，以及轮台县塔里木胡杨林景区修建的详细规划；还启动了《尉犁县罗布湖旅游度假区发展总体规划（2017—2030）》《十万亩葡萄生态旅游观光园总体规划》等各类规划的编制工作。可以说这些政策、规划文件的颁布实施，是巴州发展旅游的法规保障和计划。①

新疆是中国古代丝绸之路的必经之地，在"一带一路"建设背景下，新疆政府重点建设"丝绸之路经济带"核心区，同时中国的葡萄酒产地整体西移。因此，巴州紧紧抓住"天时"和"地利"，充分发挥"人和"优势，及时制定符合这一实际的政策，大力发展葡萄酒产业。在努力提高葡萄酒品质的前提下，制定出"一湖四县百庄"（即在和静、焉耆、博湖、和硕四县建立百个酒庄）的葡萄酒产业发展布局。2018年6月12日，巴州在乌鲁木齐市召开以"让千年文化活起来，旅游产业兴起来"为主题的"聚焦巴州·探秘楼兰"——历史文化旅游主题活动新闻推介会。这次会议不仅宣传了巴州的旅游产品，同时还完成了招商引资的目标。通过几届政府的努力，巴州旅游基础设施逐步完善。截至2018年，全州有20家A级旅游景区，221家星级农家乐，35家星级宾馆，"古西海·金博湖""塞外明珠·山水梨城""梦中草原·骏马天堂·天鹅故乡·东归故里"等一批特色的旅游品牌初步形成。②

近年来，巴州提出"旅游＋文化"的模式。巴州将东归文化、楼兰文化等独特的文化内涵植入旅游业的各环节和全过程中，以投入资金和招商引资的形

---

① 周海被,荀发军.打好"历史牌"唱响"文化歌"[N].巴音郭楞日报,2016-09-26.
② 周海霞.巴州历史文化旅游主题活动新闻推介会在乌市召开[N].巴音郭楞日报,2018-06-13.

式,开发了一批旅游文化产品和情景演出项目。在景区的规划、建筑、指示牌、民俗、工艺展示以及歌舞表演等方面,在设计之初就特意凸显当地的特色文化符号,给游客带来视觉上的冲击,让游客随处可以感受当地文化的魅力,并极大地提高了旅游景区内的文化内涵。除此之外,在景区外的服务设施如宾馆、车站等地方,也将地域民族文化和文化产品的各种展示形式融入自身服务项目、产品开发之中,尽一切办法宣传自己的文化元素。2016年,巴州初步构建了东归文化、草原风光体验游、大漠风情、寻玉探宝特种游、丝绸之路、西域风情游、沙漠胡杨摄影游、博斯腾湖、西海休闲度假游、大漠遗韵、楼兰探秘科考游、阿尔金山自然生态探险游,以及西域、现代文化都市游八大精品线路。同时,巴州拍摄推广了《探秘阿耆尼》《东归·印象》等一批演艺作品。在巴州的这一旅游思路下,州内各县的相关工作也纷纷展开。例如,焉耆县依托当地丰富的旅游资源、底蕴深厚的文化传统和具有特色的民俗以及繁荣活跃的商贸市场等优势,打造旅游精品线路,建设旅游精品景区,培育了一批具有市场竞争力的旅游文化企业。①

与此同时,巴州还举办美食节、捕鱼节、玉石节等百余项文化节会旅游活动,让更多游客体验当地民族风情、习俗礼仪等。开发利用非遗旅游的同时,当地也不忘加强对小河墓地、营盘古城等5处自然文化遗产的保护。

在巴州以及下辖各县的旅游规划中,对于非遗的旅游开发,也占有一定的地位。如在2014年,巴州政府开展了各种形式的文化旅游活动。在活动中,当地政府利用文化馆、博物馆、体育场及纪念馆等各种途径,展示本地区的非遗项目。同时,通过举办各类美食节、捕鱼节等文化旅游节日活动,将本地独特的民族风俗和习俗礼仪展示给游客,让其在观赏中得以体验。此外,当地政府还组织人员科学挖掘本地区各类非物质文化遗产的文化价值,并结合当地的旅游项目充分利用这一价值。对于一些表演类的非遗,地方政府大力开发旅游实景演艺、民间艺术演出等文化旅游项目。

(二)克孜勒苏柯尔克孜自治州

克州拥有丰富的自然景观和人文景观,境内有喀喇昆仑山及天山南脉等诸多山脉。其中公格尔九别峰、慕士塔格峰是我国著名高原登山特种旅游胜地。海拔4千米的羊布拉克冰川就在这里,让克州拥有了世界上最高的天然

---

① 丹江水,马艳菲.巴州要把旅游业打造成强州产业[N].巴音郭楞日报,2016-05-25.

滑雪场；而境内的克拉孜冰川则是我国海拔最低的冰川。地处祖国最西端的斯姆哈纳被称为"中国最晚送走落日的地方"，阿图什市则是中国唯一的"无花果之乡"。除自然景观外，这里还拥有高级别的非物质文化遗产项目，是世界非物质文化遗产《玛纳斯》文化的故乡，《玛纳斯》文化源远流长。因此，克州在旅游发展中，也积极制定相关措施，挖掘《玛纳斯》的旅游资源。此外，阿合奇县的驯鹰习俗为国家级非物质文化遗产，县内的苏木塔什乡被称为"猎鹰之乡"。克州虽然面积不大，但因有着丰富的旅游资源，而成为一个著名的旅游胜地。克州对世界级非物质文化遗产的开发利用，一直走在环塔里木地区的前列。

在发展旅游业方面，克州首先着力完善设施。阿图什市斥巨资，经过几年的建设，对天门旅游景区游客服务中心、景区主要游步道、核心区的防洪工程及停车场建设等基础设施完成了改造。同时，利用援疆资金建设阿图什大峡谷旅游景区道路和阿图什仙木园等景区内部基础设施。阿克陶县也对克州冰川公园景区游览道路进行改造。乌恰县则完成了尚亥草原景区游客服务中心建设。

2016年，克州政府在深入学习国家旅游局关于《丝绸之路经济带和21世纪海上丝绸之路旅游合作发展战略规划》的制定情况后，将《国务院办公厅关于进一步促进旅游投资和消费的若干意见》(国办发〔2015〕62号)与克州实际情况联系起来，将克州确定为"丝绸之路"文化旅游先导区。此外，克州按照国家发展改革委、外交部、商务部联合发布的《推动共建丝绸之路经济带和21世纪海上丝绸之路的愿景与行动》的要求，主动参与丝绸之路经济带及中亚旅游区域合作等活动，并按照国家"一带一路"倡议要求，进一步完善相关政策体系。具体而言，克州主要从四个方面展开：第一，全力建设丝绸之路文化旅游核心区域，大力引进大项目和大投资；第二，重点做好文化旅游的宣传工作，大力打造柯尔克孜族民俗文化的鲜明形象；第三，大力开发与文化旅游相关的工艺产品，尽力提升文化旅游产品的附加值；第四，深入挖掘本地区具有独特民族特色的传统文化，认真总结其特点，树立品牌意识，做好高品质的旅游规划建设。为此，在2018年，克州开始编修《克州旅游发展总体规划》和对《克州旅游业发展规划》进行修订。这些政策和指导思想的确立，为克州包括非物质文化遗产在内的旅游开发提供了方向。

制定政策规划的同时，克州在实际行动中，不断加快景区的建设。例如，为了建设阿图什大峡谷,阿图什市投入 1000 万元;乌恰县投入 4900 万元,用于康苏历史文化旅游名镇项目;阿合奇县投入 1300 万元,用于柯尔克孜非遗小镇(民俗文化村)项目;等等。这些对景区特别是对一些具有民族特色的文化景区的建设,让这些地区的文化氛围更加浓厚,凸显了自己的民族文化特色,为吸引更多的游客提供了文化基础。这种对文化资源的发掘让克州在环塔里木地区显得十分耀眼。在发展旅游过程中,克州充分利用自身拥有的独特文化优势,提出要促进民族文化的均衡发展。为此,克州政府把境内的民族风俗、民族服饰、民族餐饮、民族刺绣等民族特色的产业大力整合,重点培育,试图以柯尔克孜玛纳斯文化为核心,带动境内的其他产业,力图把克州变成世界级高原深度体验旅游、新疆首选特种旅游及柯尔克孜文化体验旅游的理想之地。

在文化的旅游开发方面,阿克陶县自 2016 年开始,着力以帕米尔高原风光为主,将民俗文化旅游品牌做大做强。阿克陶县政府计划以布伦口的玛纳斯民俗旅游新村建设为引领,全力推进旅游开发与特色文化的有机结合。阿合奇县则围绕旅游名镇、名村的建设,把原来的观光型旅游逐步向体验型旅游发展,不断增加境内的景区(点)和扩大景区范围,并针对县内世界级的非遗项目——《玛纳斯》和国家级非遗项目驯鹰技艺,培训史诗表演的团队,将民间文学类非遗项目打造成县内的品牌项目。同时,还通过建设民俗文化村、重点打造猎鹰文化旅游等方式开发本县的文化旅游产业。

(三)阿克苏地区

在五个地区中,阿克苏地区的非遗数量较少、级别较低。总的来看,在旅游开发方面较落后于其他地区,但比较有特色。

2014 年,自治区政协原副秘书长阿布德海·玛坚率领调研组去阿克苏地区进行调研,并强调名村名镇是中国文化的一种传承,对城市的发展具有积极推动作用。要充分发挥丰富历史文化遗产的资源优势并加大宣传,使古村落的历史文化底蕴进一步展现,提高竞争力并增强吸引力。阿克苏地区在 2016 年积极围绕总体要求,提出充分发挥旅游优势,把旅游产业发展成战略性支柱产业,努力打造一批国家级乃至世界著名的景区景点,聚集财气、增加人气,稳疆又富民,全力使阿克苏地区成为南疆甚至整个新疆重要的旅游目的地。[1]

首先,在基础建设上。目前,阿克苏地区拥有阿克苏红旗坡机场和库车龟

---

[1] 吕娜.文化旅游产业将成新的经济增长极[N].阿克苏日报,2018-06-23.

兹机场两个机场,而且相继开通了至北京、上海、郑州等国内重要城市的航班。两座机场每年的吞吐量在 130 万次左右。① 且自 2018 年开始,阿克苏地区加快阿克苏机场的二期工程建设和新建的阿拉尔塔里木机场的建设,增加至国内主要城市的航班次数。在铁路方面,结合阿克苏—阿瓦提—阿拉尔支线铁路建设,库尔勒—库车—阿克苏铁路电气化改造,新(和)—拜(城)—玉(尔衮)铁路支线项目等,提前做好旅游交通服务设施和各项配套设施规划建设。而在公路方面,吐和高速、314 国道、217 国道、沙漠公路等干线公路和景区公路畅达。② 针对阿克苏内部,在 2017 年,当地政府利用浙江的援疆资金,启动了阿克苏的南疆旅游集散中心建设项目。至 2018 年,阿克苏地区的路政、交通、旅游等部门牵头在主要公路干线对全地区 4A 级以上景区标识标牌按国家标准进行设置和安装。这些基础设施的完成无疑为阿克苏地区的旅游发展提供了基础保障。

其次,在旅游规划方面。按照发展要求,阿克苏地区旅游行业要紧紧围绕解决旅游需要和旅游发展间矛盾为根本,以推动全域旅游发展为目的,以推进全域化旅游发展、品质化旅游供给、规范化旅游治理、全民化旅游参与和最大化旅游效应为原则,快速推动地区结构性旅游供给侧的改革、全域旅游、乡村旅游、厕所革命、旅游扶贫、红色旅游、文明旅游、诚信旅游等各项重点工作,使阿克苏地区旅游业健康快速发展。2018 年,阿克苏地区按照"城景共享、城乡共建、山水共美、文旅共生"的旅游产业发展思路,坚持项目为要、规划先行,推进旅游项目的建设步伐和招商引资,积极推动产业聚集发展。计划三年内投资 5 个以上资金达到 3 亿元的旅游项目。重点推进三大核心集聚区,即南疆旅游集散中心、龟兹世界文化遗产旅游区和托木尔峰自然遗产旅游区的建设,使阿克苏成为新疆重要旅游目的地。同时当地还计划到 2020 年力争使阿克苏成为南疆旅游集散的中心城市,带动和辐射南疆四地州,以人流带动资金流、信息流,促进旅游、商贸、物流大发展。当地政府制定并印发了《阿克苏地区全域旅游发展三年行动计划(2018—2020 年)》方案,逐步构筑"大旅游"格局。③④

---

① 吕娜.阿克苏:旅游业跑出加速度[N].新疆日报,2017-01-12.
② 任红芳.地区积极融入丝绸之路经济带核心区建设[N].阿克苏日报,2018-09-28.
③ 吕娜.让阿克苏成为旅游目的地[N].阿克苏日报,2018-09-25.
④ 吕娜.地区召开旅游产业发展协调领导小组工作例会[N].阿克苏日报,2018-03-17.

最后,在旅游开发中,阿克苏地区也注重非物质文化遗产开发。阿克苏地区政府积极组织阿瓦提、库车和阿克苏市的非遗传承人,积极参加举办的全国非遗节、自治区的民间文化节、地区农牧民的文艺汇演以及地区原生态的民间艺术演出等活动。除此之外,还组织温宿县、拜城县、沙雅县等五县的非遗传承人参加自治区传统手工技艺的展示、地区非遗手工技艺展出等活动。这些活动不仅提高了非遗的知名度,还提高了民众保护非遗的意识。对于如境内的国家级非遗库车赛乃姆,当地政府组织人员进行专门研究,挖掘其中的文化价值,并以之为核心,打造历史文化街区。同时,还在新和县建立维吾尔族乐器村等。

截至2017年,阿克苏地区拥有世界级的自然遗产——托木尔峰(世界自然遗产天山的分支);国家级地质公园——温宿县托木尔大峡谷;国家级历史文化名城——库车;世界文化遗产项目丝绸之路的文化遗产资源和全国重点文物保护单位。①

(四)喀什地区

喀什作为环塔里木地区乃至全疆拥有数量较多、级别较高的非遗项目的地区,对开发非物质文化遗产旅游也十分重视。2015年,中共喀什地委办公室和喀什地区行署办公室联合印发了《喀什地区关于建设旅游强区的实施意见》(以下简称《意见》)。《意见》全面阐述了自2015年至2020年六年中有关本地区旅游开发的构想和目标以及实施措施。《意见》内容包括:①建设旅游强区的重要意义、指导思想和目标任务;②加快推进旅游产业转型升级;③促进富民固边,实现社会稳定和长治久安;④改革创新、增强旅游产业发展动力;⑤充分发挥市场主体作用,鼓励企业做大做强;⑥融合发展,开拓旅游产业发展空间;⑦完善管理服务,提升服务质量;⑧打造高素质旅游人才队伍;⑨强化信息技术引领,打造智慧旅游区;⑩强化政策保障;⑪加强组织领导。可以说,喀什地区有关旅游方面的全面纲领在《意见》中都得以公布。比如对于旅游产业转型和加快推进升级,《意见》中就指出,要依赖地区的经济发展及交通规划和城镇建设的布局,拓宽四大特色旅游区和三大旅游圈的发展空间。这里的"四大特色旅游区"是指喀什的民俗风情旅游区、叶尔羌河流域的旅游区、塔克拉玛干沙漠的胡杨生态旅游区以及帕米尔高原旅游区,而"三大旅游圈"是指环大

---

① 吕娜.从资源大区向旅游强区迈进[N].阿克苏日报,2018-09-22.

喀什市核心圈、环喀什地区的基本圈以及环中亚、南亚拓展圈。喀什政府主要围绕绿洲文化、红色旅游、文化历史文化和高原文化,重点打造八张名片,依次是丝路风情、瓜果之乡、玉石之乡、歌舞之乡、长寿之乡、美食之乡、高原灵境和著名的喀什历史文化名城。① 在旅游的方式和主题上,喀什政府定位清晰,以自驾游、乡村游、会展游、休闲度假游为主,积极开展特种旅游、体育旅游、美食旅游、购物旅游、研学旅行,创新发展文化旅游等方式和主题。

为了满足日益增多的游客需求,同时也为了进一步发展旅游事业,喀什地区在交通方面大力发展。2013 年,巴基斯坦冉岩航空公司开通了伊斯兰堡—喀什定期往返航班。2015 年,南航、东航、川航、国航、海航、山东航、天津航、首都航等先后开通援疆省市到喀什的航班。至此,有 10 家航空公司落户喀什,开辟了 15 条航线,至 2018 年已增至 19 条,其中疆外航线 15 条,可以直航国内外 12 个城市。近年来,喀什徕宁国际机场成为新疆第二大航空港,是继疆内乌鲁木齐地窝堡国际机场外又一国际机场,也是疆内唯一的大型机备降场。2017 年,喀什地区第二座机场——莎车叶尔羌机场正式通航。至 2018 年,喀什地区与南航就航空市场合作发展进行对接,通过此次对接,南航力争开通直飞对口援疆省市的全部航线,打通喀什和疆内其他城市环疆航线。在增加航班密度的同时,实行更加优惠的价格政策。实现以喀什徕宁国际机场为中心,火车站、公路客货运站、重大旅游功能区为支撑点的空、铁、陆三网合一,推动南疆区域经济发展。②

显然,作为一个边陲地区,喀什地区有两座民用机场,十分令人瞩目,此可说明喀什地区所要接待的游客量十分可观。2015 年以来,旅游业已经成为喀什的富民产业和支柱产业,喀什政府计划努力将其成为丝绸之路经济带上的重要文化旅游中心,使喀什发挥从中国到中亚再到西亚主要节点城市的作用。加大对"丝路风情,醉美喀什——不到喀什不算到新疆"的品牌宣传,积极参加国内国际各类旅游展会、节庆活动,还成功地举办了喀什文化旅游节。③

在非物质遗产旅游开发方面,喀什政府针对不同类型的非遗项目实行不同的政策。对于传统技艺类非遗,如土陶制作技艺、刺绣等,喀什政府大力招商引资,成立公司,批量生产,将这些技艺转变成商品。如喀什地区的中坤土

---

① 潘黎明.自治区旅游发展大会在我区反响强烈[N].喀什日报,2018-08-31.
② 王文博.我区与南航就航空市场合作发展进行对接[N].喀什日报,2018-10-24.
③ 王志恒.让旅游业成为经济高质量发展的重要引擎和支柱产业[N].喀什日报,2018-10-01.

陶责任公司,从 2010 年至 2013 年共生产出 12 万余件的陶制品,平均每年收入达 50 余万元。2014 年,该公司通过了新疆维吾尔自治区文化产业示范基地的审核,一跃成为南疆首家文化产业示范基地。在刺绣方面也是如此,目前喀什地区拥有两个较大规模的刺绣厂。同时,针对地区内的两个非遗项目,即国家级的维吾尔族乐器制作技艺和自治区级的苇编技艺,通过成立乐器制作、花帽制作等合作社的方式打造特色街区。在表演类非遗方面,喀什主要是打造主题文化园的方式,特别是拥有世界级非遗项目《刀郎木卡姆》的麦盖提县,在非遗开发方面十分成功。麦盖提县自 2014 年起,进行刀郎文化园的建设。该项目中,当地政府在旅游经济、生态经济的指导下,把麦盖提作为旅游集散地,通过弘扬传统刀郎文化,将当地的《刀郎木卡姆》、刀郎麦西热甫等非遗元素融入文化园的建设中,集文化展示、文化创意、生态保护、传承刀郎文化和湿地科研等于一体,将这座文化园建设成为一个集休闲、旅游、文化和教育多功能于一身的娱乐场所。另外,为了更好地保护《刀郎木卡姆》和刀郎麦西热甫等非遗项目,麦盖提县还成立了专门的刀郎文化和刀郎手工艺品制作的培训班,在广大中小学生中普及刀郎文化,积极培养非遗的传承人。而且,还成立了刀郎艺术团,在各地进行演出,宣传刀郎文化。[①]

其他各县也积极地开发本地的非遗文化,如泽普县积极打造长寿民俗文化村、举办旅游文化节等。

(五)和田地区

和田地区也有着丰富的非物质文化遗产,拥有世界级的木卡姆艺术和包括维吾尔医药在内的多项国家级非遗。为了发展当地的旅游产业,当地政府于 2014 年 8 月 17 日,总投资 4.85 亿元改建扩建和田昆冈机场,将其华丽升级。至 2018 年 11 月,和田机场总建筑面积 1.75 万平方米的新航站楼竣工验收,运营后可满足旅客吞吐量 160 万人次/年,使得航空运输服务能力得到显著提升,这就为和田的经济社会发展开辟了更加通畅的"天路"。

除了交通和基础建设,在旅游政策方面,当地政府于 2016 年制定了《和田地区旅游产业发展五年行动计划》,紧紧围绕"世界玉都·丝路名城"主题形象,着力打造玉石文化、丝路探秘、民俗风情、沙漠观光、自驾自助、医药康体六大特色旅游产品,努力形成"三心、四带、五区"的旅游发展战略总体布局。

---

① 潘黎明.麦盖提刀郎文化的跨越式发展[N].喀什日报,2014-11-21.

为了完成上述目标,和田地区聘请规划团队为其量身打造。规划方案所设计的景区包括:和田县巴格其镇旅游区、乌鲁瓦提景区;民丰县尼雅古城景区等景区旅游总体规划和创建国家5A级旅游景区评审意见;于田县库尔班·吐鲁木民族团结文化园、昆仑瑶池景区、寿湖景区;墨玉县拉里昆湿地景区;洛浦县塔克拉玛干沙漠乐园、葡萄王国景区;策勒县小佛寺景区。①

2018年,和田地区旅游局党组书记陈伟表示,随着地区旅游人数的日益增多,和田地区要坚持"特色引领、文化为魂"的发展主线,大力弘扬昆仑文化、特色历史文化、沙漠文化、国玉文化、民俗文化这五种文化类型,努力实现以旅游业为支柱产业的发展战略。这些年来,在文化旅游商品开发上,和田地区取得了可喜的成绩,传统的玉石、丝绸、地毯、桑皮纸、玫瑰等旅游商品都有了研发、创新和设计。此外,和田地区还在大力发展大芸、维吾尔医药等产业。和田地区计划在未来的几年内,着力开发集地域性、实用性、价值性、艺术性于一体的多种特色旅游商品。

桑皮纸制作技艺、维吾尔医药都是和田地区非遗项目。对于境内的非遗资源,和田地区也实行了有针对性的政策。如和田地区为了保护、宣传世界级的木卡姆艺术这一珍贵的非遗,于2016年9月,《维吾尔十二木卡姆》(和田版本)正式首发,该书的出版为维吾尔文化传承和保护及发扬光大做出了巨大贡献。国家级非遗桑皮纸制作技艺,在和田地区有着悠久的历史,为了更好地保护开发这一技艺,2018年和田地区颁布了地方标准《国家非物质文化遗产 桑皮纸制作技艺流程》,明确规定了桑皮纸制作的各类术语和定义,并对制作桑皮纸过程中的技艺要求、分类、尺寸以及包装、检验等方面都制定了严格的规定。同时,还将桑皮纸与其他地区的农民画艺术相结合,为农民画的创作提供大批的桑皮纸,这不仅扩大了市场,还提高了桑皮纸的知名度。针对另一项国家级非遗维吾尔医药,和田地区于2013年发布了《和田地区维吾尔医药产业发展规划(2013—2020年)》,制定了发展维吾尔医药的计划和目标。2016年,和田地区建立了维吾尔医药传承中心,其建设项目于2017年被列入新疆中医药传承创新工程建设备选项目,有效保障了维吾尔医药的保护和发展。同时,在墨玉县的喀拉喀什镇设立维吾尔药材种植基地,建立新疆维吾尔医学高等专科学校,从药材来源和技术上给予保证。

---

① 张勇.地区召开旅游项目规划评审会[N].和田日报,2017-11-08.

二、环塔里木地区非物质文化遗产旅游开发的建议

(一)深挖环塔非遗的内涵,坚持可持续发展的理念

1. 坚持可持续发展的理念,处理好保护与开发间的关系

在对环塔里木地区进行非物质文化遗产旅游开发时,要始终把可持续发展的理念贯彻在其中,历史辩证地对待环塔里木地区非遗旅游开发与保护之间的关系。满足现今旅游发展的需求,尊重各非遗项目自身的发展规律,注意到同类别或相似类别非物质文化遗产的特点。因此,在发展环塔里木地区非遗旅游的过程中,非物质文化遗产发展的突出问题就是如何对待保护与开发之间的关系。牢牢树立可持续发展观和生态文明观,处理好保护与开发的关系,防止盲目或破坏性的非物质文化遗产开发。首先要保护好非物质文化旅游资源和文化环境,合理利用。非物质文化遗产的旅游资源能为该地区带来经济效益和社会效益,在非物质文化旅游资源当中对民间民俗文化的乱用对旅游业来说破坏性较强。比如,许多地方表演民俗活动,只想赚取经济利润而忽略民俗本身所蕴含的内容,使旅游者感到不愉快,而且由此带来对传统民俗的庸俗化态度和破坏性解读,原有的风俗文化荡然无存。因此要把握好继承与发展的辩证关系并处理好保护与开发之间的关系,对传统文化进行保护性开发。

2. 深挖非物质文化遗产的内涵,增加旅游资源的附加值

非遗作为优秀传统文化之一,其文化内涵十分丰厚,且在旅游资源中是不可替代的部分。因此,在对一项非物质文化遗产进行旅游开发之前,需要组织相关学者,从不同角度挖掘其中的内涵,并将其转化为游客所需求的旅游产品。在游客看来,旅游产品是一种满足游客需求的消费品。在游览过程当中,大多数景点对游客来说都是一次性的,尤其是距离游客生活较远的景点,很少有第二次去游玩的。因此,唯有从多个角度挖掘非遗中的资源价值,满足不同游客的心理需求以及同一游客需求的不同方面,才能保证非遗旅游产品的热度和旺盛的生命力,甚至能吸引游客多次光临,从而不断提升非遗中的旅游附加值。

环塔里木地区旅游资源都是高品质的,有历史价值的,适合挖掘更多非遗旅游资源。不过目前的开发当中没有走向复杂化,十分简单,内容单调,甚至没有包装,完全"裸游"。增加旅游产品内容,立体式包装,利于加强宣传,延长

旅游资源的生命力。如新疆喀什香妃墓，不仅是一座墓，还有很多故事性的东西，除了香妃体香的趣事之外，还有旅游产品的内在美。此外，很多游客扮演香妃，增强了旅游资源本身所蕴含的生命力。因此，挖掘非物质文化遗产的内涵，丰富"有血有肉"的艺术品，是旅游开发的坚实基础。

（二）大力加强环塔里木地区各地州新农村文化建设

各民族人民共同生活在非遗资源丰富的环塔里木地区，各族人民都十分喜爱自己的传统文化艺术和民俗活动，在当地政府相关部门的引导下，应该发展一批文化户，还有一些专业文化户。这些专业文化户具有文艺专长，是当地群众认可的民间技艺或文艺能人，他们多为当地群众婚丧嫁娶提供有偿的文化服务，同时，也经常聚在一起自娱自乐。此外，农牧民群开展了文化体育传统活动，如麦西热甫、刀郎舞、叼羊、赛马、斗羊、射箭等民俗传统活动。通过这些活动的开展，丰富农牧民的业余文化生活，从而满足群众娱乐的心理需求，但还要从以下四个方面加以建设。

1. 注重城乡一体化的基层文化建设

加强城乡基层文化的建设，这不仅有助于提高人民的文化素养，还能满足日益增长的精神需求，因此做好基层的思想工作，是维护社会稳定的一项重要工作。各级政府、党委要对基层文化工作进行进一步研究，认真对待农村文化发展和经济发展。在对农村文化资源进行调研时，注重对农村文化市场及农村传统文化活动的研究。要树立文化观念，建立并完善农村公共文化服务体系，注重农村文化建设，在保证农村文化基础设施逐步完备的情况下，将农村文化建设提高到新的阶段。

2. 各类基层文化资源逐步整合

对于很多乡村文化站功能空壳的状态，需要完善乡镇的文化中心，要改革广播电视和文化服务业中心的现状。向社会公开招聘，与文化服务中心签合同，落实乡镇政府与有关服务中心考核，把乡村文化站建立成农村文化工作的主营地。公开竞争，激励和建立责任制度，全面贯彻落实，以乡镇文化为主题，开展各族人民健康的传统文化活动。

充分利用文化站的设施，大力开展文化活动。激励农民自办文化中心，鼓励农民办的农民书社、电影院，让农民感受到文化的滋味，丰富精神生活；大力支持文化活动的开展，在农村建立党校，将其与农民学校发展成一体的综合文化载体；充分利用传统节假日，在人口密集的地方开展文化技艺和艺术活动，使健康、系统、特色鲜明的文化活动在农村建设中有所体现。

3. 优秀民间文化资源得到系统的保护

优秀的民间文化资源是非遗的主梁,也是提升旅游活动经济效益和社会效益的保障。保护优秀民间文化资源是可持续发展的基础,体现了特定民族独特的思维方式、智慧、价值观、审美观和丰富情感。非物质文化遗产是人类创造的优秀文化代表,同时环塔里木地区又是少数民族聚居地,这里优秀的民间非遗资源丰富。保护好非物质文化遗产,一方面,要将这些文化遗产不断地继承下去,做好传承工作,同时还要加大对非遗传承人的培养力度;另一方面,在经济全球化和现代文化进程中,文化生态环境和土壤发生变化,使非物质文化遗产遭到威胁和破坏。不少地区的非物质文化遗产濒临消失,甚至在经济建设和发展中受到破坏和损害,非遗的生存环境和风貌不复存在。在现代化、城镇化和区域化过程中,由于非遗存在的土壤和少数民族居住地环境、生活方式的改变,一些非物质文化遗产的社会价值、经济价值、文化价值也随之消失。所以传承和发展非物质文化遗产的完整性和原真性,让优秀民间文化资源得到系统的保护是当务之急。此外,还要做好立法工作。法律保护才是非物质文化遗产的可靠保障,法律具有强制力,对一些破坏非物质文化遗产的行为要严厉惩处,并使得当地公安政府部门在打击破坏非遗行为时能有法可依。立法的另外一个对象是保护非遗传承人的合法权益,非遗作为一种非物质性遗产,其主要载体是传承人,唯有切实保护好传承人的合法权益,才能提高传承人在保护非遗工作中的积极性。

4. 立足边境贫困乡村的实际,加快无线工程

保障建立基层文化机构,各政府和有关部门重视教育事业,把农村文化活动纳入党委和政府工作的日程,切实做到领导到位、人员到位、活动到位。政府拓宽资金来源通道,支持投资文化项目,实现文化投资多元化。提倡经济条件较好、人口较集中的地区,增多设施和器材,建立文化广场,满足广大农民群众的精神需求。由于边境乡村的地理位置偏远,电线电缆安装受到限制,政府各有关部门应积极引入电线和无线设备,满足农民看电视的需求。尤其是针对一些偏远地区进行文化建设的宣传和提高文化宣传频道的质量。

总之,我们要将先进文化、现代文化带入农牧区,提高吸引力,维护环塔里木地区的稳定和安全。坚持"一手抓繁荣,一手抓管理"原则,建设农村文化市场,大力发展民族文化艺术资源,保护民族非物质文化遗产的传承机制,创建

具有民族特色的文化品牌,创新自治区农村文化机制,统筹经济和社会的发展。

(三)加快法律制定进程,加强人才队伍建设

1.加快相关法律制定,加强优化管理

投入非物质文化遗产的保护工作,不断加强法律制定,进一步优化管理机制,净化旅游市场,构建非物质文化遗产的保护体系。提高当地群众的法律意识,营造良好的文化遗产环境,加强旅游安全工作,保障游客的生命财产安全。各部门协调配合,形成相互协作的旅游工作格局。设立非物质文化遗产的保护和传承管理机构,促进行政监管机制和政策的相互联系,不仅在保护工作方面要有法律和制度的保障,而且使相应的政策和法规对旅游开发与市场有相应的制约作用。增强旅游开发与市场行政监督,行政管理具有强制力,在依法行政的当今社会,建立和完善行政制度并优化管理制度才能保证非物质文化遗产的保护、传承和发展工作,以及保证旅游业和非物质文化遗产可持续发展的良好推进。

环塔里木地区的文化内涵是独特和久远的,是在长期实践过程中发展起来的,环塔里木地区文化的重要组成部分——非物质文化遗产吸引着国内外旅游者。因此,要关注环塔里木地区非物质文化遗产的旅游开发,充分认识其价值,推动环塔里木地区的旅游业协调发展。

2.加强农村文化队伍的基层建设,积极培养并运用贫困区文化人才

农村文化工作的关键是文化队伍的基层建设,开展文化事业需要依靠文化工作者,因为他们是推动农村文化活动的主力,同时在建设文化活动过程中,他们的影响力较大。保证文化队伍的基层工作,政府和有关部门积极配合,做好落实文化人才队伍的编制问题,对已有编制的基层文化工作人员要注重提高文化知识水平和业务能力。不断提高文化队伍的专业素质,加强培训,努力培养一支熟悉农民基层文化工作且懂经营、具有综合能力的文化队伍。培养农村带头人,他们是文化工作中的主要力量,是农村文化工作中不可缺少的。我们要积极培养热爱文化活动的农民群众,充分发挥文化站的作用,组织一些热爱工作和拥有特长的人员,让他们发挥纽带作用,将他们的特长发挥出来,带动更多农民积极参加文化活动。

3.提高执法人员和公民道德文化素质,保障文化健康发展

保护非物质文化遗产,不仅是民族文化世代传承的要求,也是联结各民族

间情感的纽带。随着经济全球化和文化的大碰撞,文化生态随之改变,更多非物质文化遗产遭到破坏甚至濒临消失。因此,提高共同生活在一起的各个民族的文化素质水平,能积极保障非物质文化遗产的健康发展。鼓励环塔里木地区群众为文化大繁荣献出自己的一份力量,更好地支持环塔里木地区非物质文化遗产的发展,保持文化敏感性,增强民族自豪感和自信心,共同保护非物质文化遗产资源。

环塔里木地区是一个多民族共同生存的居住地,丰富的文化资源体现了文化的多元性,文化执法人员要以保护民族文化创新、维护国家安全、建设社会主义为重点。要保障环塔里木地区文化建设更好地进行,需要提高文化执法人员的政治、业务、法律素质,保障文化健康发展。同时还要高度重视文化执法,抓好环塔里木地区文化战线的预防和整体联动工作,加强管理执法监督。文化执法人员要树立为人民服务的、依法办事的、无私奉献的意识,踏踏实实地做好执法工作。此外,非物质文化遗产主要集中在乡村,促进基层得到有力发展需要加强非遗知识产权教育,积极编著系统的非遗教材。在中小学、大学推广建立非物质文化遗产基础教育性教学体系,加强传承人的调查研究。通过电视、广播、互联网等方式,提高群众对非物质文化遗产原真性、历史性、艺术性价值的认识,促进环塔里木地区文化大繁荣。

(四)加强非遗文化教育功能,优化旅游产品

1.优化旅游产品,加强市场营销

走向市场决定了环塔里木地区旅游开发必须取得经济效益和社会效益。纵观我国旅游市场发展的趋势,营销是产品推向市场的关键一步,产品化是旅游开发中的重要环节。优化旅游产品,满足不同的需求结构能促进旅游业发展,实现资源的优化配置。旅游产品的创新性和特殊性发挥才能使旅游产品进一步地发展,实现非物质文化遗产的品牌化,建立国内外一流的非物质文化遗产旅游产品是环塔里木地区的旅游动机。

2.加强文化教育功能,创新非物质文化遗产展示方式

保护环塔里木地区非物质文化遗产和促进旅游开发,首先要加强教育意识。加强教育功能不仅要对当地居民进行宣传,让他们学习有关非物质文化遗产的知识,树立保护观念,对非物质文化遗产履行责任,还要对有关政府部门的相关人员进行培训,加强对当地居民保护非物质文化遗产的管理。在旅游过程中,相关部门通过宣传普及使游客也参与到保护工作中,把非物质文

遗产的保护当作自己的事，避免非物质文化遗产流失或消失。当地居民、有关干部、旅游者等主体要共同努力做好传承和宣传工作，保护非物质文化遗产。

（五）加大资金投入，为保护与开发提供经济保障

在相对偏远、非遗资源丰富的地区，非物质文化遗产容易受到外来强势文化的影响，从而制约当地经济的发展。环塔里木地区是少数民族非遗重点保护地区，加之相对闭塞、非遗旅游开发与保护的资金缺陷，致使旅游业的发展受到严重影响，没有得到理想的发展。因此，当地非遗的传承和发展需要外力资金的支持。环塔里木地区的非物质文化遗产丰富，大体来说，非物质文化遗产的保护与开发和有关部门的支持和财政投入有关，可是更有效率地传承和发展非物质文化遗产，需要提高资金的效益，大力开展资金投入工作。对于环塔里木地区农村经济不发达的地区来说，除了增加政府投入外，还需要调整多方面的资金投入，提高基层地区非物质文化遗产的价值。要积极找出环塔里木地区物质文化遗产与非物质文化遗产之间的关系，强化文化资源组合，实现相互借力，优势叠加。

环塔里木地区非物质文化遗产的保护与开发需要经济支撑，政府加大资金投入，设立专门的基金，保障开发非物质文化遗产的旅游产品所需要的资金。同时转变环塔里木地区非物质文化遗产旅游开发的资金投入模式，由传统的投资转变为综合投资。创新旅游投资体制，以资本为纽带，以招商引资和民营资金为重点，使从事旅游开发的国内外企业、民间资金和投资商共同参与其中。

第四章
环塔里木地区非物质文化遗产旅游开发与惠民关系研究

环塔里木地区诸多非物质文化遗产的旅游开发为当地带来了巨大的经济利益,在很大程度上促进了当地经济的发展。那么这一经济增长的成果给人民带来多大的实惠呢?下面各小节即笔者所要重点探讨的问题。

第一节 环塔里木非物质文化遗产保护与惠民之间的关系

一、环塔里木地区的旅游业与经济发展

旅游业以及与其相关的服务业都属于第三产业,这一产业在国民生产中的比例可以代表它在一定地区中发展的速度。根据 2017 年《新疆年鉴》,1978—2016 年新疆生产总值及其各个产业的构成如表 4-1 所示。

表 4-1　1978—2016 年新疆生产总值构成　　　　(单位:%)

年份	第一产业	第二产业	第三产业	工业	建筑业	交通运输等	批发和零售业	生产总值
1978	35.8	47.0	17.2	37.1	9.9	3.0	5.3	100
1980	40.4	40.3	19.3	32.9	7.4	3.6	5.5	100

续表

年份	第一产业	第二产业	第三产业	工业	建筑业	交通运输等	批发和零售业	生产总值
1985	38.2	36.1	25.7	28.7	7.4	4.1	8.0	100
1986	35.6	35.4	29.0	28.5	6.9	4.6	8.1	100
1987	37.8	33.9	28.3	27.7	6.2	5.2	8.4	100
1988	37.5	34.3	28.2	27.8	6.5	6.0	8.4	100
1989	35.9	34.0	30.1	27.7	6.3	5.9	8.1	100
1990	34.5	30.5	35.0	24.8	5.6	7.2	10.1	100
1991	33.3	32.1	34.6	25.0	7.1	6.7	11.0	100
1992	28.5	36.7	34.8	26.4	10.3	7.0	9.9	100
1993	25.6	41.4	33.0	31.5	9.9	6.6	8.8	100
1994	28.3	37.6	34.1	28.7	8.9	6.7	8.7	100
1995	29.5	34.9	35.6	26.9	8.0	7.3	9.1	100
1996	27.7	34.8	37.5	26.5	8.3	8.2	9.7	100
1997	26.9	37.1	36.0	29.1	8.0	8.2	9.1	100
1998	26.3	35.7	38.0	27.0	8.7	9.7	8.9	100
1999	23.1	36.1	40.8	27.1	9.0	11.1	8.8	100
2000	21.1	39.4	39.5	30.7	8.7	10.9	8.1	100
2001	19.3	38.5	42.2	29.9	8.6	9.9	7.9	100
2002	18.9	37.4	43.7	28.7	8.7	10.5	7.7	100
2003	21.9	38.1	40.0	29.8	8.3	8.5	7.5	100
2004	20.2	41.4	38.4	33.2	8.2	8.5	7.3	100
2005	19.6	44.7	35.7	36.9	7.8	5.7	5.6	100
2006	17.3	47.9	34.8	40.7	7.2	5.4	5.4	100
2007	17.8	46.8	35.4	39.9	6.9	5.0	5.3	100
2008	16.5	49.5	34.0	42.0	7.5	4.6	5.3	100
2009	17.8	45.1	37.1	36.4	8.7	4.9	5.9	100

续表

年份	第一产业	第二产业	第三产业	工业	建筑业	交通运输等	批发和零售业	生产总值
2010	19.8	47.7	32.5	39.8	7.9	4.1	5.1	100
2011	17.2	48.8	34.0	40.9	7.9	3.9	5.6	100
2012	17.1	45.3	37.6	38.0	8.4	4.8	5.7	100
2013	16.9	42.4	40.7	34.8	8.9	4.6	6.6	100
2014	16.5	42.7	40.8	34.4	9.3	5.2	5.9	100
2015	16.7	38.6	44.7	29.5	10.3	5.7	5.6	100
2016	17.1	37.8	45.1	27.7	10.9	5.9	6.1	100

注：本表按当年价格计算。

从表 4-1 可以看出，第三产业在新疆生产总值中的比例逐渐增大。旅游业属于第三产业，从 1986 年开始，超过了工业产值，位列第三；而到 1990 年超过工业，位列第二位。1995 年已越过第二产业，位列首位。其中 2001 年到 2002 年，增速较快，但随后开始下降，低于第二产业。直到 2015 年，再次在国民生产总值的比例中跃居首位。基于纵向分析，笔者将 1978 年至 2016 年的各行业产值增幅数据汇集如下，详见表 4-2。

表 4-2　1978—2016 年历年新疆生产总值指数

年份	新疆生产总值	第一产业	第二产业	第三产业	工业	建筑业	交通运输仓储和邮政业	批发和零售业	新疆人均生产总值
1978	100	100	100	100	100	100	100	100	100
1980	120.6	116.4	117.3	140.9	120.7	104.8	140.6	147.5	115.7
1985	217.8	214.3	181.9	316.5	187.8	159.3	226.8	313.2	197.5
1986	243.3	232.1	199.2	382.0	208.5	163.3	282.8	344.5	215.7
1987	267.6	256.9	210.4	438.2	226.2	149.3	337.4	382.4	234.5
1988	293.3	265.4	241.1	494.7	257.0	179.5	400.8	438.6	253.2
1989	311.2	270.2	253.2	561.5	274.7	169.6	451.7	471.5	263.6
1990	347.6	313.4	270.2	628.9	292.3	184.2	482.0	492.7	281.5

续表

年份	新疆生产总值	第一产业	第二产业	第三产业	工业	建筑业	交通运输仓储和邮政业	批发和零售业	新疆人均生产总值
1991	397.7	348.5	316.1	727.6	330.6	259.0	620.8	500.6	306.9
1992	428.3	404.6	375.8	651.2	391.1	319.9	573.6	416.5	325.3
1993	472.0	409.1	425.8	766.5	435.7	384.8	678.6	505.2	347.8
1994	529.1	454.9	469.3	883.7	484.9	409.0	744.4	533.5	383.2
1995	577.3	477.2	523.2	980.1	549.4	429.5	889.6	581.0	411.6
1996	614.8	493.9	564.0	1058.5	590.1	470.3	1005.2	636.8	430.1
1997	666.4	547.2	593.4	1161.1	610.1	526.7	1202.2	673.7	462.8
1998	716.4	586.6	627.2	1272.6	628.4	605.7	1412.6	706.7	493.3
1999	769.4	602.4	669.8	1429.1	669.3	652.4	1620.3	762.5	525.9
2000	836.4	631.4	727.5	1602.1	730.2	700.0	1853.6	835.7	558.5
2001	908.3	649.0	786.4	1795.9	787.1	763.0	2029.7	877.5	597.6
2002	982.8	681.5	844.6	1982.7	847.8	811.1	2320.0	967.9	636.5
2003	1092.9	737.4	942.5	2226.6	942.7	914.9	2670.3	1073.4	703.3
2004	1217.5	779.4	1074.5	2482.6	1079.4	1026.5	3073.5	1208.7	771.5
2005	1350.2	830.1	1229.2	2716.0	1248.9	1126.1	3350.1	1352.5	839.4
2006	1498.7	877.4	1366.9	3085.3	1405.0	1182.4	3591.3	1494.5	912.4
2007	1681.5	939.7	1540.5	3526.6	1603.1	1246.2	3810.4	1630.5	1002.7
2008	1866.5	999.8	1760.8	3851.0	1832.3	1421.9	4141.9	1798.4	1092.0
2009	2017.7	1044.8	1910.4	4205.3	1945.9	1719.1	4431.8	2039.4	1163.0
2010	2231.5	1091.8	2151.2	4659.5	2208.6	1861.8	4781.9	2208.7	1271.1
2011	2506.0	1162.8	2420.0	5381.7	2471.4	2143.0	5609.2	2575.4	1411.0
2012	2806.7	1244.2	2751.6	6043.6	2787.8	2533.0	6961.0	2776.2	1561.9
2013	3115.5	1330.0	3095.5	6702.4	3122.3	2968.7	7782.4	3020.5	1711.9
2014	3427.0	1408.5	3445.3	7399.4	3434.5	3422.9	9035.4	2933.0	1857.4

续表

年份	新疆生产总值	第一产业	第二产业	第三产业	工业	建筑业	交通运输仓储和邮政业	批发和零售业	新疆人均生产总值
2015	3728.6	1491.6	3693.4	8309.6	3633.7	3867.8	10309.4	3026.8	1980.0
2016	4012.0	1578.1	3922.4	9090.7	3779.1	4239.1	11773.3	3384.0	2084.9

注：本表按可比价计算。

从表4-2可以清晰地看出，在上述行业中，增幅最大的有两个：一是交通运输仓储和邮政业，二是第三产业。这两个类别都是与旅游密切相关的。特别是交通运输业，跟游客数量的增多有必然联系。虽然上面两表中的数值并非是新疆非物质文化遗产作为旅游资源在新疆国民生产总值中的直接反映，但在一定程度上反映了旅游业在其经济产值中的作用。

此外，包括环塔里木地区在内的新疆维吾尔自治区目前人民收入和人民生活水平整体偏低。因此，如何将这些经济发展的成果用于改善当地人民的生活，成为本课题重点关注的问题。随着国家对贫困人口的关注，"惠民"概念已深入人心，同时也成为各地方政府执政的重要内容之一。下面笔者就非物质文化遗产旅游开发与惠民之间的关系进行探讨。

二、对环塔里木地区非遗的保护本身就是惠民的一项重要举措

"十一五"以来，党和政府为了构建和谐社会，让全国人民共享改革开放以来经济发展的巨大成果，提出了惠民政策，以改善民生。惠民政策的根本目的就是解决民生问题，让全体人民享有我国经济发展的成果。随着科学发展观、和谐社会等概念的提出，国家政府在执政理念上发生了很大的变化。将政策的重点、关注点及出发点越来越多地落实到普通群众身上，切实解决群众在日常生活中的各种生计问题，真正体现了急群众之所需。正是基于这一根本指导思想，国家政府在制定政策时，主要考虑的是如何惠民、如何利民、如何为民，在政策制定之初就考虑到在实际工作中的执行难度和可操作性。政策的执行过程中，也是以落实到实处、落实的效果如何为评判标准。国家实行的救济金、扶贫款的专项账户就是其一，专项账户的存在使得各种资金直接打入群众手中而不经过基层政府之手，减少很多不必要的程序。因此，各项政策赢得了广大人民群众的欢迎。此可说明，随着社会的发展，党和政府在制度的设计

上不断加以创新,制定出更加符合实际、高效廉洁的制度。

联合国和中国政府对非遗的抢救与保护工作非常重视,环塔里木地区作为非遗数量较为丰富的地区之一,越来越引起国内乃至世界游客的极大关注,每年都有大批游客来此旅游观光,这是对非物质文化遗产中所蕴含的经济价值的合理开发。然而,保护是开发的前提条件。非物质文化遗产是当地人民在悠久的历史中通过不断传承和发展遗留下来的宝贵文化遗产,包括当地人民在历史中为适应当地的地理、社会环境所形成的独特的生活方式、生活习俗、生产技艺及文艺作品等,其所蕴含的经济价值就来自它的独特性和历史性。然而,随着社会的发展、环境的变迁,很多原来的传统习俗、技艺和服饰都失去了其存在的土壤,慢慢地消失在群众生活中。基于此,许多学者提倡要从文化生态的角度对其加以保护,从本真性的角度对非遗加以传承。

然而,随着旅游的开发,许多地方并未将开发与保护的关系处理好,没有对非物质文化旅游资源和文化环境进行合理利用。非物质文化遗产最为特殊的旅游资源能为地区带来经济效益和社会效益,在非物质文化旅游资源当中,对民间民俗文化的乱用对旅游业来说破坏性极强。比如,许多地方表演民俗活动,只想获取经济利润而忽略了民俗本身所蕴含的内容,使旅游者感到不快乐,由此带来的对传统民俗的庸俗化态度和破坏性解读,使原有的风俗文化荡然无存。一旦长此以往,许多非遗将变得面目全非而失去吸引力。从长远角度看,这种自掘坟墓的做法,不仅不利于保护非遗,失去了其最初的目的,同时对于当地人民来说也是一种损失,遑论惠民了。因此,笔者认为对非遗的保护本身就是一项有利而长远的惠民措施。

三、惠民是保护环塔里木地区非物质文化遗产的重要目的

惠民是一项系统的工程,其含义大致包含两个方面:一是经济惠民;二是文化惠民。顾名思义,经济惠民是将经济发展所带来的经济效益以某种形式转化为资金直接改善人民的生活条件和提高人民的生活水平。它可以通过三种方式来实现。第一种方式即以资金或物品的形式如补助款、救济款、慰问品等,将其直接发放到人民群众手中。资助的方式效果最为明显,同时也体现了党和政府对人民群众的温暖关怀。第二种方式即通过兴办企业、开发旅游,让当地群众参与其中,如兴办工厂、开发当地景点和非物质文化遗产,使当地群众皆能就业,或者有生意可做。特别是非物质文化遗产开发,不仅能带动当地

餐饮业、住宿业和交通运输业的发展，同时也能使非遗技艺传承人直接获得实惠。例如，在景区进行歌舞表演、售卖各种传统工艺品等都能直接增加经济收益。第三种方式即政府兴建公共服务工程，如改善当地的道路状况、修建免费的公厕、建立绿化带等。这一方式是政府通过行政的手段加大基础建设，这虽然不能直接看到收益，但其影响力较大。

文化惠民则是惠民政策的一项重要内容。文化的定义有广义和狭义两种解释。在《中国大百科全书》的哲学卷中，从广义的角度看，文化是指人类所有的物质生产和精神生产两大能力，以及物质生产和精神生产能力创造出的全部产品；从狭义角度来看，文化则仅指精神生产能力及其创造的精神产品，包括所有的社会意识形式，有时还专指教育、艺术、文学、体育、科学、卫生等方面的知识和设施，这区别于世界观、道德、政治思想等意识形态。

在《社会主义和文化》这本论著中，葛兰西认为：文化影响并陶冶着一个人内心的组织，文化可以使人达到一种更高的自觉状态，人们通过文化懂得自己的历史价值，了解到自己在生活中发挥的作用，以及自己应该享有的权利和义务。① 公共文化服务体系的构成要素之一就是"大众文化"。斯特里纳蒂曾给大众文化下了一个定义，"大众文化就是通常所说的通俗文化，大批量生产的工业技术生产出大众文化，是为了向大量消费公众销售从而获利。它是为大众市场而大批生产的，属于商业文化。大众文化的成长意味着像艺术和民间文化这类，不能赚钱、不能为大众市场而大批生产的文化，都很少有地位"②。但笔者认为民间文化并不等同于通俗文化，如克州的《玛纳斯》、蒙古族的《江格尔》皆属于民间文化，然而能把它当作通俗文化来对待吗？实际上，依笔者看，文化是一个中性词，并无通俗与高雅之分，只有传播上的范围不同。在不同时期，民间文化也能进入高雅的殿堂，如素有中国国粹之称的京剧，原本是流传于民间的徽剧，后经与其他剧种不断融合，最后进入"天子之门"。

文化权利是人类享有的正当自然权利之一，同时它的出现体现了人类文明的进步。然而以往人们并不重视文化权利，与人权中的生存权、发展权相比，人们对文化权利的重视则要落后得多。随着时代的发展和生活水平日渐提高，越来越多的人们认识到文化权利也是一种必不可少的权利。人们在经济上的需求满足以后，往往会要求精神上的满足。文化，作为人类生活中必不

---

① 李鹏程. 葛兰西文选[M]. 北京：人民出版社，2008.
② 多米尼克·斯特里纳蒂. 通俗文化理论导论[M]. 阎嘉，译. 北京：商务印书馆，2001.

可少的精神内容,正日益被作为一项可以衡量的财富而加以重视。在此背景下,一方面,政府开始意识到,除经济之外,文化作为一种认同的象征在民族团结、维护国家统一中发挥着重要的凝聚作用;另一方面,人民对文化内容的要求也日益提高,越发要求文化产品要有丰富的内涵和较高的品位。而且一旦如非物质文化遗产这类文化形式被当作资源加以开发和利用,其中所蕴含的文化权利直接与经济利益相挂钩,如果不能保证相关人员如非遗传承人的文化权利和利益,则不利于非遗的保护,也不利于社会的稳定和发展。因此,目前世界各个国家都将文化权利提升到一个新的高度。随之国际上的相关组织,也积极协调各国联合制定一系列的公约和协定,以保证各国人民的文化权利。例如:《世界人权宣言》的第 27 条规定,每个人都有权利自由参加社会的各种文化生活,享受艺术带来的体验,并分享科学进步及其产生的福利;《经济、社会、文化权利国际公约》的第 15 条规定,所有缔约国承认每个人有权参加文化生活。

　　公民文化权利主要包含四个层面的意思:参加文化活动的权利、开展文化创造的权利、享受文化成果的权利、个人进行文化艺术创造所产生的精神上及物质上的利益享受保护权。① 与之相应,为了保障公民文化权利,需要承担以下责任。首先,实行一定的政策更好地促进文化发展,保证广大公民能参与到文化生活中去,其中包括支持个人对文化活动、文化产品的创作,建设或维护展示各项文化的基础设施,如图书馆、博物馆、文化馆、电影院、电视和网络等,有了这些设施,人们便可以通过它们体验、欣赏各种文化活动;同时还要营造良好的文化环境,促进人们积极参与到传统手工艺活动中。其次,通过展示、宣传,让人们在享受文化的同时,增强对民族、国家的认同,维护社会的稳定,特别是那些非物质文化遗产,一定让人们在欣赏的同时,增强保护非遗的意识。最后,国家还要通过立法的形式,使个人所创造的文化产品权利和受益权利得到切实的保障,提高文化创作人的积极性。另外,国家还要通过设立学校、开办培训班等形式,对人民尤其是青少年加强职业教育,提高知识水平,让更多的人自觉成为文化享有者和宣传者。也就是说,公民文化权利的时代表达,不仅需要张扬公民文化权利的基本保障性,而且需要张扬公民文化权利的全面发展性,更需要在实践中建构公民文化权利的制度基础。②

---

① 艺衡,任珺,杨立青.文化权利:回溯与解读[M].北京:社会科学文献出版社,2005.
② 唐亚林,朱春.当代中国公共文化服务均等化的发展之道[J].学术界,2012(05).

目前提出的文化权利观点,对我国公共文化服务及其模式的探讨研究,都具有重要的现实意义。过去文化权利在我国没有得到应有的重视。随着改革开放的深入,人民生活水平的提高,文化素养的提升,文化权利日渐得到重视。但是由于在改革开放过程中,文化的发展未与经济的发展同步进行,与经济飞速发展的事实相比,文化的建设相对滞后。因此,自中国共产党第十七次全国代表大会以来,便明确提出口号,要推动社会主义文化大繁荣和大发展。此后,在中共十七届六中全会上又提出了社会主义文化建设的基本任务是满足人民基本文化需求。至中共十八大,对文化发展还提出了具体举措,要求快速推进重点文化惠民工程,加大对欠发达地区和农村文化建设帮扶的力度,坚持面向基层、服务群众,继续推动向社会免费开放公共文化服务设施。《国家"十二五"时期文化改革发展规划纲要》指出:"文化是民族的血脉,是人民的精神家园。当今世界,文化地位和作用更加凸显,越来越成为民族凝聚力和创造力的重要源泉、越来越成为综合国力竞争的重要因素、越来越成为经济社会发展的重要支撑,丰富精神文化生活越来越成为我国人民的热切愿望。在新的历史起点上深化文化体制改革、推动社会主义文化大发展大繁荣,关系实现全面建设小康社会奋斗目标,关系坚持和发展中国特色社会主义,关系实现中华民族伟大复兴。"

目前,我国公共文化服务是由政府主导的模式,政府是政策的制定者、资金的供应者、生产的安排者。① 党和政府当下正在着手进行公共文化体系的建设,这一建设是我国实现保障公民文化权利的重要途径,其实施的重要形式是依据国家资金重点支持的一个个公共文化服务项目。项目制的运作模式是适应我国目前文化发展水平的实际而实行的特殊政策,也是我国社会治理体制机制运行中一个极为独特的现象。② 在项目制模式下,资源的配置需要国家财政通过转移支付的形式来实现,由此进行规模投资,拉动经济增长,其惠及范围可以覆盖到各个领域。

诚然,作为地方特色的民俗风情、文学歌谣、生活方式、传统技艺等,为了更好地保护,需要以项目的形式向国家或地区申报非物质文化遗产,一旦申请成功,就为相关文化的保护提供了资金和制度前提。然后,对其进行多方运作,加以保护、传承和开发。当一个地区运用行政的力量将辖区内特有的文化

---

① 周晓丽,毛寿龙.论我国公共文化服务及其模式选择[J].江苏社会科学,2008(01).
② 渠敬东.项目制:一种新的国家治理体制[J].中国社会科学,2012(05).

形式以非遗的方式加以保护后，当地群众就会永久地享有这种文化带给个人心灵上的慰藉和文化认同，增强文化自信心和创造力，丰富内心的精神世界。如克州政府通过出版《玛纳斯》的书籍和音像制品，有利于当地群众和游客进行阅读、欣赏。多年来，喀什政府在发展旅游业中，高度重视对非物质文化遗产的开发利用。对那些列入非遗项目的传统手工艺，当然也包括没有列入非遗的手工艺，开发成旅游纪念品，不仅增加了旅游产业的附加值，延伸了产业链，增加了当地群众的收入，促进了这些非遗的传承，让其重新焕发青春，同时还通过手工艺品的出售，将喀什的非遗文化传至世界各地。为此，喀什政府开发了一批工艺产品。如坐落于疏附县的吾库萨克乡民族乐器村的乐器，莎车、喀什、英吉沙等市县的土陶、小刀制品。

对于表演类的非遗项目，他们积极发动群众自觉参与，主动创作、表演、组织，如新和县各个乡村，每周都会举行当地群众自编、自导、自演的即兴麦西来甫，以及民族服饰展示、拔河等文体活动。不仅如此，新和县于2012年专门成立了环塔里木地区乃至整个新疆范围内的首家乡村民间艺术团——新和赛乃姆民间艺术团。赛乃姆是当地的国家级非遗项目，具有悠久的历史，是当地群众经过数代人的努力才形成的一种宝贵的文化财富。艺术团是专门练习、表演这一优秀的文化艺术的团队。该团成立以来，多次在各乡镇进行表演，同时还收到了其他地区的邀请，曾受邀赴我国宝岛台湾演出，获得了极高的赞誉。对于另一项国际级非遗麦西来甫，新和县政府也积极地加以推广。他们从自治区体育舞蹈协会请来两位老师专门对当地群众进行选拔训练。随后，这些经过训练的麦西来甫表演者，深入全县116个村或社区进行普及麦西来甫的相关培训。经过大力普及，县政府又于每年的5、6月份举行全县的麦西来甫比赛，对在比赛中获得优异成绩的表演者，县政府拨付专项资金加以表彰奖励。正是在这样的推广支持下，新和县的农村文化队伍和乡土文化人才得以广泛的培养，该县的塔什艾日克乡还被评为"中国民间文化艺术之乡"。

再如麦盖提县，这里可以说是"刀郎农民画之乡"。该县目前有200多名农民画家，其中不少是出自库木库萨尔乡。为了打造自身的旅游品牌，麦盖提县在大力宣传以世界级非遗《刀郎木卡姆》为品牌的文化旅游的同时，还突出具有自身特色的乡村旅游品牌，库木库萨尔乡就是其中之一。该乡以刀郎画乡景区为依托，引导鼓励农民通过创作，利用来此游览的客源，向游客销售农民画等原生态艺术作品来增收。此外，当地的农民画还与另一项国家级非桑皮纸制作技艺结合起来,他们在创作画作时,所用画纸皆为采用这一技艺生产的桑皮纸。对桑皮纸的利用,不仅极大地提高了画作本身的艺术价值和文化价值,还有效地开发和保护了桑皮纸技艺和传承。

这些活动不仅丰富了单调的农村生活,同时无形中也提高了当地群众的文化素质。他们在编导节目的同时,对当地的传统文化会有一个全新的认识,重新认识到农民画悠久的历史,更加重视对相关非遗项目的保护。在欣赏和表演这些优秀文化节目的同时,他们的内心精神世界充实了,就不会被其他不良思想所侵蚀,从而维护了当地社会的和谐稳定。

此外,对于非遗旅游开发所产生的经济效益,可以用于对地方文化设施的兴建,以利于当地群众阅读学习,提高自身的文化水平。再以新和县为例,该县采取县财政补贴、各乡政府自筹的方式,因地制宜地建设一批乡村基础设施,如文化庭院等。仅从 2013 年冬至 2014 年春,各乡村就建设了各类文化设施,如各乡镇政府自己雇佣工匠在每个中心村搭建一个文化舞台等。另外每个自然村还会建起 3~4 个乒乓球台以及农村书屋、理发店、卫生室等。县财政还筹措资金,为全县的村和社区文化室订购了百套民族手工乐器、光影设备等。①

巴州政府也对当地的文化工程十分重视。作为城市重要的公共文化机构,巴州图书馆为了更好地向读者提供健康有益的精神食粮,更好地满足群众精神文化需求、提高群众科学文化素质和社会文明程度,巴州图书馆加快了硬件设施建设快速发展。在此方面,巴州图书馆通过引进业内先进设备,实现了诸多的"首次"。如首次全面运用 RFID 无线射频技术完成自动借还,首次配备 24 小时自助图书借还机,首次引进电子书及报刊借阅机,首次引进自助办证机,首次开通手机移动图书馆和微信图书馆,突出它的休闲与阅读并重的设计理念,使图书馆的服务真正达到了"高层次、全天候、无盲时",更为读者自主检索、阅读和借还提供了极大的便利。除城市外,巴州对农村的文化建设也投入了大量资金。截至 2017 年,巴州建成农家书屋 409 个,实现全州行政村全覆盖。同时,全州经过几年的努力,境内的广播电视网络的覆盖面不断扩大,其有线电视总长已达到 3280 千米,有线电视用户也已超过 24 万户、近 80 万人。无线数字用户约 5 万户、2 万人。几年来,重点建设的"村村通""户户通"

---

① 杜刚.新和创新"文化下乡"模式 "种"文化种出农村新景象[N].阿克苏日报(汉),2014-06-12(005).

工程也初见成效,其用户分别达到 4.2 万和 6.4 万,覆盖人口分别有 14 万和 24 万余人。基本实现了全州所有乡村都能看上电视、听到广播的目标。①

  由上述可以看出,各地方政府对非物质文化遗产的保护本身即是惠民的一项举措。同时,惠民也是我们进行非物质文化遗产保护的重要目的。对非遗的保护,让人民群众不仅能享受到经济利益而且还能提升文化自信、感受地方历史和提高文化水平,更重要的是通过文化工程的建设,文化中的优秀精神能够融入群众心灵,逐步改掉村中的陋俗,营造一个和谐、文明的社会环境。

第二节　环塔里木地区非物质文化遗产旅游开发与惠民之间的关系

  在确保非物质文化遗产得到充分保护的前提下,对其中的经济价值进行开发是各地对非遗加以利用的普遍方式。对于不同类型的非遗,学者们提出了不同的开发形式。大致而言可分为三大类:第一,对于非遗中的民间文学,主要通过纸质出版、拍摄情景剧等方式开发;第二,对于民俗、服饰、杂技等,主要利用旅游节、传统文化节日进行开发;第三,对于传统技艺,主要通过展示会、与公司合作批量生产销售产品等方式开发。当然,我们通常将这三种形式进行综合运用。如在景区,可以定时表演民俗歌舞,售卖传统手工艺品。在旅游节或传统节日上,可以播放、表演大型情景剧,同时也可以将传统工艺产品通过展览的形式展示出来,从而推销产品。不论哪一种形式的开发,非物质文化遗产尤其是那种世界级和国家级的,由于其文化价值高、名声大,对游客而言,它们具有强大的吸引力,因而蕴含着巨大的经济价值和文化价值。这些巨大的价值与惠民之间有着密切的联系。

一、旅游开发与惠民:一把"双刃剑"

  前已述及,对非物质文化遗产的旅游开发会带来两种不同的效果。开发得当不仅有利于保护非遗,同时也会带来丰厚的经济利益,但是如果开发不当,虽有一定的利益收获,但也会破坏非物质文化遗产本身,不利于保护和传承。已经受到旅游开发的非遗,所带来的经济利益有很大一部分用于惠民建

---

① 谢晓艳.文化惠民丰富多彩、百花齐放成果丰硕——党的十八大依赖我周努力推动文化改革发展呈现新局面[N].巴音郭楞日报(汉),2017-06-30(A04).

设,这也是非遗旅游开发的应有之义。然而,与非遗旅游开发一样,非遗的旅游开发对惠民也存在相反的两种影响。

(一)积极影响

(1)非遗旅游开发有利于增加当地群众的就业机会。

非遗旅游开发所提供的就业机会可以从两个方面加以陈述。第一,与非物质文化遗产直接相关的人民群众。在非物质文化遗产没有开发之前,很多非遗都处于濒临消失的境地,一些非遗项目仅有一些年老的手艺人掌握。当某项非遗入选各级非遗项目名录之后,由于当地政府的重视与旅游开发,才有可能重新焕发生机。对于表演类非遗,通过开办培训班、培养传承人、举办艺术团体、文化下乡等方式,让许多如玛纳斯奇、赛乃姆表演者、江格尔奇等非遗传承人的数量逐渐增多。这些表演者不仅在社区中表演,同时还在各大景区、各省市应邀表演,这些表演给他们带来了直接经济收入,因此,让许多原来没有工作或仅靠农牧业生活的群众增加了就业的机会。对于传统技艺类非遗,此前没有开发,这些传统技艺由于无法适应现代的生活,无法与现代科技竞争,因此,很多技艺面临失传的危险。但随着部分非遗的旅游开发,不仅可以在景区将传统技艺产品作为旅游纪念品加以销售,同时也可以利用非遗旅游衍生品的知名度,招商引资,开办工厂,将传统技艺与现代科技相结合,这些无疑为从事传统技艺的群众提供了就业机会。同时从业人员的增加,也扩大了掌握手艺的人群,从而能有效保护这些非遗技艺。第二,与非遗旅游开发项目相关的行业。环塔里木地区很多地方政府,以当地的非遗为核心,打造文化公园、民俗文化村落。利用非遗招牌,随着游客到来,还带动了其他产业,如旅行社、餐饮业、住宿业、交通业等。这些新兴产业为当地人提供了很多的就业机会。

(2)非遗旅游开发有利于增加农民收入,促进农村的发展。

环塔里木地区的非物质文化遗产,多数都是由生活在各个乡村的农牧民们在日常生活中逐渐形成的文化艺术和传统技艺。乡村和牧区是这些非遗最初的产生地,也是它们赖以存续的环境土壤和文化空间。因此,它们大多存在于那些地处偏远、交通不便的山区之中。那里经济落后、条件艰苦,当地村民的收入少也很单一,大多仅依靠单一的农业和牧业谋生。然而,囿于交通和信息的闭塞,这里的农产品、牧产品及手工艺产品,很难销售出去。在对非遗进行旅游开发后,为了发展旅游业,首先,当地政府大多修建了公路,架上了电线,安上了网络,改善了当地交通和信息闭塞的现状。其次,由于这些地区是非遗的发源地和生长地,民俗淳朴,原汁原味的非遗在这里展现。因此,为了更好地保护非遗,让其在自己原有的生存环境下存在,同时也为了吸引游客,让游客能领略体验到原汁原味的原生态文化,这些乡村大多被打造成民俗文化旅游村。民俗村、文化村的打造,让这些原来经济落后、交通闭塞的小山村,一跃变为人流聚集之地。大批游客被吸引而来,不仅让当地原来濒临消失的非遗文化产生了收益,同时,也让本地的土特产品、传统手工艺品有了很大的市场,从而给当地农民带来了丰厚的收入,也极大地促进了当地乡村经济的发展。

如巴州的博湖县每年都会举办"四节三会"。其中"四节"即博斯腾湖捕鱼节、冰雪旅游节、国际芦苇文化艺术节和萨吾尔登故乡文化艺术节;"三会"即美食大会、正月十五庙会和赛马大会。在"四节三会"上,每年都会有大批的游客来此游览观光体验。大批游客的到来,促进了当地的消费,拓展了当地土特产品和传统手工艺品的市场。2014年,焉耆县永宁镇下岔河村被国家民委命名为首批中国少数民族特色村寨,并被自治区命名为乡村旅游示范村。第二年,该村农牧民人均纯收入就达到了15540元,由此可见一斑。

(3)非遗旅游开发有利于提高当地群众的教育知识水平,有利于培养和凝聚专门的人才。

由于历史和地理的原因,相较于全国其他地区,环塔里木地区的教育水平普遍较低。原因在于缺乏应有的经费建设学校、购买先进的教学设备,同时也缺乏合格的老师和人才。非物质文化遗产作为旅游资源开发后,为当地的经济发展提供了新的途径。当地政府利用这些经济利益,部分用于建立学校,改善学校的基础设施,这有利于当地学生的学习和增加就业的机会。另外,如前所述,当地政府在文化下乡政策的指导下,在广大农村中开设农民书屋、文化讲堂等,都在一定程度上增加了群众读书读报的机会,提高了他们的知识水平。同时,非遗旅游开发所产生的利润也为提高当地教师的工资提供了可能。这里所指的人才,不仅指学校老师,还有那些从事非遗文化的非遗传承人。原来从事非遗的人,只是普通的村民,他们出于谋生和生活的需要而业余从事非遗相关工作,人数也很少。但是,自从这些优秀传统文化被列入非遗项目名录后,人们开始意识到它的珍贵。在非遗得到旅游开发后,人们更从获取的利润中认识到它的经济价值。因此,一方面,政府出于保护的目的,有意识地培训传承人;另一方面,一些年轻人出于赚钱的考虑,愿意主动学习相关的技能。

目前,环塔里木地区学习非遗、传承非遗的人才越来越多。而那些老一辈的非遗传承人,因为有了可靠的经济来源,从业余改为专业,能够专心研究、练习自己的非遗技能。

(4)非遗旅游开发有利于开拓当地群众的视野,了解不同地域的民俗风情。

环塔里木地区地处我国西北部,交通上的闭塞导致这里的人民跟其他地区的人民交流甚少。这里有很多农牧民终生没有离开过自己的山村,所以,许多人无法获取更多新的思想观念。在非遗旅游开发之后,大批游客来此游览。游客们在感受体验环塔里木地区的那种异域风情和民族特色时,当地农牧民也能从这些游客的身上感受到来自世界各地新的观念,在家乡即能感受祖国各地甚至世界各地的民俗风情。

(5)非遗旅游开发有利于招商引资。

非物质文化遗产具有文化特色,从而能吸引更多旅游者和旅游投资者,各地非物质文化遗产的区域性特点能够让旅游者在游览过程中吸收不同民族的传统文化,传播特色的民族文化。非物质文化遗产的种类越多,吸引的游客越多,从而使当地的民族文化在各地传播,进而推动非物质文化遗产品牌价值的塑造。当前国内外众多投资者考察环塔里木地区的非物质文化遗产,投入资金来大力支持南疆贫困地区,开发当地旅游,从而提高企业的社会地位和文化地位。① 企业的投资、支援为当地社会带来了源头活水,各企业兴办各类产业,增加了当地人民的就业机会,切实地将非物质文化遗产的旅游开发、经济发展以及惠民三者结合起来。

(二)消极影响

实际上,非遗旅游开发虽然给当地社会和群众带来了诸多实惠,但同时也隐含着不利的因素,综合起来主要有以下两点。

第一,不利于保护非物质文化遗产的本真性,这样从根本上损害了惠民本意。非物质文化遗产的形成有着特殊的历史和地理环境。环塔里木地区非物质文化遗产丰富的主要原因在于这里的地理环境和民族成份十分复杂。许多非遗之所以能穿越历史的厚重一直保留至今,也与这里的环境息息相关。数百年来,这里的民族和环境都甚少改变,因此一些原汁原味的非物质文化遗产才没有消失。然而,非遗旅游开发在带来丰厚利益的同时,也改变着这里人民

---

① 顾军.非物质文化遗产报告[M].北京:社会科学文献出版社,2005.

群众的生活方式和生活环境。

首先,原来交通闭塞的乡村,在旅游开发中逐渐变成了市镇,商业化十分浓厚。这种商业化的市镇改变了原来住房的风格面貌,以景区周边大量的宾馆、餐馆为例,这些建筑趋向于现代化,跟传统的民居差异很大,而且由于商业化的需要,很多农牧民的子女都不再愿意从事农业或牧业,而是在一些单位打工上班,以前原有的传统生活节奏和习惯被中断甚至被打破,使得非遗本身原有的生存土壤发生变化,受到影响。其次,出于商业需要,很多原汁原味的非遗项目也面临着商业化的风险,它们逐渐失去了原有的民族风情和民俗气息,而仅仅为表演,甚至出现了媚俗化、一味地迎合游客的需要。有时为了满足旅游公司的时间安排,很多项目在表演过程中被简化,让很多文化内容丰富的艺术变得程式化,失去了原汁原味的内涵。最后,随着大批游客的到来和现代信息化的普及,当地人民在开拓视野、更新观念的同时,也把很多本民族的优秀文化给丢掉了,特别是非遗中那些原汁原味的文化精髓。

以上三点的变化使非物质文化遗产所赖以生存的空间环境正在逐渐发生改变,那些与非遗相互融合的地表景观也正在遭受破坏,跟非遗表现出的内涵不再协调。在现代文化的冲击下,当地较有民族特色的文化也正在走向趋同。这些无疑都为非遗特别是原生态非遗的存在提出了挑战。而一旦这里的包括非遗在内的传统文化失去了它的本真性,对游客来说就失去了应有的吸引力。游客减少,就会直接影响当地的收入和经济发展。

第二,非遗旅游开发中所带来的城镇化、商业化,不仅对非遗保护具有潜在威胁,而且在城镇化和商业化的浪潮中,当地群众特别是青少年,很容易迷失自己,从而可能导致他们观念中那淳朴的一面逐渐褪色,取而代之的则是一些追求利益、纸醉金迷的不良思想。父辈那种村民之间和平共处、友爱相助的乡情逐渐淡化,从而可能形成对人冷漠、对游客欺诈的心理。

因此,非物质文化遗产的相关旅游开发所带来的消极后果会对惠民产生不利的影响,特别是在非物质文化遗产旅游开发过程中片面强调其中的经济利益而忽略非遗中的文化内涵和特性,会让当地群众对本民族、本地区的特有文化的认同产生迷惘,造成地方传统文化的消逝。同时,旅游开发所产生的利益如果不能及时惠及人民特别是非遗的传承人,就会降低他们对于相关非遗保护的积极性。如果利益的分配不平衡,更会导致他们心理失衡,影响当地和谐社会的构建,不利于地方社会的稳定。

二、对环塔里木地区非遗的旅游开发有利于改善当地民生

民生,顾名思义,就是人民的日常生活。它包括人民生活中所涉及的各个方面,如衣、食、住、行、游等。但凡与其相关的内容,皆可以包括在民生范畴中。由此看来,民生所涉及的内容非常广泛,也很复杂。但是,本章所言"改善民生"中的"民生"主要是指人民的生活条件和生活环境及精神文化三个方面。生活条件和生活环境,主要是指交通设施、房屋情况等,而精神文化则是人民在休闲时可以享受哪些文化内容,以及如何享受的问题。2018年,新疆维吾尔自治区质量技术监督局党组成员、副局长王军在谈及对桑皮纸保护问题时,就曾表示:通过"标准化+非遗"的新思路,突破了非遗传统技艺传承的创新管理,从而增强了非遗的自身活力,提高了非遗传承人的传承积极性,文化消费和就业大大提高,有效促进了非遗保护与改善民生相结合,推动优秀传统文化繁荣发展以及区域经济、社会全面协调可持续发展。① 笔者在前面对非遗旅游开发与民生的关系已略作概述,下面再分类对之进一步分析。

(一)旅游开发中的建设改善了当地居民的生产、生活环境

为了促进旅游开发,各地政府皆须把基础设施作为开发的起点,这在各地都不例外,而对那些拥有非物质文化遗产的市镇和乡村更是如此。如克州为了挖掘当地柯尔克孜民族的文化,打造具有本民族特色的村庄,加大投资为柯尔克孜族人民统一建造新的具有柯尔克孜风格的房屋,并大力改善这里的卫生环境。再如阿合奇县为了打造县内的猎鹰文化品牌,开发国家级非物质文化遗产驯鹰、库姆孜以及柯尔克孜族刺绣技艺,建设了科克乔库尔村,并将其作为民俗文化村进行大力建设。该村作为传统的猎鹰文化村,是新疆旅游100个重点项目之一。村内建造了古物陈列室、猎鹰表演区、猎鹰文化展示区、柯尔克孜刺绣编制展示区以及库姆孜制作展示区等。经过几年的建设,如今的科克乔库尔村已今非昔比。村内居民的围墙都由光滑独特的鹅卵石建成,还有一些极为别致的景观桥。村内13户"柯尔克孜人家"新住房已完成,对房屋进行了粉刷,屋面全部用防水涂料。同时政府还投资了37万元建造村内的排水改造工程,投资了480多万元修建景观桥,连厕所都统一进行了更新,整个村庄面貌焕然一新。显然,政府的目的是对这里的非遗进行旅游开发,发展旅

---

① 胡礼政."标准化+非遗"为桑皮纸传承发展添活力[N].和田日报,2018-10-13.

游业,但客观上改善了当地的居住环境,提高了生活质量。

(二)文化旅游可以满足当地人民的精神文化需求

例如,喀什地区的麦盖提县是刀郎文化的发源地。该县利用历史悠久的刀郎文化满足人民群众的精神文化需求,并将其作为繁荣发展文化的出发点和落脚点。为了宣传刀郎文化,政府组织建立了刀郎艺术团,并在全县进行征集选拔,组建了13支业余的刀郎文化演出队。刀郎艺术团和13支业余演出队,在农村进行巡回演出。当地政府出资保障这些表演艺人的收入,力求做到每村每个月都能观看到一场刀郎文艺演出。同时,各级政府还发动群众争取每周每村开展两次群众民间体育活动,如叼羊、摔跤以及帕普孜等刀郎传统体育项目。而在县城,政府专门开辟了一块地方作为刀郎文化广场。在刀郎文化广场上,采取"激情刀郎天天乐"的活动形式,鼓励各族群众上台自己表演,让他们从台下走到台上,变观众为演员。力求将刀郎文化广场发展成为一个"没有大门的剧场"、一座"永不落幕的舞台"。除此之外,政府还发动各个机构组织"刀郎舞王""刀郎歌王"等比赛,让一些草根歌手、草根舞者变成大明星,并对其加以奖励。

显然,麦盖提县这种做法,极大地满足了当地人民的精神文化需求。对刀郎文化的提倡,不仅增加表演者的收入,还使当地人民在欣赏相关节目的同时,减少了心灵的空虚,阻止了不良思想的侵入。

三、惠民:环塔里木地区稳定与长治久安的助推器

前已述及,惠民不仅是党和政府当前最为迫切的任务之一,也是解决当前贫富差距增大,减少、消除乃至预防社会不稳定因素的重要措施之一。环塔里木地区是一个少数民族众多的地区。大杂居、小聚居是这里的主要特点。由于历史因素所形成的这一特点,让这里的民族关系较为复杂。此外,这里地处偏远、远离内地、气候干燥、交通不便,使得这里的经济状况、教育状况、生活状况较为落后。这些客观因素都可能造成地区不稳定。因此,以改善民生为根本目的的惠民政策,是保证这一地区稳定和发展的助推器。

(一)经济惠民:维持地区长治久安的经济基础

无论什么时候在什么地方,社会安定、生活美满、吃喝无忧就是普通人民所追求的。因此,马克思主义认为经济基础决定上层建筑。所以,惠民的主要途径和措施就是要在经济上让人民得到优惠实惠,不仅要让当地人民的钱包

鼓起来,同时也要让人民享受到舒适和便利的生活,充分感受到党和政府的温暖,尝到经济发展带来的甜头。环塔里木地区自按照中央的部署实施惠民政策以来,无论是资金上还是在地方基础建设上或者制度上都做了大量工作,从生活到医疗、教育,当地人民各方面的境况都得到了改善。

例如在阿合奇县的色帕巴依乡,60岁的老党员阿皮帕·吐尔地一家五口人,以前靠几亩地和打临工维持家用,生活拮据。在惠民政策帮扶下,他的儿子、儿媳、女儿先后应聘到企业,有了稳定的工作,增加了收入,如今一家人的生活较之以前,改善了许多。他对笔者表示:"现在我的孩子们都有了稳定的工作,也有了稳定的收入,生活比以前强了许多。作为一名老党员,我非常感谢党的政策和对我的关心和照顾,现在我生活好了,不能再给党和政府添麻烦了,因此,我自愿要求退出低保。"①而拜城县亚吐尔乡哈拉苏村农民阿不都热依木·依斯拉木颇为感触地说:"五年来仅享受的医疗补贴就达39758元,还享受了免费体检、建房补贴、粮食补贴等政策。没有共产党就没有我现在的幸福生活。我要坚决跟党走,坚决与一切分裂活动和宗教极端思想做斗争,还要告诉我的亲戚朋友,只有跟党走,才会有更加幸福的生活。"从他们的话语中可以看出,他们心怀感恩,充满感激。

惠民政策改善的不仅仅是收入和住宿条件,同时还有医疗条件。在拜城县的人民医院,记者对来到这里做免费体检的居民吾古兰木·尼亚孜进行采访,她告诉笔者:"我对现在医院的医护人员们非常满意,她们的态度十分热情,服务也很周到,而且医疗设施也很齐全,我能免费体检,真的是感谢党和政府的惠民政策。"拜城县康其乡的阿热勒村也是一个政府打造的景区。这里旅游资源丰富,拥有5000亩湿地。为此,政府投入上百万元资金,将该村打造成一个田园综合体景区。该景区景点包括生态观光休闲农业、康其湿地风景区、康其人家农家乐以及自驾游营地等。在该村,笔者见到了本村建档立卡的贫困村民热汗古丽·吐拉甫。在阿热勒村被开发为旅游景点后,在政府出资帮扶下,她将自家的院子改造成停车场,每天可以保证有150元的收入,没几年就脱贫了。她高兴地对笔者说:"以前我家穷得出名,三个孩子连学都上不起。现在多好啊,在政府的帮助下,我建造了停车场,每天都有收入,如今的日子比过去强多了,真的感谢党和政府。"

---

① 蒋娟娟.文化扶贫激发百姓脱贫内生动力[N].克孜勒苏日报,2018-10-18.

以上群众的反应表明,在收入和生活改善的情况下,他们意识到党和政府各方面的惠民政策所带来的好处,提高了他们的生活水平,同时使他们维护社会稳定的决心增强,从而凝聚了民心。

(二)文化惠民:维护地方社会稳定的精神家园

在保障生活的前提下,人民还有精神上的需求。所以在经济惠民的同时,还要实行文化惠民的导向,利用传统文化中的精髓,让人民感受历史文化的悠久,体味优秀传统文化带来的益处。这主要从以下几个方面着手。

首先,不断完善传播优秀文化的渠道。长期以来,环塔里木地区的各个县市交通、信息闭塞,在偏远的乡村很多政策和文化节目不能及时地传到。为此,很多县市近年来大力弥补这一不足。如喀什地区,为了完善基层文化基础设施的建设,想方设法筹集资金。在当地党委宣传部的努力下,在2016年筹集到1000多万元资金,在全区范围内一年中就新建了273个文化大院,在1173个村委文化室增添了新的乐器设备和扩音器材。随后,为了建设塔什库尔干县和叶城县共计25个乡镇文化站,总投资1700多万元,争取到了边疆文化长廊设备,并给108个基层公共电子阅览室安装了管理平台软件,极大便利了基层阅览室的服务工作。① 再如,巴州的尉犁县,为了做好文化惠民工作,让当地人民能共享本地的丰富文化和及时观看电视节目,尉犁县政府在2015年就实现了全县范围内的乡村免费数字覆盖。同时由县财政出资购买有线电视设备,让农民能免费看上电视。通过这一举措,全县的百姓都能在自家观看到各类文化节目和及时了解国家政策。

其次,搭建展现优秀传统文化的舞台空间。环塔里木地区保存着数量众多的非物质文化遗产,除前面已经阐述过的《玛纳斯》外,尚有许多。对于这些优秀的非物质文化遗产,除了利用旅游开发加以保护外,经常地表演、培训传承人,也是保护措施之一。事实上,这些非遗项目最好的保护途径就是让它在现实中不断地表演。表演时带给观众的就是文化中的精髓。因此,地方政府想方设法为这些优秀的传统文化曲目提供表演的场所。如在阿克苏市的塔什巴格村(所属阿依库勒镇)综合文化服务中心,当地群众包括青年在内,经常在这里弹唱表演维吾尔民歌。再如前面所提到的麦盖提县在县城里面设立的刀郎文化广场,也给当地非遗表演提供了舞台空间。

---

① 潘黎明.那些喀什文化的盛事[N].喀什日报,2017-01-16.

第五章
环塔里木地区非物质文化遗产旅游开发与惠民的现状分析

前文笔者从理论上对环塔里木地区非物质文化遗产的旅游开发与惠民关系进行了粗浅的探讨。本章将着力对环塔里木地区非物质文化遗产的旅游开发与惠民之间的现状进行专门探讨。

第一节 环塔里木地区非物质文化遗产旅游开发过程中惠民的实效性研究

前已述及,环塔里木地区的大多数非遗项目尤其是世界级和国家级的非遗项目,都得到了开发,它们经由不同的途径为当地社会和人民带来不同方面的实惠。但是,由于在开发中往往把非物质文化遗产的旅游开发和其他旅游项目的开发放在一起,因此,对于具体所产生的经济效益如游客量、收入等无法获得准确的数据,加之有些相关统计数据难以获取,这使得笔者无法获得一个相对客观的数据。因此,笔者根据网上公布的相关数据以及自己的走访调查,来对此问题进行大致分析,其具体内容涵盖下面四个方面。

一、非物质文化遗产得到更好地保护与传承

在旅游中非物质文化遗产之所以能得到开发,是因为它所蕴含的文化价值和经济价值。因此,在对非遗进行旅游开发之初即有学者指出开发与保

的关系。只有更好地保护与传承,非物质文化遗产才能持久地为当地人民带来利益。因此,非物质文化遗产的旅游开发最初的目的是要更好地保护它。否则,虽然短期内带来了经济效益,但从长远看则是自掘坟墓,既有害于非物质文化遗产本身,也不利于经济的发展。从笔者的调查来看,环塔里木地区在对非物质文化遗产进行旅游开发时,也注意到了对其的保护与传承。他们分别采取不同的形式和措施,结合旅游开发的特质有力地保护了当地的非遗。

（一）口头传承和表述类的非遗

口头传承和表述类的非遗在环塔里木地区数量众多,其中最为著名的是世界级的《玛纳斯》,其次是巴州的国家级非遗《江格尔》。有关《玛纳斯》《江格尔》的内容,前已述及,这里就不再赘述了。目前这两部民间文学类非遗都得到了旅游开发,但由于《玛纳斯》开发较为成熟,因此,笔者即以此为例加以探讨。

《玛纳斯》在2009年9月入选联合国教科文组织"人类非物质文化遗产代表作名录",引起了克州对其的保护和大力开发。从2014年开始,为了有效保护和传承各类非遗项目,克州通过收集、整理,完成了克州本土非物质文化遗产名录以及项目代表性传承人的摸底调查和上报工作,并开始推进非物质文化遗产保护利用设施建设储备项目"玛纳斯展示馆项目建设、库姆孜展示馆项目建设"的上报工作。在传承保护的同时,克州政府也对其进行了旅游开发。

首先,克州政府自2009年开始,以《玛纳斯》为主题每年举办一次国际文化旅游节,该节庆活动成为当地最负盛名的旅游项目。这一文化旅游节的举办,不仅提高了《玛纳斯》的声誉,同时,利用这一节日,还全方位展示了克州的风土人情和其他富有特色的旅游资源。以2016年举办的第七届为例,文化旅游节的主题是"神奇玛纳斯·魅力帕米尔"。开幕式上克州主要领导人皆盛装出席,他们向与会来宾和广大游客宣传克州的历史文化和山水景点,这既是推广和展示克州民俗、克州山水,提高克州美誉度、知名度,充分发挥旅游资源优势、加快经济发展步伐的需要,又是弘扬以《玛纳斯》为主题的民族优秀传统文化的需要。节日期间,还设置了各种展示区,比如柯尔克孜族特色美食展区、民族特色产品展区以及特色林果展区等。可以说,这一做法将英雄史诗《玛纳斯》与旅游文化进行了有效的整合,并带动了当地的猎鹰、叼羊、赛马及农家乐等民俗风情地方特色旅游项目的开发。这种开发通过打响《玛纳斯》品牌,提高《玛纳斯》声誉,从而让当地人民认识到《玛纳斯》丰富的文化价值和经济价值,从而更加爱护它。

其次,克州将《玛纳斯》的发源地阿合奇县命名为"中国玛纳斯之乡",同时将阿合奇县的柯尔克孜镇创设非遗小镇,并在江苏省无锡市的援助下,将该县的科克乔库尔村建设为少数民族特色文化村寨。该村寨的建设开始于2014年,规划面积200亩,总投资5600万元,是国家民委命名的第二批中国少数民族特色村寨,在克州成为当年唯一一个入选的特色村。在这个特色民俗文化村,可以集中展示如演唱《玛纳斯》、驯鹰习俗、库姆孜艺术、刺绣等高级别的非物质文化遗产项目。这样,《玛纳斯》就有了一个表演、存活的舞台。不仅如此,克州还在阿克陶县的布伦口乡建设了柯尔克孜玛纳斯民俗旅游新村,在其村口树立了高大的玛纳斯雕像,极大地宣传了《玛纳斯》。

再次,为了更加推广《玛纳斯》的文化魅力,让《玛纳斯》走出大山、走向舞台、走向世界,江苏无锡歌舞剧院与阿合奇县歌舞团合作,联手推出大型柯尔克孜族舞剧《英雄·玛纳斯》。该舞剧一经推出便获得成功,其艺术辐射力不断增强,深受观众的喜爱。从2015年5月在无锡首演开始,7月参加第四届中国新疆国际民族舞蹈节,8月回家乡克州演出,12月中旬以后在上海和南京等地开展第二次巡演,2016年赴俄罗斯演出,还获得了400万元的国家艺术基金支持,引起了国内外广泛关注。这部舞台剧不仅为《玛纳斯》的宣传提供了优秀的载体,同时也深入挖掘出了我国少数民族优秀传统文化的艺术价值。

最后,克州还注重对《玛纳斯》传承人的鼓励和培训。如阿合奇县,发挥当地柯尔克孜族、维吾尔族、塔吉克族能歌善舞的特长,加强基础人才的培养培训,培养了一支猎鹰叼羊表演、《玛纳斯》弹唱、约隆歌演唱等少数民族表演和导游队伍,营造了浓郁的民族风情氛围。同时还专门为村里的库姆孜制作艺人、驯鹰艺人、玛纳斯奇等非物质文化遗产传承人建好房屋,保障他们的生活。此举无疑可以将《玛纳斯》的表演、传承发展壮大。

此外,克州还专门制定了《玛纳斯》保护条例,并于2018年加以修订完善。并投入大量人力和资金对《玛纳斯》开展抢救搜集、记录和翻译工作。同时,还组织人员录制民间艺人史诗演唱视频,将其数字化,这有利于把《玛纳斯》传向社会的各个角落,使之家喻户晓,以确保传承和保护工作更加深入地开展,获得广泛的群众基础。

以上种种举措表明,克州在开发《玛纳斯》的同时,还从各个方面对其加以保护。这既能挖掘它的经济和文化价值,又在开发的过程中,为其持续的保护和传承提供更为有利的条件。

(二)生活表演类

环塔里木地区作为少数民族的聚居地之一,这里的人民在长期的生产劳动生活中形成了独具特色的歌舞体系,从而塑造了这里的人民能歌善舞的特长,因此,这里目前列入自治区级以上的各类民歌、舞蹈、音乐非遗项目有数十种。其中,2005年被联合国列入人类口头和非物质文化遗产代表作名录的木卡姆艺术即是这类非遗项目的杰出代表。

木卡姆艺术是维吾尔族的一种大型传统古典音乐,它以音乐贯穿骨干,是集歌舞乐于一体的综合艺术遗产。它是中华民族灿烂文化的重要一部分,反映了维吾尔族人民的理想和追求,以及在当时的历史条件下所产生的喜怒哀乐。木卡姆艺术又包括十二木卡姆和刀郎木卡姆,主要活跃于阿克苏、喀什与和田一带的维吾尔族集聚区。目前对其进行开发利用较好的是喀什地区与和田地区,阿克苏地区和克州也对木卡姆有所开发。

第一,由于木卡姆在长期的流传过程中,各地区出现了不同的版本,因此在传播流传过程中往往会出现错误的理解。为此,环塔里木地区的相关文化工作者在当地政府的支持下,将木卡姆中的不同版本先后整理出版,截至目前,维吾尔古典《十二木卡姆》的刀郎版本、哈密版本、吐鲁番版本、和田版本、伊犁版本已陆续整理出版。2016年莎车县也将《十二木卡姆》词曲的研究、翻译、演唱纳入工作规划中。这些举措使分散在各地区的《十二木卡姆》版本更加完美,且更具有广泛的社会价值。同时,也更方便木卡姆艺术的学习、继承和传播。

除了出版工作,地方也加大了以木卡姆艺术为核心的文化旅游品牌投资。2013年3月麦盖提县将山东日照市援疆的1000万元资金全部投入,重点打造集品农家饭、游风情园、观刀郎木卡姆于一体的刀郎乡里文化园和文化、旅游、餐饮、休闲"四位一体"的刀郎画乡文化园两个特色文化旅游景区。2014年该县继续刀郎文化园的建设,以传承弘扬刀郎文化为主题,以胡杨林、叶尔羌河、生态湿地为依托,总投资3亿元,将刀郎麦西莱甫、刀郎木卡姆等文化元素充分融入文化园中,打造了一个集传承弘扬刀郎文化、生态保护、湿地科研科普教育、文化展示、文化创意等于一体的旅游、休闲、教育和文化娱乐场所。莎车县也积极开展各种主题的旅游文化节,如巴旦姆花节、木卡姆艺术节和诺鲁孜节等活动,他们充分利用这些活动面向新疆内外文化旅游市场,有重点、分层次地开展宣传促销工作。地方政府对木卡姆艺术宣传的直接动机是获得其中的经济效益,带动地方经济的发展,但在客观上也宣传了木卡姆艺术的文化价值,提升了它的知名度,为进一步的保护提供了基础。

第二,将木卡姆这一曲目运用到商业演出中去。如在2016年克州所举行的阿克陶县首届荷花节暨民俗文化旅游节的开幕式上,有上百名的《十二木卡姆》表演者集体贡献了这一精彩的传统艺术,不仅让前来参观旅游的嘉宾领略到其中的艺术魅力,同时也扩大了木卡姆的影响力,增加了表演者的经济收入。

第三,为了更好地保护木卡姆艺术,也为了能持续不断地开发利用这项非遗,各地政府对木卡姆艺术传承人的培养也很重视。如阿克苏地区连续举办地区木卡姆保护工作座谈会,举办木卡姆传承人培训班。而为了培养非遗传承人,较好地传承保护本县的刀郎文化,麦盖提县建立了民间艺人保障激励制度,对于那些经验丰富的民间艺人给予奖励,聘请他们积极寻找技艺接班人,并且能保证每年带三个徒弟以上。但民间艺人毕竟人数有限,培养的徒弟远远不够,因此麦盖提县还利用学校进行大批培养。他们利用当地的职业院校,在学校内设置刀郎文化专业和刀郎工艺品制作班,同时还在中小学中开设以学习刀郎文化为主要内容的素质教育课。通过这些措施,让当地的青少年从小接触刀郎文化,了解刀郎文化,从而为刀郎文化的继承、发展提供良好的基础。

第四,喀什市政府还投资30万元组织80位民间艺人成立"十二木卡姆"民间艺人文艺演出队。这种演出活动不仅为木卡姆艺术的持续发展提供生态环境,同时,也丰富了当地人民群众的文化活动。

(三)传统技艺类

传统技艺类在环塔里木地区的非遗项目中占有很大的比例,在传统时代,这一地区的少数民族人民形成了自己独特的生产技艺,但是由于科技的进步,很多技艺面临着消失的危险境地。传统技艺类遗产列入非遗项目后,当地政府出于保护和发展经济的需要,将这些技艺重新利用起来,将由此产生的手工产品放在景区加以出售,或者结合其他的艺术重新加以利用推广。如喀什地区的桑皮纸制作技艺,就是在开发中不断加以推广的。

桑皮纸,古时还称"汉皮纸",自汉代时就已出现。它的制作原料以桑树皮为主,所以称之为桑皮纸。在我国有两大桑皮纸制造中心,一个是新疆,另一个是安徽。中国历代政府都提倡种植桑树,因为桑树的桑叶可以养蚕,树木可以当作建筑材料,幼年桑树还可以制作成木叉用于农事之中。但很多地区把桑树皮都扔掉了,特别是制作木叉时,桑树皮都会刮去,当作燃料使用。环塔里木地区,气温较高,日照较强,很适宜于种植桑树。当地人很早就注意到了桑树皮可以做纸。这里数量丰富的桑树为桑皮纸的制作提供了充足的原料,他们利用特有的技艺所制作出的桑皮纸柔嫩、拉力强、吸水力强、不褪色,而且还防虫,是作画、装裱、制伞以及制作鞭炮的首选。桑皮纸的制作技艺是国家级非物质文化遗产,目前开发、保护较好的是和田地区的墨玉县。

近年来,墨玉县积极探索保护开发桑皮纸这一古老技艺的方式方法,综合起来主要体现在三个方面。第一,提出了用"非遗+标准化"的模式。利用这一模式,可以利用科学的理念更好地发展这一技艺,能够按照标准规范桑皮纸的制作,将这一技艺更好地加以传承保护。第二,建立了良好的传承机制,将桑皮纸的制作技艺融入本地高校中的职业教育中去,使其成为一门专门的学问,既有理论探讨,又有实际操作实践。第三,将桑皮纸的制作技艺与现代科学技术相结合,充分利用当下的数字化、可视化技术,将桑皮纸的每一道工序都加以记录分析,并利用现代化的传播手段做好桑皮纸的宣传工作。通过这一系列的措施,让这一古老技艺重新焕发新的生命。以"非遗+标准化"模式为例,这一模式的提出跟当前桑皮纸的巨大需求密切相关。由于桑皮纸的制作技艺在传统时代都是由师徒口耳相传的,因此推广度不高,再加上桑树越来越少,桑皮纸每年的生产量十分有限。但随着人们书画艺术品位的提高,对画作用纸的要求也日益提高,因此广大画师纷纷转向用桑皮纸作画,引起了桑皮纸的供不应求。为了适应这种变化,墨玉县就提出了"非遗+标准化"的模式,目的在于能依据这一标准实现桑皮纸的批量生产。这一模式在 2018 年第 49 届世界标准日上所发行的《国家非物质文化遗产桑皮纸地方标准》中体现了出来。

同时,桑皮纸还与阿瓦提县的农民画结合起来。这些农民画大多以阿瓦提县的刀郎文化、民俗场景、山川风景为作画对象,画作具有浓郁的刀郎风格,因而被称作刀郎农民画。阿瓦提县的刀郎农民画年均创作量已达近千幅,形成了一定规模。农民画的市场出口成为农民画继续发展的关键节点。政府为了鼓励农民作画,将农民画作统一收购,然后再统一包装,对外销售。这一措施给农民带来了希望,虽然能保证农民画师的收入,但销售手段略显单一。为了探索销售新模式,提高刀郎农民画的艺术价值和品位,农民画师开始就地取材,借助桑皮纸在身边的优势,积极利用桑皮纸作画。桑皮纸素有"西域造纸术活化石"的美誉,桑皮纸作画不仅让画作更加易于保存,而且还提高了画作的艺术价值。新疆国画院曾联合新疆维吾尔自治区旅游局在2013年举办了"新疆礼物——桑皮纸书画旅游纪念品"的活动,从此桑皮纸刀郎农民画作为"新疆礼物"而声名远播。随后,新疆国画院还推出了高中低三个档次的桑皮画"新疆礼物"系列①。中国画在国内外已有了成熟市场,结合国家级非物质文化遗产桑皮纸制作技艺,再加上刀郎农民画自身所带的浓郁新疆风格,农民画的市场也会产生叠加效应。这种做法无疑是一种双赢的模式,既能将阿瓦提县的农民画推向广阔的市场,同时也将桑皮纸的制作技艺持久地传承下去。

很多地方将传统技艺生产的手工艺品放入景区作为旅游纪念品加以出售,如喀什地区开发了一批民族工艺品,将其作为旅游的衍生品,从而延长了旅游产业链,同时也增加了当地群众的收入,还保护、传承了民族民间工艺,该工艺技术水平也提升了。还有疏附县吾库萨克镇的民族乐器村,喀什、莎车、英吉沙等地的土陶器制品,驰名中外的英吉沙小刀等,这些都是依托旅游业的开发,作为旅游衍生品而逐步成为知名旅游产品的。由于这些手工艺品作为商品出售所带来的对数量的需求,激发了手工艺人的生产积极性,在获得经济利益的同时,也保护了相关技能的传承。

再如和田的地毯也是如此,和田地毯是南疆非物质文化遗产的代表。从古到今,和田地区是有名的地毯编织中心,和田洛浦尤以地毯的质地之佳、色彩之美而著称,洛浦的塔玛沟历来就是传统地毯的生产基地,也是和田传统地毯生产的佼佼者。喀什、库车、楼兰、疏勒、莎车等地方也是南疆织毯业的主要产地。历史悠久的南疆地毯在漫长的发展过程中,形成了比较完整的工艺流程,传统地毯纹样以伊斯兰教艺术风格图案为主,是具有民族性、艺术性特色的艺术旅游产品。地毯发挥民族特色,将绘画、编织、刺绣、印染等优秀技艺集中一体,原料上乘、绒头密集、毯面薄平,由此形成的综合性特点驰名于世。和田地毯多次参加各种艺术比赛,在全国工艺美术百花奖评比中荣获轻工业部优质产品奖。在此情形下,和田地区政府通过各种政策招商引资,将地区内的地毯产业化,如位于和田市玉龙喀什镇永巴扎村的和田市新疆纳克西湾手工

---

① 巴立.《农民画走市场 需要现代化创新》[N].阿克苏日报(汉),2014-04-22(001).

地毯开发有限责任公司,和田市政府把和田市欣明·南国城授予"和田·中国地毯交易中心"和"和田·中国维吾尔医药交易中心"的称号。将地毯的制作提升到了产业化规模,有力地保护了这一技艺的传承。

除上面三种类型的非遗外,其他的如医药类、体育类项目在环塔里木地区皆有开发保护的举措,如巴州的蒙古医药、喀什等地的曲棍球,都以不同的方式得到开发,经由开发以后,相关项目得到了更为广泛地推广,从而得以加强保护。

二、非遗传承人年收入得到不断提高

针对非物质文化遗产的保护措施,众多学者皆提出要积极加强对非遗传承人的保护。其理由在于非物质文化遗产作为无形文化遗产,需要载体来表现,其主要的物质载体是传承人。非物质文化遗产濒临消失的主要原因也是掌握相关非遗技能的人数大大减少。因此,各地政府在开发非物质文化遗产的过程中,都比较重视对非遗传承人经济待遇的改善。目前环塔里木地区有上百位各个级别的非遗传承人,他们都身怀绝技,承担着保护非遗的重要责任。以克州为例,至2022年11月,国家级非物质文化遗产项目代表性传承人共有8位;喀什地区至2022年,有国家级非物质文化遗产代表性传承人21人[①]。这些非遗传承人不仅为非遗的旅游开发奉献技能,同时在促进乡村文化建设中也不遗余力。如克州的《玛纳斯》、驯鹰、库姆孜乐器的制作及弹唱技艺等国家级非遗项目传承人成为乡村的民间文艺骨干,带领着广大农牧民文艺爱好者活跃在乡村舞台上,将非物质文化遗产送到各个乡村,成为非遗的传播者。为了改善非遗传承人的生活,提高他们的收入,各地政府在对非遗开发中采用了不同的政策。

首先,出资为传承人建造了舒适的表演或工作场所,如阿合奇县为了给非物质文化遗产传承人制作手工艺品提供便利,在科克乔库尔民俗文化村专门为村里的库姆孜制作艺人、驯鹰艺人、表演《玛纳斯》的艺人等传承人建好房屋,让游客能体验原汁原味的柯尔克孜特色民俗风情,有力促进了文化旅游的传承发展。在传承人与景区合作的模式中,景区为非遗传承人提供了制作手工艺品的场所和摊位,为了适应旅游业的特点,景区相关部门还会对传承人进行旅游方面的培训。对于传承人在景区内利用非遗技艺生产的产品,在出售

---

① 中国非物质文化遗产网·中国非物质文化遗产数字博物馆:国家级非物质文化遗产代表性项目代表性传承人[EB/OL].https://www.ihchina.cn/representative#target1.

后的收入都归传承人本人所得,景区对传承人不收取场所或摊位的租金,只是收少量的卫生费、管理费等。显然,这是一种双赢模式,传承人可以保证自己的收入,而景区可以利用传承人所展示的传统技艺来吸引游客,满足游客的猎奇心理。

其次,建立非遗保护传承点。非遗保护传承点的建设形式,主要包括非遗保护传承基地以及非遗保护传承中心两种。以阿克苏地区为例,目前该地区总共建立了非遗保护传承中心10个[①],而这些传承基地或保护中心大多设在各县、各乡、各村的政府内,目的是更好地促进非遗项目在民间的传播。在这些非遗保护传承点内,以非遗传承人为中心,建立了包括民间乐器、歌舞、刺绣、木制器具等非遗项目的传承点。为了让非遗传承人能安心培养人才,传承当地的非遗技艺,政府专门划拨款项资金保证传承人的收入。

最后,对一些开发难度大、技术条件高、传承困难、经济效益不好的非遗传承人实行生活补贴。如阿克苏新和县在保护本县自治区级的非遗项目木雕时,就采取了这一方式。新和县的木雕技艺经过长期的历史发展,以其制作精美、结实耐用而美名远播。当地群众就地取材,对木材加以雕刻来满足日常生活所用的各种器具。经过数代手工艺人的探索,这一技艺已十分成熟。他们以天然木材如桑木、核桃木或榆木等为原料,运用雕刻工具如刻刀或刨子,经过挖、刮、雕等一系列的手法,将木材雕刻成带有精美图案的柜子、门、窗等家庭装饰物或木箱、木凳等各种生活用品,甚至有些房屋中的天花板也是运用雕刻技术饰以图案的。这些木雕手工艺品外观精美,图案别致,具有很高的艺术价值。但是掌握这门手艺需要长时间的探索、积累,而且成就一件木雕作品,需要花心思构图、研究手法才能完成。据新和县木雕的非遗传承人阿卜拉·阿伍提介绍,要成为一名木雕手工艺人非常不容易,除要有好的师傅点拨外,还需要极高的天赋和领悟能力。完成一件木雕工艺品短的要两个月,长的则要一年才行。显然,掌握这门技艺,对天赋和经验都有极高的要求,而现在的很多年轻人没有耐心、急于求成,手艺即将面临失传。新和县政府为了保护、传承这一民族手艺,每年都会给木雕传承人发放近5000元的补贴,以鼓励他们的事业[②]。

---

① 中国日报中文网[EB/OL]. https://xj.chinadaily.com.cn/a/202004/22/WS5e9f9c01a310c00b73c78beb.html.
② 张婧.民族木雕:传统技艺亟待传承[N].阿克苏日报(汉),2017-06-28(008).

三、当地居民就业率、年收入得到普遍提高

对非物质文化遗产的开发利用,不仅有助于保护非遗本身,同时也能给当地群众带来切实的实惠。在党和政府大力开展惠民措施的情况下,环塔里木地区的各级政府除国家和其他省份资金援助外,纷纷利用包括非物质文化遗产在内的旅游开发解决这一问题,变"输血"为"造血"。他们普遍采用"旅游+"的办法,将本地丰富的旅游资源与各项事务联系在一起。这里面就包括"旅游+就业"和"旅游+扶贫"模式。

(一)"旅游+就业"模式

前已述及,环塔里木地区的非遗旅游开发给当地群众带来了诸多的就业机会,让他们有了工作,保证了稳定的收入来源,这也是各地政府施政的目的之一。以阿克苏地区为例,当地政府在2014年就提出"促就业、惠民生"的策略,推进民生发展,以解决就业、带动创业、改善民生。在他们所建立的两个自治区级的民生工业示范基地中,阿瓦提县的慕萨莱思产业化基地就是一个以开发利用当地非遗为主的创业基地。慕萨莱思制造工艺是当地自治区级的非遗项目,它是一种酿造葡萄酒的特殊工艺。而另一个自治区级的重点示范项目是新和县加依村的乐器制作项目,也是利用当地国家级非遗项目维吾尔族乐器制作技艺来进行开发的项目。这两个非遗项目的示范基地设立以后,为当地很多群众提供了就业机会。其中加依村的乐器制作项目解决当地群众就业人口高达4500人①。除此之外,阿克苏地区还大力发展农家乐,至2016年,该地区有55家星级农家乐,已经成为缓解就业压力的重要途径。至2018年,阿克苏地区逐步把就业创业的服务延伸至乡村基层,鼓励各个乡镇大力发展民族花帽、地毯编织、民族乐器制作等特色产业,同时还鼓励群众自己创办家庭小作坊,扩大就业渠道。

经过多年的努力,非遗旅游开发对当地的就业起到了重要作用。自2016年以来,在精准扶贫的政策指导下,新疆维吾尔自治区人社厅部分工作人员组成的工作队与库车县阿拉哈格镇托乎拉四村进行对接。他们针对该村善于制作乐器的现状,制定出开发国家级非遗乐器制作技艺的规划,积极引进乌鲁木齐苏甫尔乐器文化发展有限公司在该村投资,成立了库车县苏甫尔乐器文化

---

① 任红芳.立足产业惠民、发展民生工业[N].阿克苏日报(汉),2014-11-14(002).

有限公司。在公司成立的第二年中,就吸纳了当地富余劳动力就业,其中还有该村贫困户。而和田地区的新疆阗羊毛纺织染有限公司羊毛纺纱厂建设项目于2015年试生产,当年即实现数百人就业。

此外,以非物质文化遗产为主题的旅游文化节,也是招商引资、解决就业的一条途径。如在2016年和田地区举行的玉石文化旅游节上,和田地区政府成功签约了11个招商项目,争取到投资金额共25.5亿元。而援助和田地区的单位——天津市政府也推出了"百家企业和田行"活动。经过天津市政府的努力和帮助,共有22个项目在启动仪式上签约,预估投资总额达24.65亿元,可解决3600多人的就业问题①。

以上各项措施或将非遗项目融入景区,或将非遗项目与公司合作,或利用文化节招商引资,总之,利用非遗的开发很大程度上解决了当地群众的就业问题,提高了当地的就业率。

(二)"旅游+扶贫"模式

事实上,这一模式给当地的贫困户带来了可观的经济收入,其中不是贫困户的普通人民在"旅游+扶贫"的模式下也增加了收入。

在非遗旅游开发中,刺绣在环塔里木地区的各地州既是国家级的非遗,又是当地妇女都能参加的工作。少数民族妇女心灵手巧,历来有着纯手工刺绣的优良传统。她们在被面、枕头、马衣、衣袖边以及悬挂的各种布面装饰品上绣出不同的精美花纹。当地政府对各个民族的刺绣工艺予以大力支持和开发,使得各种刺绣技艺得以保存并发展。刺绣产品以批发和零售的方式向外销售,增加了当地群众的收入。

第一种是将其作为旅游纪念品在景区出售。克州政府加大开发旅游商品和旅游纪念品,努力把克州的特色名优产品纳入旅游"新疆礼物"系列,为增加农牧民收入,更好地打造旅游纪念品做出了贡献。同时,也加大了对民族特色刺绣、民族服饰、手工艺品等旅游商品的开发力度。正是在这种推广下,刺绣出现在很多的景区,地方政府也会举办刺绣大会以带动刺绣业的繁荣。在巴州的焉耆县,玉兰娘家刺绣手工艺品店负责人王新娟曾多次参加自治区、自治州旅游局组织的旅游纪念品大赛,并屡获金奖、银奖。有了县、乡、村的大力支持,焉耆县下岔河村少数民族村寨的回民花儿、特色小吃、民俗民居等,快速地

---

① 乙庚.玉石文化旅游节给和田带来了什么?[N].和田日报(汉),2016-09-02(002).

发展起来,成为全疆闻名的回民一条街,其产品也销得很好,极大地增加了收入。

第二种是打造刺绣产业,将刺绣产业化后做大做强。环塔里木地区响应新疆维吾尔自治区的号召,实行"短平快"项目,对许多民族特色企业实行特殊的资金扶持政策。如阿合奇县哈拉奇乡素有"刺绣之乡"的美称,乡政府结合"短平快"项目,将民族刺绣工艺品打入疆内外市场。在前期投资22万元的基础上,于2014年由政府扶持、个人出资成立了阿合奇县母热思刺绣业开发有限公司。该公司运营后,过去作为家庭的实用品和娶媳嫁女陪送的刺绣工艺品如今变为商品,给刺绣技艺传承人和生产者带来了无限商机与活力,极大促进了农牧民的收入。附近居民尤其是妇女纷纷至该公司上班,发挥自己的特长,将自己祖传的手艺变成市场需求的商品。

朱玛布比·阿不都哈德尔是阿合奇县里有名的刺绣能手,家里的枕头上、被套上以及坐垫上精美的刺绣都出自她手。公司成立后,她首先来到公司应聘,成为公司的一名员工。一般情况,她每个月能够依据产量赚1000元至3000元的工资。跟朱玛布比·阿不都哈德尔同村的居玛古丽·赛买提,情况类似,现在每月也能够挣到1500元至4000元的工资。据刺绣公司负责人介绍,公司厂房共有14间,占地面积400平方米,同时还设有销售、接单店面,按照正常情况,店面平均月销售额在5万元,其中固定员工32名,临时员工54名,18户散户参与加工。工厂采用集中加工与散户计件加工相结合的加工方式,以纯手工刺绣为主,以银饰品及生活用品为辅。根据市场需求规模不断扩大,期间吸纳贫困妇女,鼓励她们参加刺绣合作社并为其提供工作岗位,刺绣成品统一由刺绣合作社销售。公司主要对家用刺绣产品、个人刺绣饰物、民族表演服饰、毡帽等产品进行加工。由此可以看出,刺绣业成为了哈拉奇乡解决牧民及部分贫困家庭员工就业、脱贫、增收的有效产业①。

第三种是成立手工艺合作社,如阿克陶县那迪尔手工艺合作社,主要从事生产塔吉克族刺绣工艺品,并且培养塔吉克族手工艺人,培养和帮助塔吉克族妇女依靠传统手工技艺增加收入。到2016年合作社吸纳塔尔乡妇女40人从事刺绣,创作民族工艺品达40多种。通过培训各乡镇成立手工艺合作社,把民族工艺品加工引向产业化、正规化,打造自身品牌,带动妇女增收致富。至

---

① 杨子玉.民族刺绣:走出深闺汇入市场经济大洋[N].克孜勒苏日报(汉),2016-05-21(003).

2018年,克州有民族刺绣、民族服饰、地毯编织等劳动密集型产业项目41个,带动贫困人口就业700余人,人均月收入800至1200元①。

以合作社形式进行开发生产的还有另一项非物质文化遗产,即地毯制作技艺。如阿克苏库车县(今市)比西巴格乡博斯塘二村于2015年成立了地毯专业合作社。合作社成立之初,即有百余名村民加入。这里的村民祖祖辈辈都会编织毛毯,有着精湛的织毯技术。合作社的成立不仅让他们增加了收入,而且也使得这一技艺有了用武之地。村民祖克热·巴拉提是一位熟练织地毯的工人,她有30年的织毯经验。此前,她也从事织毯生意,自己选材料、制作并销售,费事费力,由于没有固定的市场,尽管地毯质量上乘也仍然卖不上好价钱。合作社成立后,她成了这里的骨干,不用操心其他事务只管专心编织,使得技术更加精湛,而且收入较以前翻了好几倍。合作社负责人比拉力·买买提介绍,合作社的员工日益增加,除了集中织毯的员工,其余都在家里分散织,2至3个人一台织机,两个月能织出一条3米或者4米长的地毯,市场售价在3500元到6000元,每人月收入接近2000元,家里的生活水平有了很大改善②。

除上述刺绣和地毯外,环塔里木地区对乐器制作也进行了类似的开发。如新和县依其艾日克镇加依村,素有"中国新疆民间手工乐器制作第一村"的美称。乐器制作成为当地居民收入的主要来源。新和县加依村乐器制作示范基地在拉动就业的同时,还增加了当地居民的收入。2017年,加依村的150户乐器制作专业户,只是在农忙之余才制作乐器,即便如此,他们每户靠制作乐器,一年也有5万多元的收入③。

非遗的旅游开发,给当地人民带来增收的不仅有传统技术。如阿合奇县于2017年打造的非遗小镇和非遗产业园,也能为周围居民带来增收。当地政府以这种非遗小镇、非遗产业园为中心,将其打造成重点旅游景区(景点)。在这些小镇和产业园内,集中展示当地的非遗项目,如阿合奇县有猎鹰表演场,卡来克、塔克亚、卡勒帕克、坎肩等古朴独特的服饰制作作坊,约隆歌表演盛会等。同时阿合奇县还以非遗小镇为依托,推进非遗小镇游客中心、猎鹰场看

---

① 祖力皮亚.产业扶贫让农牧民致富有"钱"景[N].克孜勒苏日报(汉),2018-11-01(001).
② 王建强.地毯"织"出新生活[N].阿克苏日报(汉),2015-02-27(001).
③ 张晨娟.新和县加依村乐器制作专业户平均年收入达5万元[N].阿克苏日报(汉),2017-08-07(004).

台、特色街坊、猎鹰展示馆等的全面建设,发挥全国少数民族特色村寨的示范和辐射作用,积极发展农(牧)家乐、旅游文化、传统民俗文化活动等项目,提升旅游服务水平,加大宣传推介力度,打造独具特色的柯尔克孜优秀传统文化旅游品牌。

小镇上的贫困户居马布比·别尔地巴依,原来以放牧为生,收入很低。自从非遗小镇建设成民族特色村、美丽乡村试点后,众多游客纷至沓来。一时间,当地的住宿非常紧张,在此情况下,居马布比·别尔地巴依筹集资金,将自己的房屋改造成了民宿,由此提高了收入①。迪汗古丽·亚森是科克乔库尔民俗文化村里第一家开农家乐的老板。此前,她只是阿合奇镇科克乔库尔村的农牧民。随着阿合奇县启动打造最具特色的柯尔克孜民俗文化村规划,重点打造柯尔克孜民俗小镇,她在惠民政策的扶持下,在村里开了第一家农家乐。农家乐营业后,因客源充足,生意一直挺火,每月收入也有了保障。

四、生活与居住环境得到大幅度的改善

在上一章笔者就旅游开发与当地居民生活居住环境的改善作过探讨,本部分所言非物质文化遗产的旅游开发与之的关系自是同一道理,因此,笔者仅就非物质文化遗产的开发略举两例。

2015年喀什市为了挖掘喀什古城的历史文化资源,发展旅游业,斥巨资对古城进行了大规模整修。当地政府在古城区、核心区四个重要节点分别建设了"青年广场钟塔纪念碑""艾提尕广场古城治理保护纪念碑""古城区南门古城墙""坎土曼巴扎雕塑"4个标示标牌,对核心区诺比西路、阿热亚路、阿图什巷等15条道路进行特色风貌打造。在进行文化景观规划改造的同时,还引导居民发展手工业、民俗展示、特色餐饮等,来提高居民就业,增强社会经济发展活力。为此,在改造古城区外围片区的过程中,应有重点地发展历史文化旅游、民俗风情游。期间,政府大量引进维吾尔民族乐器、民族特色手工艺品等非遗项目作为旅游纪念品来加工销售,同时营造大喀什旅游集散地,对外围片区长安郡、打馕一条街、地毯一条街等13个片区进行特色风貌打造,为游客提供舒适的旅游环境,增长游客停留时间。

再如阿合奇县科克乔库尔民俗文化村,既展示了《玛纳斯》、驯鹰习俗、库

---

① 沙热古丽.克州旅游业:风景这边独好[N].克孜勒苏日报(汉),2018-09-27(001).

姆孜艺术、刺绣等国家级非物质文化遗产项目，还展示了奥尔朵、白毡帽制作技艺等自治区级非物质文化遗产项目，同时将一个个非物质文化遗产展览馆点缀于原生态风格的民居之中。如其中的一个库姆孜展览馆，墙面用图片记录着库姆孜琴的发展历史以及库姆孜琴演出的经典画面。政府统一出资所建造的具有柯尔克孜民族风格的房屋，矗立于托什干河畔，与清澈湛蓝的河水相映成辉。漫步在文化村内，一条条平坦整齐的道路将这座小村庄连接在一起，使整个村庄显得端庄素雅且具有民族风情。

显然，无论是喀什政府对老城区的改造、引进非遗打造的非遗街道还是阿合奇县所打造的民俗文化村，都是利用当地的非物质文化遗产来创造经济价值，将其打造成一个个旅游景点，其直接目的是获得游客带来的收入，但在客观上也改善了当地居民的生活环境和生活条件。

第二节　非物质文化遗产旅游开发与精准扶贫

一、精准扶贫提出的背景、概念

自20世纪80年代开始，我国的扶贫工作就已经开始。这些年来的发展也取得了举世瞩目的成绩。然而，在发展过程中，扶贫工作也存在诸多问题，如在扶贫效果如何、贫困人口的数量有无增减、扶贫资金下发等问题上没有一个清晰的答案。在具体工作中，对于谁贫、为什么贫、扶贫的具体办法是什么等问题也不确定。因此在扶贫工作中存在诸多盲点，导致了一些不公平、不公正的情况时有发生。同时，在扶贫过程中，缺乏一个有效的扶贫款监督机制，这也导致许多扶贫资金没有落实到贫困户手中。以上种种都暴露出扶贫政策不足、执政理念落后的问题。

上述扶贫模式被称为"漫灌式"扶贫，是扶贫体制在设计上存在缺陷的反映。因此，必须要转变扶贫模式，从根本上解决这种"漫灌式"方式。必须要对哪些人贫困、为什么贫困、如何帮扶、谁来帮扶、效果如何等问题做到精准到位。不仅让帮扶者知道帮扶的是谁，还要让贫困户知道谁来帮扶。从这个思路出发，就需要在实际工作中把工做细，让"漫灌"变成"滴灌"。

正是在此背景下，习近平总书记于2013年11月，在湖南湘西考察时首次提出扶贫新要求，即实事求是、因地制宜、分类指导、精准扶贫。2014年3月7

日十二届全国人大二次会议,习近平总书记参加贵州代表团审议时指出:精准扶贫工作,不能用手榴弹炸跳蚤,不能眉毛胡子一把抓,要看真贫、扶真贫、真扶贫。为扎实推进扶贫开发工作,对扶贫开发工作要抓紧抓紧再抓紧、做实做实再做实,真正使贫困地区群众不断得到真实惠。习近平总书记对精准扶贫的概念进一步进行阐释,强调精准扶贫的重要性。国务院总理李克强在2014年的政府工作报告中也提出要创新扶贫模式,实行精准扶贫的战略。习近平总书记2015年在贵州省考察时又特别强调扶贫工作"贵在精准、重在精准,成败之举在于精准"。

那么如何做到精准扶贫呢?2015年减贫与发展高层论坛上指出:"中国扶贫攻坚工作实施精准扶贫方略,增加扶贫投入,出台优惠政策措施,坚持中国制度优势,注重六个精准,坚持分类施策,因人因地施策,因贫困原因施策,因贫困类型施策,通过扶持生产和就业发展一批,通过易地搬迁安置一批,通过生态保护脱贫一批,通过教育扶贫脱贫一批,通过低保政策兜底一批,广泛动员全社会力量参与扶贫。"①可见通过生产就业、生态保护、易地搬迁、教育扶贫、低保兜底五个具体措施,分层次、有区别地将贫困人口脱贫,有很强的操作性。简单来说,就是"对症下药","药到病除"。

基于此,笔者认为,精准扶贫就是针对不同地区、不同贫困人口实施不同的扶贫方式,运用现代的科学技术,对扶贫对象进行精准识别、精确管理和精准帮扶的扶贫理念。仔细分析习近平总书记的相关论述,笔者发现,要实现精准扶贫,首先是要增加扶贫资金,制定各项优惠政策;其次是将贫困人口仔细分类,针对不同种类的贫困制定有效的措施;再次,扶贫的关键是要通过具体的措施如发展生产和就业、生态保护、教育等手段让贫困人口自力更生,变"输血"为"造血";最后,对实在无法帮扶的通过低保政策将其兜底。其基本精神是"对症下药"。除政策精准外,其实还需要扶贫对象精准。提出精准扶贫的原因之一即是对贫困户的鉴别不准,导致扶贫资金没有用到真正需要帮扶的人口身上,这就需要基层政府仔细甄别。

二、环塔里木地区实施精准扶贫概况

自2013年习近平总书记提出精准扶贫以来,环塔里木地区的各级政府都

---

① 新华网携手消除贫困 促进共同发展——在2015减贫与发展高层论坛的主旨演讲[EB/OL]. http://www.xinhuanet.com//politics/2015-10/16/c_1116851045.htm.

按照上级政府的要求,实施这一措施。且各地方政府皆能结合当地的实际情况提出符合本地的措施。由于这一地区旅游资源丰富,因此,各地纷纷将"旅游＋精准扶贫"作为施政的基本纲领。

环塔里木地区的各级政府为了做到扶贫中的精准,在"六个精准""五个一批"总体方针的指导下,分别采取因地制宜的措施。

于田县 2016 年在逐户调研、摸排、分析致贫原因的基础上,准确掌握贫困户发展意愿,因村施策、因户施策,制订详细发展计划,切实使各项惠民政策与贫困户的实际情况相对接,做到"规划到村""帮扶到户""一村一策""一户一法"。为进一步推动"一户一增收"方案的实施,该县按照"六个精准"和"五个一批"的要求,细化为 20 项增收措施,重点采取产业扶贫、行业扶贫、劳动力转移培训、劳务输出等方式增加贫困户收入,并积极协调信用社,采取"五户联保"的方式,解决贫困户发展生产贷款难题,创新扶贫机制。

巴州在 2017 年确立的脱贫攻坚总思路和目标任务是按照自治区扶贫工作"十个到位"新要求,以集中攻坚、稳定脱贫为核心,坚持"精准扶贫、精准脱贫"基本方略,坚持标本兼治,以"学转促"专项活动为推动力,将开发扶贫与保障扶贫结合起来,"输血"与"造血"相结合。同一年,阿克苏地区也派各部门干部深入到乡村,通过认真调查,将真正的贫困人口、贫困村确定下来,做好精准扶贫的第一步。然后针对不同贫困人口、贫困村的具体贫困原因,采取不同的精准扶贫政策,将扶贫资金精准地送到每一户手中。然后再选派专门人员监督扶贫效果,确定是否真正脱贫。喀什地区也同时提出以"精准定责、精准监督、精准问责"来护航"精准扶贫"的方案。他们制定务实帮扶方案,做到精准到户到人。在建档立卡复核的基础上,把每一户每一人的情况核准查实,认真分析每户人家贫困成因,做到实、细、准。针对致贫原因,形成具体的帮扶措施,并且精准到人,一个贫困户几口人,每个人能采取什么措施都要清清楚楚,形成一家一户明白卡。这些措施皆表明环塔里木地区在精准扶贫方面做了大量工作。总体而言,各地政府基本都遵循了以下四个方面。

第一,精准识别。扶贫的前提是对辖区内人口的经济情况进行摸底,精确识别出贫困人群。为此,喀什地区政府组织各级工作人员进驻乡村,组成工作组积极排查识别,然后将其分类扶贫。比如把村内无劳动能力或丧失劳动能力且满足低保条件的人员,列入最低生活保障范围,确保应保尽保;对于因重大疾病、意外事故以及自然灾害导致生活特别贫困的人员,以临时救济的形式予以帮扶救济,帮助特困户渡过难关。再以建档立卡数据信息复核为契机,对全区建档立卡的贫困人口进行贫困户家庭实情、扶贫系统数据、公安户籍信息"三比对、三见面",全面精准识别、核查,对复核出的问题进行纠错、补项和完善等。

第二,精准管理。为了实现精确管理,各地方政府建立贫困人口档案卡片,对贫困农户进行随时跟踪。如巴州扎实做好建档立卡信息完善工作,确保结对帮扶。阿克苏地区也为贫困家庭建立档案卡片,对档案中的贫困人口进行专项管理、专项要求。具体做法是先让贫困人口自愿报名参加由政府组织开办的各项就业扶贫培训班,然后将报名参加的贫困户进行建档立卡,对相关人员从基本素质、岗位技能和扶贫项目等方面进行相关技能培训,保证贫困家庭至少有一人能掌握一门就业技能。为了防止精准扶贫中出现不良现象,各级纪检监察机关严查并治理扶贫领域的腐败和作风问题,巴州设立机动式的巡察小队,利用机动巡察"小队伍、短平快、游动哨"的优势,及时发现,及时处理。针对重点人群、重点扶贫资金和重点项目,按照一听、二看、三查、四找、五问的要求,深入基层排查,积极寻找相关问题的根源,制定相应的措施加以解决。

第三,精准施策。在精准识别贫困户和完善精准管理体制的情况下,各级政府还针对不同贫困户、不同地区实施精准的政策。主要包括两个方面。

(1)加大资金的精准投放。如新和县政府,筹集专项资金,定点帮扶32个重点贫困村的870户贫困户,计划努力帮扶80%的贫困人口实现脱贫,使人均年纯收入增加1000元以上。在该县琼托格拉克村的870户贫困户中,有意向发展庭院养羊的320户牧民,给每户投资9760元,为他们免费发放8只母羊;对有意向发展庭院养鸡的550户贫困户,每户投资3000元,免费发放409公斤精饲料和300只鸡苗①。自2016年以来,阿克苏各级党政、企业和社会各界共投入扶贫资金、物资达27141万元,各级干部带头包联贫困户6万余户,帮扶干部达74613人②。

(2)精准对接。为了使贫困户能及时了解情况,各级政府皆发动本地各级部门中的工作人员,划分片区,划分人口,各负其责,把干部和贫困户直接对接。由于这些驻村干部长期与贫困户接触,对他们十分了解,所以能对症下药

---

① 仲玮.新和实施精准扶贫战略[N].阿克苏日报(汉),2015-05-21(004).
② 张婧.地区瞄准贫困"病根"实施"靶向治疗"[N].阿克苏日报(汉),2017-10-17(001).

地制定出扶贫的对策和计划。例如阿克苏地区人社局结合温宿县阿克布拉克村的实际情况,制定了阿克布拉克村旅游发展的相关规划及阿克布拉克村脱贫攻坚的计划,根据精准扶贫的工作要求,推进"旅游+扶贫"工作,带动农牧民增收就业。鉴于村技能人才缺乏的现状,驻村工作组发挥部门的职能优势,投入专项资金,对旅游从业者开展旅游服务技能培训,并为他们系统讲授服务礼仪、职业道德和民族特色餐饮制作等。通过学习培训及职业技能鉴定的学员最终将取得国家职业资格证书。这一举措为提升旅游服务水平、拥有一技之长的外出务工人员提供了技能支撑。为破解村干部及村民双语水平差的难题,工作组对村干部及旅游从业者开办双语夜校培训班,坚持"管用、易学、注重实效"的原则,采取定时授课、定期测试的方式,确保学习效果①。2018年阿克苏地区县政府组织人员对喀拉塔勒镇托万克乔纳村进行前期调研。调研后,确定村中有7户29人为贫困人户,导致他们贫困的原因主要是缺乏耕地和技术,在经济来源单一的情况下,有相当一部分原因是因病致贫、因病返贫。为此,阿克苏市规划局将干部派遣至此,组织驻村工作队进行帮扶。驻村工作队进驻后,又仔细对每一户贫困户进行分析,制定了切实可行的脱贫措施,做到"一户一策"精准帮扶,在驻村工作队的努力下,经过近一年的实际帮扶,实现了预期的目标②。

在精准对接上,不仅有各级部门的工作干部对接,还发动辖区内的企业与各村进行精准对接。为了调动社会力量进行扶贫工作,2017年阿克苏地区推进了地区民营企业"百企帮百村"的精准扶贫和精准脱贫行动,确定了扶贫龙头企业和帮扶商会,分别对接帮扶了多个贫困村。经过一年的实施行动,至2018年,有10家旅游企业与10个贫困村签订帮扶协议。这10家企业分别是阿克苏康辉大自然国际旅行社、沙雅县太阳岛景区、温宿托木尔大峡谷景区、阿瓦提县刀郎部落景区、乌什燕子山景区、阿克苏多浪河景区、温宿县天山神木园景区、库车天山神秘大峡谷景区、新疆现代特油科技股份有限公司阿克苏石化分公司以及新和县沙漠花海景区。他们对接帮扶的贫困村分别是:乌什县前进镇托万克喀尕尔吐尔村、托依堡勒迪镇克其玛塔村、博孜墩柯尔克孜民族乡尤喀克买里村、塔木托格拉克镇英买里村、亚科瑞克乡亚科瑞克村、阿依库勒镇萨依买里村、吐木秀克镇尤喀克斯日木村、阿格乡康村、柯坪县玉尔其乡

---

① 任红芳.旅游+扶贫、放飞致富梦[N].阿克苏日报(汉),2016-09-07(002).
② 董成忠.精准帮扶促脱贫[N].阿克苏日报(汉),2018-11-06(001).

阿热阿依玛克村以及依其艾日克镇加依村。上面10个企业除石油公司外，其他9个都是旅游企业，可以看出，发展旅游是精准扶贫的重要策略之一，旅游开发对于精准扶贫具有重要的意义。

第四，精准脱贫。精准扶贫的最终目标是使广大贫困群众脱贫，但是在有些地方，由于各种原因，出现了虚假脱贫的现象，使那些实际上还没达到脱贫的群众被人为地脱贫。为此，政府为了防止这一现象，在前期建立贫困人口档案卡片的基础上，实时进行监督。如巴州在2017年就提出实行"差别化扶持、精准化帮扶"的方针，防止人为脱贫、虚假脱贫等现象的发生。

三、非物质文化遗产旅游开发与精准扶贫

自2011年12月《中国农村扶贫开发纲要（2011—2020年）》中首次提出"大力推进旅游扶贫"，至2016年，国家多次颁布有关乡村旅游与扶贫的文件①，有关乡村旅游与扶贫之间的关系不仅各地方政府积极探索，学界对有关精准扶贫与乡村旅游问题也进行了研究。环塔里木地区各地方皆对旅游与精准扶贫积极探索，如2018年克州召开旅游脱贫攻坚推进会。会议强调，要深入贯彻以人民为中心的发展思想，以增加农牧民就业提高收入为目标、以景点景区为依托、以发展乡村旅游为抓手，发挥好特色旅游资源的优势，激发贫困村内生动力，全力做好旅游脱贫攻坚工作，真正把旅游产业打造成脱贫攻坚产业和富民发展产业。要提高政治站位，科学规划旅游脱贫攻坚工作，各县（市）、乡镇、相关部门要结合各自实际，切实聚焦具有旅游资源、具备旅游发展条件的贫困村，主动指导、科学指导贫困村旅游资源的利用、旅游产品的开发、旅游品牌的建设，根据贫困村目前的脱贫进展和旅游发展实际，因地制宜、精准施策。要尽快规范重点景区的管理和运营，充分发挥贫困村贫困农牧民的主体作用和调动他们的内生动力，引导组织贫困农牧民参与到旅游中来并受益。此说明，地方政府对旅游发展在扶贫中的重要意义有着十分清醒的认识。对此，各地都开展了大量的工作。

（一）旅游开发与精准扶贫

旅游业是环塔里木地区的支柱产业，因此，各政府都利用这一优势和特点

---

① 郑岩,宿伟玲.我国推进旅游扶贫工作的相关政策文件解读[J].农村经济与科技,2017,28(24).

将旅游业和扶贫工作结合起来,实施"旅游+"战略。如阿克苏地区在 2016 年把区内自愿参加旅游培训与建档立卡的贫困人员组织起来,跟贫困乡村中从事旅游服务业的人员一起加以培训。采取多样的培训方式和培训内容,针对不同的人员,根据不同的条件,培训人员可以采取入户指导、班级授课、现场讲解等方式,其培训的内容包括职业技能、经营管理等。除培训人员外,阿克苏地区政府还会选择一些当地资质好、信誉较高、业务能力较强的培训机构作为旅游培训的定点机构,专门为本地区的旅游从业人员提供培训服务。对于已经开办经营的服务单位,阿克苏地区政府积极指导,同时加快区内农家乐、度假村以及风景园的建设工作。阿克陶县也积极开展精准旅游扶贫的工作,在政府的指导下,积极发展乡村旅游,以市场为主体,制定出"企业+基地+农户+产业+旅游"的新模式。该模式的基本思路是以旅游带动产业,以产业发展旅游,以产业促进就业,以就业实现脱贫。巴州政府也从旅游开发方面进行精准扶贫工作。巴州拥有丰富的旅游资源(包括文化旅游资源),州内的 38 个贫困村、7.94 万贫困人口所在地区大多是旅游资源相对丰富的地方。因此,当地充分开发利用旅游资源促进贫困地区的发展,让贫困群众早日脱贫。

乌什县亦是如此。从 2017 年开始,乌什县率先探索乡村旅游发展与精准扶贫有机结合的新模式。县政府为了把当地的旅游资源与精准扶贫结合起来,大力发展各景区内的服务业,如利用农家乐的餐饮服务吸纳贫困人口就业,促进脱贫。为此,乌什县政府计划每年向农家乐投资 120 万元,其中扶贫资金 30 万元,旅游项目 30 万元,各乡镇选出资金雄厚的企业作为经营业主投入资金 60 万元。将三类资金统一后,集中在各个有旅游景区的乡镇内,新建了 5 家农家乐,对 4 家农家乐进行改建、扩建。以该县的前进镇托万克喀尕吐尔村为例,该村是自治区级深度贫困村,全村有贫困户 183 户共 769 人。该村旅游资源丰富,紧邻托什干河,是乌什县旅游北环线的重要节点。为此,自治区工商联驻托万克喀尕吐尔村的"访惠聚"工作队精准施策,通过"政府+合作社+贫困户"的扶贫模式,在村里大力发展乡村旅游合作社,带动村民在家门口增收致富。

克州在旅游扶贫方面,也是以"旅游+"战略促进就业,以就业促脱贫的思路展开的。与其他各县市一样,首先对相关贫困户进行旅游方面的培训,设立旅游扶贫试点村,纳入新疆万人旅游培训计划,力争做到"培训一人、就业一人、脱贫一人"。在此思想的指导下,克州境内的各县积极响应,分别制定出不同的具体措施加以实施。如阿图什市在哈拉峻乡阿亚克苏洪村进行投资,建造农家乐项目;乌恰县依托抵边村打造农村基础设施扶贫项目并实施景区农家乐,于 2018 年 7 月份夏季草场转场前全部安装到位并投入使用,同时加大农家乐、牧家乐改造升级。

(二)非物质文化遗产旅游开发与精准扶贫

非物质文化遗产旅游开发也是旅游开发中的一部分,地方政府在提倡旅游开发以实现精准扶贫的过程中,不可避免地会涉及这一问题,因此,笔者仅略举几例,以兹说明。

新疆维吾尔族人的餐桌上有一种美食就是"馕",但是各地的具体做法又不太一致。其中柯坪县的维吾尔族恰皮塔(薄馕)制作技艺被列为自治区级的非物质文化遗产,由此制馕技艺成为受到保护的非遗项目。虽然其他地方的制馕技艺没有被单独列入非遗名录,但其制作技艺仍然可视作一种非遗来看待。在若羌县,大部分村民都掌握打馕的技艺,但是销售方法不得当,很多群众无法利用这一特色美食赚钱脱贫。如该县的贫困户阿布都热黑木·斯迪克就是如此。他是铁干里克镇亚喀吾斯塘村的村民,由于夫妻都患有心血管疾病,而且儿子身有残疾,致使家中经济拮据。为了脱贫致富,阿布都热黑木·斯迪克利用打馕的技艺,在自家搭起馕坑,做起打馕生意。然而由于销售渠道少,销路并不好。二师铁门关市的驻村工作队在帮扶过程中,了解这一情况后,为他购置机器,并教他如何通过微信、微博等平台对外销售。外来旅游的游客,通过网络平台了解到他销售馕的信息,因此销量大增。如今,他每天有几百元的收入。

温宿县的阿克布拉克村也拥有天然的旅游资源优势,该村位于天山托木尔峰自然保护区内,是多个旅游景点的交汇处。这里不仅环境优美、气候宜人、风景如画,而且民俗风情浓郁,是旅游休闲度假的好地方。对此,驻村工作组结合游客的心理需要,准确定位旅游市场,因地制宜提出以原生态和民俗风情为主题,引导该村村民经营牧家乐,将该村打造成一个感受原生态牧区文化、欣赏牧区风光的避暑胜地。在该村内,他们创建了环天山托木尔景区旅游大本营,不断丰富旅游项目,将原来的原生态一日游向多日游发展。为了延伸旅游时间,增加旅游附加值,他们充分利用当地的民俗文化以及当地特有的非物质文化遗产,将它们融入旅游中。如游客到来后,引导他们品特色美食,着民族服饰,吃住在牧家,让游客真切体验当地的民俗风情。在此期间,他们还组织举办独具特色的斗鸡、赛马、斗羊、叼羊及斗狗等传统的民俗活动,突出当地维吾尔族、柯尔克孜族的原生态民俗文化。这一旅游品牌的成功树立,是"旅游+扶贫"的一个成功案例。该村旅游业兴起后,由传统的农牧业成功地转向了旅游业。同时还发挥自身的示范效应,带领周边的村落共同发展旅游业,从而为这里的贫困人员提供了就业机会。

以上的事例表明,非物质文化遗产作为旅游开发中一个极具特色、极富吸引力的资源,对于精准扶贫具有重要意义。

四、非物质文化遗产旅游开发在精准扶贫中的效果

在"精准扶贫"方针的指导下,环塔里木地区各级政府在扶贫中取得了不错的成绩。截至2017年,喀什地区针对不同贫困类型和致贫原因的贫困户建档立卡,实施不同的脱贫政策,取得了很好的成绩。通过发展旅游产业、提质增效,解决了50余万的村民农民脱贫;通过转移就业、教育培训,解决了20多万人脱贫;通过搬迁换地方的形式脱贫5万余人;通过生态保护、通过政策依次解决3.74万人脱贫和37.16万人脱贫[①]。巴州通过一系列措施,在2014年至2015年累计减贫7838户23281人,两个贫困村达到贫困退出验收标准[②]。2016年全州又有17个贫困村、2.66万贫困人口通过了脱贫核查验收。但是,这些成绩的获得,非物质文化遗产旅游开发在其中扮演了怎样的角色?精准扶贫又具有什么样的意义?两者的结合在贫困群众脱贫中占有怎样的分量?由于没有获得相关数据,笔者仅能以自己所观察和采访到的信息得到感性认知。下面以阿合奇县的非遗小镇为例加以说明。

阿合奇县柯尔克孜非遗小镇位于佳朗奇新城西段,占地面积1.5平方千米,距老城区7千米,这里依山傍水,原野宽阔,地势平坦,是柯尔克孜民俗文化荟萃之地。

在精准扶贫的政策下,阿合奇县水利局的工作人员被派到这里,成立了扶贫工作队。驻佳朗奇村工作队根据这里的特点,利用当地的非遗文化,着力调整产业结构,重点打造特色旅游产业。在这里体现了柯尔克孜族的民风民俗和展示了原生态的柯尔克孜族村落原貌,实现了玛纳斯文化、猎鹰文化、库姆

---

① 王志恒.5年让121万人脱贫:喀什是怎样啃"硬骨头"的?——我区脱贫攻坚工作综述[N].喀什日报,2017-10-17(008).
② 张慧疆.全州两年累计减贫7838户23281人[N].巴音郭楞日报(汉),2016-07-20(001).

孜艺术、柯尔克孜刺绣和毡绣等民族优秀文化的保护传承,在这里可以充分体验到浓厚的柯尔克孜民族风情。2013年,工作组制定了阿合奇县柯尔克孜非遗小镇的景区修建性规划并编制规划方案,随后通过了自治区级专家对该规划的评审。按照规划方案,在无锡市的援助下,总投资5600万元,当地政府于2014年6月以开展整村打造为目标,以"统一规划、统一建设"为原则,因地制宜、因人而异、制定一户一方案,房屋的建筑风格既保持整体统一,又各具特色,外联道路及景观道路相互交错,使其具有世外桃源般的宁静与祥和。该小镇早在2014年就成为克州唯一一个入选的特色村。这一项目被列入2015年新疆旅游新业态100个重点项目名录,成为克州唯一一个旅游重点项目,同年又被国家旅游局授予"中国乡村旅游模范村"称号。

  为了使猎鹰活动更系统化、科学化,形成传统风格,建立完善管理制度,培养合法传承人,阿合奇县成立了"阿合奇县猎鹰协会",着力擦亮猎鹰文化靓丽名片。在江苏无锡的大力援助下,阿合奇县非遗产业园"柯克乔库尔文化村"主体已完工,新建的猎鹰场看台、放鹰台、猎鹰展示馆等将为猎鹰狩猎表演提供完善的基础设施。同时,为体现当地的文化特色,阿合奇县专门为村里的"非物质文化遗产"传承人(库姆孜制作艺人、驯鹰艺人、玛纳斯艺人)建好房屋,打造柯尔克孜风情街坊。这既为非物质文化遗产传承人制作手工艺品提供便利,也为游客体验原汁原味的柯尔克孜特色民俗风情做出了努力,有力促进了文化旅游的传承发展。不仅如此,当地还围绕文化村,大力发展包括库姆孜、刺绣、猎鹰赛马在内的合作社,使来此旅游的游客能深入了解当地的民族文化。这样就形成了一个比较完善的产业链,不仅能让文化村里的村民致富,同时还能带动周边村庄的经济发展。

  随着非遗小镇(民俗文化村)知名度越来越高,来此观光旅游的国内外游客越来越多,从而将村中乃至周边的群众带动起来。卡力地别克·俄罗斯木原来是村中的贫困户,以放牧为主,但经济来源很少,家里两个孩子,负担很重。如今,游客的大批到来,为他选择另外的谋生之道提供了机会。在驻村工作队的帮扶之下,卡力地别克在自家开起农家乐,出售自己家养的羊和产的马奶,品质纯正、口感极佳,深受外地游客喜欢。既是村书记也是工作队队长的肉孜阿力·阿赛克向笔者介绍说:"我们的农家乐,所用的原料都是纯正的土特产品,所用肉类都是农民自己养殖的家禽,无任何饲料添加剂,因此,做出的菜非常可口。正是因为这个,很多游客都对我们的饭菜情有独钟。大批游客来此消费,能不增加村民的收入吗?"有工作队队员根据村内一家农家乐的收入推算,当地每家农家乐一年大约可以盈利6万元。同时,一家农家乐可以解决4~6个人的工作问题。目前该村的8家农家乐一共解决了43位贫困村民的工作问题。村中的贫困户居马布比·别尔地巴依也是在该村被开发为文化村后脱贫的。他家原来只从事放牧业,经济来源少,经济贫困。在该村被开发为非遗小镇后,大量游客的到来,为他开民宿提供了客源,目前,他们一家依靠民宿收入,生活水平改善了许多。

虽然我们无法获得精确的数据,但是上述受访人的陈述足以证明,当地政府正是在驻村工作队来了之后,根据当地丰富的非物质文化遗产的实际情况而提出方案才将这里打造成一个非遗小镇。在这里,非物质文化遗产旅游开发与精准扶贫显然实现了完美结合,两者缺一,都不可能实现。由此,我们可以看到精准扶贫方针在非物质文化遗产旅游开发中的重要作用。

五、精准扶贫视野下非物质文化遗产旅游开发的不足

从以上的论述中可以看出,环塔里木地区的各地政府,在旅游+(精准)扶贫的模式下,取得了一定的成绩。但是,如果严格按照精准扶贫的理念来审视这一工作,扶贫还存在着诸多不足。比如某些地方,对于是否是贫困户还没有做到精准识别;在管理过程中,尤其是扶贫款的管理还会出现漏洞,无法真正完全地体现党和政府的政策效能;在实施政策中,有些驻村干部因为各种原因不能真正了解贫困户的真正需求,不能提出有效切实的针对性办法,仅仅依靠扶贫资金象征性地慰问。以上种种不足,对于精准扶贫理念的体现和意义,在非物质文化遗产旅游开发中都打了折扣。究其原因,除人为因素外,也有客观的外在因素。

非遗的旅游开发的确在环塔里木地区产生了巨大的经济效益,但利润如何分配,目前还没有一个比较周密的方案。比如门票收入的使用,如何管理,如何监督,用于扶贫的部分有多少,发给谁?发多少?目前都没有制定出细则。这也是本课题无法估算出非物质文化遗产旅游开发在惠民中具有何种程度和效果的重要原因。因此,从精准扶贫的角度看,非物质文化遗产的旅游开发所产生的经济效益以及由此对惠民的影响,还有许多工作要做。

第六章
环塔里木地区非物质文化遗产旅游开发与惠民存在的问题及建议

从前五章的论述中,我们可以发现,环塔里木地区非物质文化遗产数量多、种类丰富、级别较高,具有很高的旅游开发价值。当地政府也正是利用这一特点,积极的对之进行旅游开发。非物质文化遗产连同当地的其他旅游资源一起为当地的经济发展提供了活力和动力,并成为当地的支柱产业。同时,在党和政府扶贫、脱贫的政策指导下,结合当地贫困人口众多的实际情况,当地政府也纷纷提出"旅游+(精准)扶贫"的模式,将旅游开发中所获得的经济效益与扶贫、脱贫结合起来。这一结合取得了良好的效果,其中尤其是对非物质文化遗产的开发,不仅实现了经济惠民,还赢得了文化惠民,同时在旅游开发中进一步保护了当地的非物质文化遗产。

上一章从精准扶贫的视角审视了非遗开发对惠民的效果,指出在取得成果的同时,也存在着诸多不足。本章从整体上对此问题进行专门探讨,集中讨论总体存在的问题并提出一些建议。

第一节 环塔里木地区非物质文化遗产旅游开发与惠民存在的问题及其原因

总体来看,环塔里木地区的非物质文化遗产旅游开发给当地居民的确带来了许多实惠。然而,深入基层后,却发现也有一些不足和隐忧。综合起来,可以从两大方面来分析。

一、经济惠民中的不均衡、不合理

非物质文化遗产中蕴藏着很高的经济价值已是不争的事实,但是如何将这些经济价值合理、有效、全面地挖掘出来,再将其中的一部分切实地惠及人民则是一个需要认真对待、长期思考、合理规划的问题。要解决这些问题,需要经过实地调研、全盘考虑、长远规划才能实现。然而,环塔里木地区,地理位置偏远,交通、教育、通信等条件与发达地区差距较大。这里经济落后,贫困人口多,居民文化水平普遍不高,都加大了解决上述问题的难度。而非物质文化遗产的旅游开发,时间并不长,目前还没有形成一个成熟的方案,一些开发的项目中,相关的管理和配套设施都没有完善。因此,在惠民方面出现了不均衡、不合理的现象,主要由以下几个具体的原因。

(一)地理环境的制约

环塔里木地区面积辽阔,地理环境干燥,交通十分不便利。据笔者观察,这里虽然非物质文化遗产丰富,但是能够打造成像阿合奇县科克乔库尔民俗文化村的地方并不多。环塔里木地区的大多数乡镇,目前并未得到开发,有些即便开发了,游客也不多。如温宿县博孜墩柯尔克孜民族乡阿克布拉克村,目前已开发为一个以地方非遗为主题的文化景区,但游客量远远不如科克乔库尔民俗文化村。因此,很多贫困山区虽然风光秀美、环境宜人,非遗资源也很丰富,但由于交通、信息、基础设施等条件的限制,不利于旅游开发。有的地方即便开发,也会因上述条件所限,加之宣传不力、相关配套设施不完善,很难吸引游客和旅游企业的驻足。对此,一些地方政府也积极想办法,给予资金和人力的帮助,不断改善当地的交通、住房等基础设施,积极提升贫困人口的生活水平,但如何将非遗旅游所产生的惠民福利更好地覆盖这些地区还需要仔细思考。

(二)村民参与性不强

非物质文化遗产旅游开发所产生的惠民效益,除拿出资金直接帮扶贫困村民外,更多的实惠是在村民参与的情况下才能显现出来。旅游产业具有综合性强、关联度高、产业链长等特点,非物质文化遗产的旅游开发,带动了一批当地的其他产业,如农副产业、传统手工业、住宿业、餐饮业等,使当地的农副产品、手工艺品进入商品市场的流通领域,让从事相关产业的人员从中获得非遗开发所带来的实惠,也推动了当地经济发展水平的全面上升。然而,当地村民的参与性不强、参与度不高却是一个普遍存在的现象,综合起来,主要是由以下几个因素造成的。

第一,非遗旅游开发项目前期需要巨额资金支持,但多数地方资金短缺。资金是非遗旅游开发中的重中之重,直接影响到旅游开发的效果。环塔里木地区的各县市普遍存在资金短缺的现象。一方面,非遗旅游的开发本身就需要资金的大量投入。这一点对于环塔里木地区尤为明显。因为大多非遗产生并存在于偏远的山区乡村中,因为历史原因,一些乡村的基础设施还很落后。因此,要把这些地方打造成以非遗为主题的旅游景点,首先是要把当地的基础设施建设好。如道路状况、住宿状况、餐饮状况、通信状况都是首先要考虑的,游客们对这些十分的关注。然而,要想把相关设施建设好、完善好,需要投入大量的资金。另一方面,对非遗进行旅游开发,需注意如何开发、如何利用。这需要聘请专业的团队进行项目规划和设计。项目从规划到通过论证,期间需要较长的过程,有时经过论证可能还会得出不宜开发的结论。这种实际情况,让一些财力小的企业望而生畏。此外,当地政府的融资能力还比较薄弱。从环塔里木地区现有非遗开发的情况来看,各地州政府用于投入非遗旅游开发的资金主要来自地方财政,其余一部分来自国家专项扶贫资金,一部分来自其他各省市的援疆资金,还有一部分来自招商引资的社会资金。前三项资金来源是固定的,也是有限的,只有招商引资的社会资金是不固定的。但是招商引资并不容易,需要地方政府对企业的生存发展提供良好的平台和投资环境。然而,很多地方政府并没有掌握好相关的度,并未充分调动企业的积极性,不能让融资多元化。因此,单靠前三部分的资金无法满足非遗开发的需要。非遗旅游开发不能有效展开,就谈不上非遗旅游开发惠民了。

第二,农村劳动力缺乏影响了非遗旅游开发惠民的落实。由于传统的原因,这里的山区乡村收入来源单一,收入普遍不高。随着城镇化的发展,很多青年纷纷流向城市务工,村中留下的大多是留守老人和小孩,农村人口年龄分布不合理。除此以外,如果要对一个村镇的非遗资源进行开发,就需要当地人的配合,很多非遗项目和与之相伴的服务行业都需要具有一定知识和能力的人来完成。由于村中多数青壮年劳动力的流出,非遗旅游开发所需人力资源不足。这也给非遗旅游开发惠民带来了不利影响。

第三,村民素质不高,参与意识不够,制约了非遗旅游开发。由于国家对

"旅游精准扶贫"思想的倡导,全国各地都掀起了利用旅游开发来实施精准扶贫。其中,对非遗的旅游开发占有重要的比例。但是与其他历史文化古迹以及自然风景的旅游开发相比,非遗的旅游开发工作难度要大得多。这除了有保护难度较大的原因,还与村民的参与度不高有很大关系。首先,非遗旅游开发需要非遗传承人的配合才能完成。但是出于各种原因,即便是在保证其经济利益的前提下,有些非遗传承人也不愿意配合,这与传统时代对某项技艺的不外传有关。因此,一些传承人囿于传统思想的束缚,不愿意配合旅游开发工作。其次,非遗旅游开发还需要当地村民的密切配合。因为非遗的产生和存续都需要生存土壤空间,离开这些土壤,非遗就不完整,也不是原汁原味的了。除了非遗项目本身,一些开发的非遗主题景区如文化村、民俗村,都需要当地村民的配合才能完成。然而,有些村镇因地处偏远,村民对非遗旅游开发的认识不足,认为事不关己,导致在旅游开发过程中不积极配合。再次,在已经开发的非遗景区,有些村民或从事与旅游业相关的人员对服务行业的性质认识不清,常常出现"宰客"的现象,严重损害了当地的形象。最后,有些景区内的村民并没有利用好非遗旅游开发所带来的商机,往往是把房屋租出去,拿租金而已,并没有把旅游业变"输血"为"造血"。以上这些现象在一定程度上影响了非遗旅游开发的进程和惠民政策实施的效果。

第四,非遗旅游开发中所产生的利润分配不合理。目前环塔里木地区的非遗旅游开发项目除其他省市支援开发外,大多都是在政府主导下,通过招商引资后,让一些旅游公司参与的。这些旅游公司投资的根本目的是获取利润,因此,非遗旅游开发中的多数利润被旅游公司所截留,用于村民身上的部分并不多。加之地方政府对于这些利润的走向、使用,缺乏一个系统的监督体制,也造成利润分配上的不合理。这些问题的出现也是导致部分村民对非遗旅游开发持漠然态度的原因。

(三)部分地区非遗旅游业发展滞后

首先,环塔里木地区在非遗旅游开发上步调不一致、不均衡。纵观两州三地区,开发最好的是克州对《玛纳斯》、驯鹰的开发。其成功的表现就是科克乔库尔民俗文化村的打造。其次,对非遗项目本身开发的不均衡。目前开发的仅是一些世界级和国家级中的个别项目,自治区级的非遗项目涉及很少,即便开发,也投资不多。这种现象导致非遗的旅游开发在惠民过程中效果不明显。以非遗开发利用最好的克州为例,据克州扶贫部门数据显示,在 2018 年至

2020年产业发展带动脱贫项目中,全州依托旅游带动脱贫的仅有529户贫困户,所占比重微乎其微,因旅游产业发展基础薄弱、重点旅游景区开发程度尚浅、非物质文化遗产旅游基础设施及配套服务建设滞后、贫困农牧民受资金限制、旅游发展参与难度大等因素的制约,推进旅游脱贫困难重重。整个旅游业尚且如此,非遗的旅游开发更是少之又少。

旅游市场尚未成熟,抵御风险能力较弱,也是部分地区非遗旅游开发惠民难以充分开展的原因。从上面的分析即可发现,无论是非遗旅游开发,还是非遗旅游开发所要惠及的人群,很多都是在偏远落后的地区,往往越偏远,非遗资源越丰富,人口也越贫困。这些乡村非遗虽然丰富,但开发后因为经验不足,抗风险的能力也比较差。其表现在三个方面。第一,对于非遗本身的性质和旅游规律的认识不足。非遗资源不像其他资源,它具有自己独特的性质,游客对于非遗旅游项目的需求心理与其他景点也不同,但有些旅游开发公司和当地政府不能设计开发出符合非遗自身性质和市场需求的非遗旅游产品。第二,缺乏自身品牌特色。乡村非遗旅游的开发,很多是雷同的,照搬照抄,缺乏新意,而且在非遗开发中商业化过于明显,失去了非遗的本真性,没将非遗中原汁原味的特色凸显出来,打不出品牌,对游客的吸引力较差,缺乏市场竞争力。第三,部分地方政府虽然看到了非遗旅游开发给扶贫工作带来的益处,却过分依赖这种模式,将当地经济发展的任务也完全寄托于旅游产业。显然,这种过度的依赖也往往导致非遗旅游开发不堪重负。

(四)非遗旅游开发与惠民未能有效融合

从前面的论述看,在"旅游+扶贫"的模式下,环塔里木地区的各地政府虽取得了一些成绩,但非遗旅游开发与惠民是否能完全融为一体呢?换言之,非遗旅游开发所产生的经济效益,惠及群众的程度到底有多大呢?这是本课题的核心问题,笔者虽缺乏准确的数据,但经过走访调查还是发现了一些不足。

首先,在非遗旅游开发与惠民问题上,政府部门还有许多问题需要处理。第一,对那些进行非物质文化遗产旅游开发的企业监督不够,包括企业的经营管理、税收、利润等,尤其是对资金的监督跟惠民有很大关系。如利润如何分配,目前还没有一个详实周密的方案。

其次,在开发非遗过程中,企业家的才能发挥不足,旅游产业开发技术落后。第一,非物质文化遗产是一种比较特殊的资源,在旅游开发中需要专业的人员进行项目的设计规划,唯此,才能充分发掘出非遗中的文化价值,进而转化成经济价值。然而,很多旅游开发公司,在对其他旅游资源进行开发时较为熟悉,但一旦涉及非遗项目则束手无策,往往按照其他类型如自然风景、历史遗迹等资源的开发经验,照搬硬套地移置于非遗上,无视非遗的特殊性。这不仅不能将非遗作为旅游资源的价值充分挖掘,有时还会损害它的价值,不利于保护非遗,同时也破坏了非遗的本真性,而且还从根本上与惠民目标背道而驰。第二,在非遗开发中企业缺乏人才,不能有效地结合其他行业资源。以环塔里木地区较为常见的文化村或民俗村为例,大多是以某一个或两个非遗为核心主题,进而突出非遗的文化性、民族性和特异性。但文化村建立打造起来后,如何将周边其他的旅游资源结合起来,整体发挥其效能呢?如何以非遗为基础,引导当地村民从以农业为主,转向以非遗旅游为核心的第二、第三产业呢?这一点需要企业中有能力的人才制定出长远的规划才行。然而,就目前来看,除了一些开发较为成功的文化村外,其他的大多没能做到。很多都是简单地照搬模仿,不能因地制宜制定出完整规划。这样就无法将非遗旅游开发所产生的辐射效应更好、更充分地发挥出来。第三,一些旅游企业,目光短浅,急功近利,为了单纯谋取利益,使利润最大化,在非遗旅游开发过程中,往往不顾当地群众的利益,甚至侵害群众的利益。如一些企业仅仅关注非遗本身,并没有将非遗产生、生存的环境如房屋风格等放在心上。对一些跟非遗相关的传统建筑、林地等置之不理,让非遗显得不伦不类。更有甚者,部分企业在开发中,对当地群众的一些合理诉求和建议也拒绝采纳。如某些企业对村民所提出的以土地入股的方式,不予答应,而是仅仅一次性付清土地的使用费。这不仅打消了当地村民参与非遗开发的热情,而且还让村民的利益受到损失。

最后,在非遗旅游开发区,地方群众的知识和资金的缺乏也影响到了惠民效果。那些地处偏远、非遗资源丰富的地区,由于青壮年外出务工,出现村中"空心化"现象。因此,人才、劳动力的缺乏,不仅影响到非遗旅游开发的进程,同时也对非遗旅游开发的惠民效果带来不利影响。如在景区内开设的农家乐、民宿等相关行业,除了需要人力,对农家乐和民宿经营者的经营理念、管理能力、服务水平都有一定的要求。乡村居民往往对农家乐、民宿之类的服务业缺乏相应的知识和经验,如果企业经营不好,就不能充分发挥非遗旅游开发对周边村民的辐射效果。此外,乡村居民缺乏资金也是制约惠民效果的一个因素。非遗旅游开发的惠民途径之一就是带动周边产业的发展,从而增加就业,提高收入,但除上面所说的人力和人才投入外,还需要大量资金的投入。针对这些问题，当地政府也在积极想办法，通过开设培训班、筹集资金等方法加以解决，但是在短时期内，解决的只是一小部分。

二、文化惠民中的不平衡、不顺畅

非物质文化遗产作为一种文化遗产，不仅具有经济价值，而且也有很高的文化价值，这也是保护它的根本原因之一。这种文化遗产，如何惠及群众、丰富当地群众的文化生活、提升当地群众的文化素质也是地方政府执政的内容之一。尤其是包括环塔里木地区在内的南疆，少数民族众多，文化资源丰富，利用优秀的民族文化来熏陶、教育当地群众，有利于民族团结，维护社会稳定。对此，地方政府也十分重视，做了大量工作。然而，囿于各种原因，本项工作尚有诸多不足，综合起来有以下两大方面。

（一）文化基础设施不完善，文化传播途径和传播场所不足

尽管当地政府在这方面做了大量工作，但还是存在很大的不足。第一，环塔里木地区的很多偏远乡村，虽然架设了电线、通信光缆，但很多时候电视节目形式单一，信号也不稳定，对于非遗，电视宣传更少。第二，基层文化投入相对于其他方面低得多。目前对乡村文化的投资，主要集中在从事文化事业的人，如对非遗传承人的补贴。文化基础建设投入不平衡，投入的基础文化设施，基本在城镇和部分乡村中。大多数农村缺少例如书屋、文化室之类的文化场所。在组织的"非遗下乡"活动中，所涵盖的乡村范围不大，仅局限于部分场所。第三，对于一些已经投入使用的文化基础设施，如农家书屋、文化大院等，利用率也不高，原因在于相关管理人员的业务素质水平有待提高。如有些乡镇的管理人员，初中以下学历占一半以上，对于相关设备的维修、设备的监管都缺乏足够专业的技术。而对于一些文化大院等，相关人员的组织能力有限，即便组织起来，要么形式比较单一，大多是走过场，没有因地制宜、因人而异创作出接地气的作品；要么就是观看多次，缺乏吸引力，毫无新颖感。这种情况也导致了群众在文化活动中缺乏积极性、参与程度低。

（二）对基层文化设施管理不善，对非遗本身的研究和挖掘还不够

一方面，由于多头管理，各部门间的权责各有不同，对基层文化设施的管理没有形成一个完整的体系，无法让这些设施在非遗传播中充分发挥其作用。如有些地区在乡镇一级，文化干部归属于乡镇服务中心管，导致管理文化事务的人员不懂文化，外行指导内行。而乡村一级分属于各个部门，有很多文化场

所名称不一,导致重复建设。对于非遗的展览、演出,也没有制定出明确的制度。

另一方面,环塔里木地区非物质文化遗产具有多样化、种类多的特点,加上过去对非遗不够重视,使得非物质文化遗产的开发力度不高,特色丰富的非遗旅游资源没有得到充分地利用,缺乏产品,因此产品化未能有效地推动。当地群众缺乏对传统民族民间文化的保护知识,轻视了非物质文化遗产的前途,淡化了原始文化的特色。如果没有足够的资金投入开发,就难以有效挖掘出其中的精髓,非遗的惠民效果会大打折扣。从调查结果来看,在环塔里木地区非遗的数字化方面,一是文字材料缺乏,没有系统的记录,实施这一活动缺失资金,资金的不足影响了开发与抢救非物质文化遗产;二是没有建立有关非遗的教育体系,人们对非遗的认识、保护、传播和传承处于初步阶段。南疆地区各民族从事非物质文化遗产的专业力量不足,这种情况也会直接影响文化惠民工作。此外,由于一些旅游公司片面追求商业利益,迎合大众,往往会把非遗中最有价值、最有文化内涵的部分舍弃,这样让当地群众看到和体验到的仅仅是被"阉割"的非遗,这也严重损害了群众的文化利益。

(三)人员不足、素质不高

乡镇、村、社区的文化站、室(文化大院)管理员大部分为兼职,且学历不高。各县都建有电子阅览室,但管理员都不懂信息技术,不能满足信息服务、设备维修、网络监管的要求。在推动群众性文化活动、非物质文化遗产和文物保护方面,相关人员能力有限,适应不了需求。有些乡村文化工作者,甚至组织一般的文化活动都感到吃力。如此一来,很难真正深入挖掘出非遗中的文化价值,更难将这些文化价值传递给普通群众。

(四)乡镇文化活力不足,群众的参与程度不高

大多乡镇的文化活动不多,大部分活动集中在主要的几个节庆期间举行,平时很少有。活动内容仅停留在唱歌、下棋、扑克牌比赛等形式,文化产品供给不足,对社会主义核心价值观以及民族团结的主旋律宣传不够,没有充分发挥文化阵地的宣传、教育、辅导功能,农民群众日益增长的文化生活需求难以满足。

同时,受到文化知识有限等因素的影响,有些农民对参加文化活动兴趣不高,动力不足。就牧区而言,农区存在的问题牧区也都有体现。此外,还有一些特殊的困难:文化产业落后;许多非遗项目濒临灭绝,但其潜力还没有挖掘

出来;仍然存在着传统的意识,难以接受现代文化,严重制约了村镇文化事业的发展;牧区是科技文化落后、经济发展滞后、地方综合实力薄弱的民族地区,对文化事业投入十分缺乏,直接影响着文化的发展;广播电视"村村通"工程发展不平衡;技术力量薄弱等。

第二节 环塔里木地区非物质文化遗产旅游惠民的对策

目前对于非遗的旅游开发以及惠民,其主导权都在于政府,因此,政府的执政能力、执政理念直接决定了非遗旅游开发惠民的效果。因此,本部分主要针对政府来提出一些对策性的建议,以便于更好地开展非遗旅游惠民工作。

一、非遗旅游项目规划要统筹规划、科学论证、多方听取意见

非物质文化遗产是人们在长期的生活中所形成的具有特色的文化形式,具有不可复制性。随着社会环境的变化,许多非遗濒临消失,人们逐渐对非遗的保护予以重视。其中,对非遗进行适当旅游开发,是保护非遗的一种方式,但项目设计时需要慎重,此为其一。其二,非遗项目的旅游开发,主要开发的是其中的经济价值,而惠民则是非遗旅游开发的重要目的。如何让非遗在旅游开发中得到保护,如何将非遗带来的经济价值最大限度地惠及人民,需要听取多方意见、统筹规划、科学论证后付诸实施。综合起来主要有以下四点建议。

(一)项目规划前要统筹安排

非遗资源不同于其他旅游资源,有自己的特殊性和脆弱性,因此,在对非遗项目进行旅游开发前,要从全局对该项目规划做出长远的安排。主要包括以下几点。

第一,旅游开发不能破坏非物质文化遗产的原真性,不仅如此,还要有一套较好的对应策略,能在开发中更好地保护非遗。如考虑非遗放在哪个地方较为合适、采取什么样的开发形式等,都需要根据不同类型的非遗特征制定出相应的规划,即便是同一类型的非遗,由于内容不同、存在环境各异,都需要仔细考虑,不能千篇一律。

第二,从非遗传承人的角度考虑非遗旅游开发的可行性。无论哪一种非

遗类型,都离不开非遗传承人的积极配合。这就需要切实保障非遗传承人的经济利益和文化权益。经济利益是指在非遗旅游开发中,将其产生的部分利润划给非遗传承人,从而激发他们的参与性;文化权益是指在旅游开发中要充分尊重非遗传承人对非遗项目的话语权,对于非遗如何表演或制作都要听取传承人的意见,不能为了商业化需要而不顾传承人的意志任意篡改非遗内容。

第三,在对非遗进行旅游开发前,还要对开发的地点进行统筹规划。非遗旅游开发并不是单纯开发非遗这一项内容,而是往往以非遗旅游为主题,对周边以及相关的风景名胜、第二、三产业进行整体开发和系列开发。这就需要政府和旅游企业通盘考虑,在规划非遗项目的同时,综合考虑其他各项资源和产业,进行有计划、分步骤的开发。特别是要对开发地区的交通、通信、饮食、住宿、卫生等方面进行大力的建设改善。同时还要充分调动当地村民的积极性,让他们也成为该区旅游开发中的一员,以主人翁的态度投入开发当中去。

第四,在非遗旅游开发之后,当地政府还要建立起一套协调高效的管理机制。由于非遗旅游开发及其相关资源的渐次利用,会出现许多意料不到的问题。一旦发生问题,就需要各部门及时解决。在平时的运营中,各部门也要密切合作,对景区的各项工作、各个区域进行有效监督,及时听取企业的各项汇报。

(二)项目规划时要多方论证

非遗本身的特殊性,决定了非遗旅游开发项目的特殊性。非遗旅游项目的规划,不仅要统筹安排,还要在规划过程中听取各方意见,多方论证才行。笔者认为对非遗项目的论证要从以下两个方面着手。

第一,组织相关专家对非遗进行论证。对于一些口头文学类非遗,其中包含着丰富的文学价值,而那些表演类非遗,又是舞蹈、音乐中的精华。这些非遗只有专门从事研究的专家才最有发言权。他们长期对相关非遗进行调查研究,对于非遗形成的历史、发展脉络、内容、特点以及价值非常熟悉。某项非遗是否具有开发的价值,具有什么样的价值,哪些价值可以作为旅游资源加以开发利用,这些都需要相关研究专家们进行仔细论证才行。

第二,在非遗研究专家的论证基础上,还要组织旅游学相关专家将非遗中的文化价值与旅游业结合起来。如何把非遗中的文化价值开发为旅游资源进而转化为经济价值,这还要专门做旅游开发的规划公司和相关专家进行论证。在此过程中,还要对非遗开发的地点进行认真的选择。地点选择的成功与否,直接关系到开发是否成功以及后续的延伸开发。非遗的种类和级别,基础设施的完善,周围环境是否宜人,当地群众是否配合,是否有延伸开发的配套项目和空间,这些都是要考虑的问题。必须要在这些因素之间找出一个最佳结合点,才能达到最佳效果。地点选好后,还要深入乡村对当地村民和非遗传承人进行认真调研、宣传,在取得当地大多数人的支持后才能着手实施开发。

(三)非遗旅游开发要与其他要素密切配合、融为一体

非遗旅游开发要与其他要素紧密结合,才能形成广泛效应,否则将会出现"独木不成林"的现象。基于此,笔者认为,非遗旅游开发要与以下两个方面紧密配合。

第一,要与周围社会环境融为一体。所有的非物质文化遗产都是从人们的生活中产生的,其存在的理由也在于人们生活的需要。当非遗开发成旅游资源时,一定不能从人们的生活中独立出来,否则便会失去其独特的民族性和文化性,从而失去吸引力。以阿合奇县的科克乔库尔民俗文化村为例,它之所以能够成功,是因为将猎鹰这一独特的非遗仍然置入当地的群众生活中,并没有因为旅游开发而从根本上改变当地驯鹰打猎的传统。游客到此游玩时看到的就是人们的日常生活和猎鹰在人们生活中的原始状态。同时,这里的建筑和村里的整体面貌也没有被过分的现代化建筑所浸染,只是变得更卫生、更整洁而已。可以说科克乔库尔民俗文化村的开发是将非遗、自然、传统、产业和生活融于一体的成功案例。

第二,非遗旅游开发要与周边的其他旅游项目紧密配合,形成大片的旅游产业和富有特色、内容丰富的旅游路线。一个地区所拥有的旅游资源是丰富多样的,除非遗项目外,还包括历史文化遗迹和名山大川等其他人文和自然旅游资源。旅游业的经济来源除门票外,还包括游客在当地的吃、穿、住、行、购等几个方面的消费收入。为此,必须要扩大旅游区域和内容,这样才能延长游客在此地的旅游时间,增加游客在当地的消费。所以,非遗的旅游开发,要与这些人文、自然景区形成规模。或以非遗为核心、为主题,将其他因素嵌入进来,形成一个旅游产业整体;或将非遗旅游景区与其他景区连成一条旅游观光路线,将非遗景点、自然风光景点以及历史文化古迹景点融合进去。这样,可以让游客在一个地区得到不同的心理满足而不舍离开,延长消费时间,增加相关群众的就业,增加地方经济。

(四)完善招商引资机制,拓展融资渠道

非遗旅游开发是一项巨大的投资,不管是前期的宣传、规划和建设,还是开发后的经营管理以及后续的再开发,都需要持续不断地投入才能将非遗旅游开发做大、做强。但环塔里木地区的经济普遍不发达,当地财政收入不高,因此,若要大力开发当地的非遗旅游资源,必须要引入外部资金才能完成。要完成这一目标,笔者认为可以从以下几个方面实施。

第一,要制定出一个完善的招商机制,建立各级招商部门,专人负责。招商引资,关键是要"引"。如何引?到哪里引?引多少?这些问题都需要有一个完善的机制和统一的准则。从地区、自治州到各县市,冉到各乡镇,都要有专门负责招商的人员。前期要统一对外宣传好,让旅游公司看到当地旅游资源的巨大潜力和广阔的市场前景,这样大量资本才能吸引过来。同时,还要在政策允许的范围内以及不损害当地群众利益的前提下,给予投资者个人和企业更多的优惠政策,且这些政策要切实兑现,不能资本引来之后,因为人事变换或其他原因而不履行相应的承诺,这无疑会影响当地政府的信誉,从而让更多的资本望而却步。当然,对于一些企业或个人的资金是否能够进入到当地,还必须考察,对于那些信誉不好、经济实力弱的企业,即便有意愿投资,当地政府也不能同意,否则会给当地的非遗发展和群众利益带来损害。

第二,积极拓展融资渠道。习近平总书记在提到精准扶贫时曾提倡要发动社会力量进行扶贫,以惠民为目的之一的非遗旅游开发也应该响应这一号召。环塔里木地区作为新疆的一部分,国家为支援新疆经济发展,联系其他各个省市对口支援新疆的各个县市。这对于塔里木地区的各县市来说,是一个极大的机遇。当地政府皆可以利用这个平台,请支援省市广为宣传和联系全国各地的企业尤其是知名企业,前来投资。如和田地区就是利用这一优势,让自己的对口支援单位天津市帮自己招商引资。2016年,天津市就组织了"百家企业和田行"系列活动,在当年的和田玉石文化旅游节上,由于天津市政府的牵线搭桥,和田政府成功落地签约22个项目,这就是有效利用各种优势拓展融资渠道的案例之一。

二、非遗旅游开发要切实惠及群众

非遗旅游开发一旦取得成功,接下来的核心问题就是如何将这一开发活动所产生的红利惠及群众。上一节笔者已对相关问题做过陈述,那么如何更好地弥补这些不足,将经济利益切实惠及群众呢？笔者认为,我们不仅要从非遗旅游开发入手,同时还要考察当地政府和企业。

惠民政策是我国政府所实行的一项改善民生的重要政策,非遗旅游开发是实施这项政策的一条重要途径。因此在这一过程中,当地政府必须要有整个惠民政策的宏观视野,同时也要有对具体问题的具体执行。首先,当地政府要把非遗旅游开发作为实行的政策之一,将其置入一项公共政策范围内加以考量。公共政策是一项以公共服务为核心的措施,研究公共政策的学者认为,政府在公共政策中起着主导性的作用。要切实实现公共政策,不仅要以民为本,制定出切实可行的政策,同时在执行政策时,也要从人民的利益出发,这样才能让政策充分地运用于人民身上。公共政策的实质就是政府利用自己的公权力,将社会中的各项资源和社会价值再进行分配。戴维·伊斯顿对公共政策的观点是"对社会价值进行权威性的分配"。他解释说:"实质上,一项政策是不让一部分人享有某些东西而允许另一部分人享有它们。换句话说,一项政策包含着一系列分配价值的决定和行动。"[1]显然,政府的这一行为,分配的不仅仅是社会价值和资源,同时也包含着社会关系的调整,其中可能会损害某一群体的利益。因此,公共政策的执行注定不会一帆风顺,而是会受到某些方面的阻力,这是惠民政策难以执行的问题所在。政府在执行惠民政策的过程中,就是要将一部分人所创造的社会价值,通过税收等形式征集过来,然后通过一系列方法,分配给那些处于弱势的群体,以求达到一个更为合理的秩序,实现社会的和谐。而非遗旅游开发带来的社会价值也无例外,政府如何将这部分利益更好地惠及当地人民,需要审慎对待。针对环塔里木地区的现实,笔者认为可从以下几个方面做出尝试。

第一,当地政府在非遗开发之初,就应该制定出一个有利于惠民的合适方案。在对非遗进行旅游开发之前,要对当地群众的利益诉求进行详细的调查,其中包括非遗传承人和非遗开发所在地的乡村群众。在调查研究的基础上,结合企业的发展需要、非遗的特点,制定出一个可以满足各方利益需求的稳妥方案。

第二,在非遗旅游开发后,按照制定的方案切实执行并在执行中针对一些不合适的条款及时调整。这一过程中有三个方面需要注意,首先是各级政府

---

[1] （美）戴维·伊斯顿著,马清槐译.政治体系——政治学状况研究[M].北京:商务印书馆,1993.

中的相关管理人员。强调各级管理人员要认真负责，以人民利益为最大出发点，各部门要紧密配合，明确职责，高效认真。对于每一个景区、景区中的每一个部门都要有专门的人员进行管理监督。这里面要处理好两重关系，一是相关责任人和上级领导之间的关系。当相关责任人在工作中发现问题并汇报给领导后，领导要及时按照规定给予协调解决，而且领导要给相关责任人以适当的权力，使其能够发现问题并及时解决，提高效率。二是要有一个良好的奖惩机制。对于那些管理得好、监督得好、相关工作做得出色的管理人员给予奖励，但对于在管理监督过程中失职、渎职甚至是损害群众利益，以权谋私的人员给予严厉的惩罚。其次，是对旅游企业的监督。旅游企业是非遗项目开发的直接执行者，其投资开发非遗的直接目的是获得利润。在旅游开发过程中，非遗传承人和当地群众的利益可能会受损，比如旅游企业借助政府的权威大肆圈占土地、破坏生态环境等。在项目经营中对于旅游企业所获得的利润要进行实时监管，防止一些利润的不合理分配。最后，要防止旅游企业经营中损害游客利益的行为，以免景区的信誉受到损害，进而影响了客源。因此，当地政府在保证旅游企业能够获得合理利润之外，要加强对旅游企业的各种监督，营造一个良好的社会环境。

第三，为了惠民政策更好地落实，当地政府还要对非遗旅游开发的地区群众进行管理。非遗旅游开发并非单一的，其他相关产业也要积极配合开发。一方面，非遗旅游开发的惠民政策，也不仅仅是通过发放补贴的形式得以实现。在非遗旅游景区周围，还要有住宿、餐饮、交通等服务行业。这些服务行业可以为当地群众提供就业，从而增加收入，这也是惠民的方式之一。然而，前已述及，很多村民囿于知识、能力和资金的限制，无法经营这些服务行业。目前，环塔里木地区的各地政府虽然对相关群众进行有关旅游、餐饮、住宿方面的培训，同时给予资金上的支持，也取得了一定的效果。但是还远远不够，不能有效满足需求，需要进一步地加强。另外，对于已经开办的农家乐、民宿等单位，还要加强监督，从价格、卫生到服务态度都要严格规范。另一方面，从游客的角度看，游客游览的不仅是非遗项目的表演、非遗技艺的产品，同时当地居民的言行举止也是他们所关注的。如果一个地区的居民举止粗俗，态度恶劣，更有甚者，有些地方出现了"宰客"、讹诈的行为，这些不良现象会极大地损坏当地的信誉，会影响游客的数量，从长远来看，不仅不利于惠民，还有害于惠民。

第四，信息公开。事实早已证明，信息的不公开、不透明是导致"资源诅咒"以及荷兰病的主要根源之一。在非遗旅游开发的地区，必须要对景区的资金、收入、利润以及去向进行公开透明的管理，及时将信息公布。非遗旅游惠民、扶贫等相关信息的公开和透明，不仅有利于当地有效参与非遗旅游的决策、实施、监督和收益分配并能提高自我持续发展的能力，还有利于非遗旅游精准扶贫过程中政府的行政监督、社会的舆论监督以及法律监督，保障当地群众和非遗旅游开发商的合法利益。

三、文化惠民不能忽略

文化惠民不仅是我国政府惠民政策中的一项重要内容，同时也是公民享受文化权利的重要体现。非遗作为中华民族的优秀文化成果，自古以来，都产自于民间，流传于民间，服务于民间，一直都是由我国广大人民群众所发明、拥有和享有。当这些优秀文化成果被列为非遗项目进而进行旅游开发后，虽然它的使用权开始发生转移，从非遗传承人转到了当地政府和旅游企业，但它固有的文化性质和服务功能以及传承人对它的所有权不能受到侵害，相反，由于得到了开发，更应该让其在群众中得到普及，更多地让当地群众明确其中的文化价值，从而自觉地学习它、了解它，从中汲取传统文化的精髓，从而营造一个和谐的、向上的社会氛围。因此，这一社会的软性价值十分重要，在非遗旅游开发中一定要重视。那么，如何通过非遗旅游开发更好地从文化上惠及群众，达到上述效果呢？笔者认为需要做到以下几个方面。

（一）转变传统观念，充分认识文化的重要作用

自改革开放以来，我国经济发展突飞猛进，取得的成就也备受全世界瞩目。这些成就的获得，离不开国家制定的一系列经济政策、经济制度。经过四十多年的改革，目前我国经济发展水平已达到一定高度，我国的主要矛盾也发生了变化。"文化强国"被提到了战略高度。文化作为一个国家和民族的软实力，在提升国民素质和自立于民族之林中作用巨大。同时，随着我国主要矛盾的改变，群众对文化的要求日益提高。然而，与这情况不同的是，我国各地方政府在管理地方时，还普遍存在重经济、轻文化的现象。即便是在国家的提倡下，各地纷纷开始建设文化基础设施，但依然在观念上不够重视。特别是一些县级以下政府，仅把文化的建设当作完成上级规定的任务，并没有从根本上重视。对于一些已经建设起来的文化书屋、文化广场，也没有充分利用，多半是

空置。这种情况很难让文化惠民切实得到执行。

（二）要制定一个合理全面的规划与章程

在没有得到旅游开发之前，非物质文化遗产已经是文化惠民的重要内容之一了。对非遗的旅游开发之后，不应该影响非遗在文化惠民中的作用和效果；相反，更应该利用非遗旅游开发的契机，广为宣传非遗，普及非遗，让当地更多的群众接触非遗，享有非遗。这对于环塔里木地区的群众和政府来说，更是如此。这里非遗项目数量多、级别高，民族成份复杂，利用非遗这些优秀的文化成果来丰富群众的精神生活是有效的惠民途径。为此，环塔里木地区必须针对非遗旅游开发与文化惠民制定切实可行且全面长远的规划和章程。笔者以为，这一规划和章程要做到以下几点。

第一，制定的规划、章程须从实际出发，在保护非遗的前提下，大力地推广。若要推广非遗，必须要培养传承人。特别是利用现有的传承人资源，在旅游的淡季，抽出部分传承人，对热爱非遗的青少年加以培训。同时利用各类院校开设非遗课程，从少年抓起，让其从小了解非遗的历史、文化内涵和价值意义。而且推广的步骤要分批次、分层次、有重点，要因人、因地、因非遗制定推广计划。指定专门的人员加以管理，从非遗旅游开发的利润中抽出固定的比例设立专项资金用于推广非遗。

第二，要制定出推广非遗的相关基础建设规划。非遗旅游开发所产生的利润，不仅要用于奖励从事非遗的人员，组织非遗推广的活动，同时还要抽出固定的资金，做好基础设施建设。目前，环塔里木地区的各地政府，皆加大对基层文化设施的投资，但对于非遗的专项投资并不常设。为此，可以从非遗旅游开发利润中抽出部分资金专门用于非遗的基础设施建设。如购买非遗表演的服装、道具，建造非遗传统工艺生产的场所，拍摄表演类、口头文学类非遗的相关节目视频，编写非遗的各类著作、教材，加大非遗博物馆、展览馆的建设，专设播放非遗、宣传非遗的电视节目和报刊专栏等。特别是那些地处偏远的农牧区，既是建设的主体，又是宣传推广的主要对象，更要进行专项建设。

（三）要整合各类基层文化资源

对很多乡村文化站功能空壳的状态，需要完善乡镇的文化中心建设，要改变广播电视和文化服务业中心的状况。向社会公开招聘，与文化服务中心签合同，落实乡镇政府与有关服务中心的考核，把乡村文化站建立成为农村文化工作的主营地。公开竞争，建立责任制度，实行全面贯彻，以乡镇文化为主题，开展各族人民喜爱的传统文化活动。

充分利用文化站的设施,大力开展文化活动。激励农民自办文化户和文化中心,鼓励农民办的农民书社和电影院,让农民感受到文化的滋味,丰富精神活动。大力支持文化活动的开展,在农村建立党校、农牧民学校并发展成为一体的综合文化载体,充分利用传统节假日、人口密集的地方展示文化技艺和开展艺术活动,为农村建设健康、系统、特色鲜明的文化活动。环塔里木地区丰厚的非物质文化遗产是这里祖辈生活的群众共同的智慧结晶。保护和传承好非物质文化遗产,一方面有助于在人类社会发展中强化文化的地位和作用,体现世界文化的多样性;另一方面也有利于促进特定文化权利的实现。现代化和全球化给我们生存的空间带来巨大变化的同时,给非物质文化遗产也带来了许多危机和问题。这就需要我们寻找和利用各方面的资源和智慧,特别是发掘非遗传统文化中所蕴含的丰富思想资源,解决人类可持续发展和人类社会和谐等问题。

(四)支持群众自主创新非遗文化形式

环塔里木地区的非物质文化资源丰富,各族人民喜爱传统文化民俗活动,在当地政府部门引导下,要规范发展专业文化户。专业文化户具有文艺专长,是众多群众认可的民间技艺或文艺能人,主要为当地群众婚丧嫁娶提供有偿文化服务,也经常聚在一起自娱自乐。农牧民群体也开展了文化体育传统活动,比如麦西来甫、刀郎舞、叼羊、赛马、斗羊、射箭等民俗传统活动。通过开展一系列传统活动,丰富农牧民的业余文化生活,以达到自乐的目的。

(五)要加强立法工作,保障当地群众和非遗传承人的文化权利

非遗传承人作为非遗的物质载体,是实现非遗旅游文化惠民的基本前提,因此要切实保障他们的文化权利,提高他们的积极能动性。当地群众既是非遗文化教育、惠及的对象,同时也是非遗存活的"土壤",因此相关权利也必须通过立法来保障。非物质文化遗产非物质性的特点表明,它具有知识产品的法律属性,要用现代知识产权的制度来保护。非遗历史性与活态传承性的特征,又表明非物质文化遗产与现代知识产权制度不能完全相容,这就使它受知识产权保护的同时又具一定特殊性。非遗共享性的特征使它本身在传播和享用方面具有普遍广泛性。但是,当非遗文化作为一种商业资源、一种获取利益的手段时,这种文化的享用者们就有可能对文化寻求最大限度的垄断。一旦出现垄断诉求并被付诸实施,就可能在保护这些文化遗产的同时,伤害了另一

部分群体的文化共有和共享权力。所以非遗旅游开发与文化惠民之间存在着张力。要解决这一张力,需要从立法的角度加以解决,在非遗旅游开发后,确保非遗传承人对其的知识产权与当地群众的共同享有权,这是非遗旅游开发文化惠民的应有之义。

结语

众所周知,非物质文化遗产是人类古老民族的活态文化基因和历史记忆,体现了一个民族的智慧和精神,同时它也是人类文化多样性的一种展示。保护和传承非物质文化遗产的根本目的就是实现文明的复兴和继承,由此可知,保护非遗对文化自身的发展和存在具有十分重要的意义。但同时,非物质文化遗产又是一种重要的旅游资源,在民族地区实施非物质文化遗产旅游开发的根本目的是改善当地群众的民生状况。而旅游开发是否能惠及民生,其实是旅游开发对精准惠民的有效性评价。本课题在对环塔里木地区非遗状况进行简要概述的基础上,阐述了该地区对非遗进行旅游开发的情况,并通过旅游开发对惠民情况的调查,深入探讨分析了该地区旅游开发与惠民政策实施的关系,并以非物质文化遗产《玛纳斯》、民族乐器制作、柯尔克孜族刺绣等为案例,理论与实践相结合,文献与实地调研相结合,针对当下非遗旅游开发与惠民之间存在的问题,提出了一些保障性的对策。

(1)环塔里木地区非物质文化遗产的保护、旅游开发与民生改善有着相辅相成的关系。适度的旅游开发不仅可以更好地保护和传承非物质文化遗产,而且也会改善当地经济与社会的发展。相反,如果开发不当,片面追求经济利益,不但会对当地非物质文化遗产原生形态产生破坏,同样也不利于非物质文化遗产旅游开发的可持续发展。

(2)在非物质文化遗产的旅游开发过程中,要将对非遗的观赏转向体验。

环塔里木地区非物质文化遗产旅游开发的重点应该是大力发展体验型的非遗旅游产品,而不仅仅是观光型的旅游产品。

(3)就非物质文化遗产旅游开发的产品而言,一定要摒弃陈旧保守的传统观念,要将非物质文化遗产的精髓与现代社会的发展结合起来,开发文创,建立品牌意识,设计出更多适应现代社会生活的产品,只有这样,非物质文化遗产才能更好地保护和传承下去。用对待文物与古董的方法对待非物质文化遗产,是不正确的。非物质文化遗产与物质遗产的区别在于,非物质文化遗产需要活态传承,在这个过程中可以将其中的文化遗产转为文化资本加以利用。

(4)环塔里木地区非物质文化遗产的旅游开发,离不开顶层设计、资金保障、政策支持、人才建设和对外宣传。环塔里木地区地域广博,非遗散布各地,对非遗的旅游开发切忌千篇一律,要在统筹全局的基础上,坚持各个地方文化的特色,没有了特色,就没有了吸引力。环塔里木地区的非遗大部分分布在偏远落后地区,没有政策上的倾斜和政府财政上的大力支持,非遗的旅游开发是很难进行的。另外,要注重加强对非遗传承人的帮扶与培训,强化人才建设。我们做出的非遗产品再好,如果别人不知道,那也是白费时间,因此做好对外宣传也同样重要。

(5)环塔里木地区非物质文化遗产旅游开发,要坚持以改善民生为价值导向。民生改善是做好非物质文化遗产旅游开发工作的出发点和落脚点。非遗旅游开发涉及的开发主体很多,不同的主体会有各自不同的利益诉求,只有满足大家不同的利益诉求,旅游开发才能得以顺利进行。但是,需要注意的是,无论是哪个主体的利益诉求都不能以牺牲当地群众的利益为代价,要坚决反对经济利益至上的导向,让非遗旅游开发成为一项改善民生、凝心聚力的良心工程。

参考文献

中文期刊：

[1] 余悦.非物质文化遗产研究的十年回顾与理性思考[J].江西社会科学，2010(09).

[2] 李玉臻.非物质文化遗产研究评述[J].康定民族师范高等专科学校学报，2009,18(01).

[3] 范春.近十年我国非物质文化遗产研究进展综述[J].广西社会科学，2013(09).

[4] 朝戈金.口头·无形.非物质遗产漫议[J].读书，2003(10).

[5] 巴莫曲布嫫.非物质文化遗产:从概念到实践[J].民族艺术，2008(01).

[6] 向云驹.论"口头和非物质遗产"的概念与范畴[J].民间文化论坛，2004(03).

[7] 吕建昌，廖菲.非物质文化遗产概念的国际认同——兼谈口头和非物质遗产的法律地位[J].中国博物馆，2006(01).

[8] 龙先琼.关于非物质文化遗产的内涵、特征及其保护原则的理论思考[J].湖北民族学院学报(哲学社会科学版)，2006(05).

[9] 高丙中.非物质文化遗产:作为整合性的学术概念的成型[J].河南社会科学，2007(02).

[10] 牟延林，刘壮.研究路向与学科体系——非物质文化遗产系列研究之二[J].重庆文理学院学报(社会科学版)，2006(02).

[11] 方李莉.文化生态失衡问题的提出[J].北京大学学报(哲学社会科学版)，2001(03).

[12] 乌丙安."人类口头和非物质遗产保护"的由来和发展[J].广西师范学院学报,2004(03).

[13] 刘锡诚.非物质文化遗产的文化性质问题[J].西北民族研究,2005(01).

[14] 苑利,顾军.非物质文化遗产保护的十项基本原则[J].学习与实践,2006(11).

[15] 刘晓春.谁的原生态?为何本真性——非物质文化遗产语境下的原生态现象分析[J].学术研究,2008(02).

[16] 宋俊华.论非物质文化遗产的本生态与衍生态[J].民俗研究,2008(04).

[17] 许林田.非物质文化遗产保护应处理好的几种关系[J].浙江工艺美术,2007(09).

[18] 苑利.非物质文化遗产科学保护的几个问题[J].江西社会科学,2010(09).

[19] 冯骥才.当前非物质文化遗产保护需要统一认识[J].民俗研究,2012(04).

[20] 项兆伦.关于我国当前非物质文化遗产保护工作的几个问题[J].文化遗产,2017(04).

[21] 易文君.我国非物质文化遗产保护中的政府角色定位[J].现代经济信息,2010(18).

[22] 李昕.非物质文化遗产的国家政府主导型抢救模式分析[J].山东社会科学,2012(03).

[23] 王巧玲,孙爱萍,陈考考.档案部门参与非物质文化遗产保护工作的现状及对策研究[J].北京档案,2015(01).

[24] 陈庆云.非物质文化遗产保护法律问题研究[J].中央民族大学学报(哲学社会科学版),2006(01).

[25] 苗童童,王萍,王璐.国内非物质文化遗产传承人研究综述[J].太原师范学院学报(社会科学版),2017(05).

[26] 太星南.我国非物质文化遗产传承人保护研究十年综述[J].红河学院学报,2017,15(05).

[27] 汤静.非物质文化遗产保护之法理视角[J].湖南师范大学社会科学学

报,2007(05).

[28] 付弘.谈非物质文化遗产法律保护中应当界定的几个问题[J].青海社会科学,2008(04).

[29] 姚知兵.民族地区非物质文化遗产保护立法的几个问题[J].贵州民族学院学报(哲学社会科学版),2009(05).

[30] 吴汉东.论传统文化的法律保护——以非物质文化遗产和传统文化表现形式为对象[J].中国法学,2010(01).

[31] 张媛,柏贵喜.文化身份合法化与民族文化传承的实践主体建构——以贵州省思南县傩文化传承为例[J].中南民族大学学报(人文社会科学版),2018,38(05).

[32] 叶舒宪.非物质经济与非物质文化遗产[J].民间文化论坛,2005(04).

[33] 徐赣丽.非物质文化遗产的开发式保护框架[J].广西民族研究,2005(04).

[34] 陈华文.论非物质文化遗产生产性保护的几个问题[J].广西民族大学学报(哲学社会科学版),2010,32(05).

[35] 谭宏.对非物质文化遗产生产性方式保护的几点理解[J].江汉论坛,2010(03).

[36] 马盛德.非物质文化遗产生产性方式保护中的几个问题[J].福建论坛(人文社会科学版),2012(02).

[37] 陈勤建,尹笑非.论文化生态保护区的非文字文化保护[J].江西社会科学,2010(09).

[38] 乔丽.生态文明视野下的非物质文化遗产保护[J].前沿,2011(07).

[39] 黄永林."文化生态"视野下的非物质文化遗产保护[J].文化遗产,2013(05).

[40] 彭兆荣.形与理:作为非物质文化遗产的口述传统[J].云南师范大学学报(哲学社会科学版),2010,42(03).

[41] 周新国.非物质文化遗产保护视野下的口述史研究[J].苏州大学学报,2012(06).

[42] 李海云.当代非物质文化遗产保护中口述史研究的适用于拓展[J].民俗研究,2014(04).

[43] 阮艳萍.数字传承人:一类遗产表述与生产的新型主体[J].西南民族大

学学报(人文社会科学版),2011,32(02).

[44] 孙向阳.数字化技术视野下非物质文化遗产的传承与保护——以苗族史诗《亚鲁王》为中心[J].贵州民族研究,2016,37(03).

[45] 刘秀英.新农村建设视野下非物质文化遗产保护路径探索[J].重庆科技学院学报(社会科学版),2011(05).

[46] 曹晓辉.教育视野下的非物质文化遗产保护——以紫金县客家花朝戏为例[J].牡丹江大学学报,2011,20(08).

[47] 赵李娜.人地关系视野下非物质文化遗产保护——以上海松江舞草龙为个案[J].云南师范大学学报(哲学社会科学版),2014,46(05).

[48] 吕慧敏.文化安全视野下非物质文化遗产的保护与传承[J].广州大学学报(社会科学版),2015,14(10).

[49] 朱尖,柏松.基于文献计量的遗产旅游研究述评——以CNKI收录期刊论文为样本[J].资源开发与市场,2015,31(12).

[50] 龙祖坤,金凰.国内近十年文化遗产旅游研究综述[J].乐山师范学院学报,2018,33(06).

[51] 宋欢.旅游开发与非物质文化遗产保护[J].沧桑,2006(04).

[52] 尹小珂,宋兰萍.小议非物质文化遗产的旅游开发与保护[J].聊城大学学报(社会科学版),2006(03).

[53] 刘建平,陈娇凤,林龙飞.论旅游开发与非物质文化遗产保护[J].贵州民族研究,2007(03).

[54] 余凤龙,尹寿兵,杨蕾蕾.基于旅游视角的非物质文化遗产保护性开发研究[J].太原大学学报,2008(03).

[55] 阚如良,李肇荣.论旅游开发与非物质文化遗产传承[J].旅游论坛,2008,1(06).

[56] 谭卫华,罗康隆.旅游开发中的非物质文化遗产保护刍议[J].柳州师专学报,2010,25(03).

[57] 莫绍辉.旅游开发利用中非物质文化遗产两种关系论略[J].经济研究导刊,2013(31).

[58] 朱赟,叶新才.非物质文化遗产资源保护与旅游利用研究综述[J].旅游研究,2014,6(04).

[59] 张晓萍.文化旅游资源开发的人类学透视[J].思想战线,2002(01).

[60] 刘茜.试用科学发展观认识非物质文化遗产保护与旅游发展[J].西北民族研究,2005(02).

[61] 张军.论无形文化遗产在旅游开发中的有形化利用[J].中南民族大学学报(人文社会科学版),2005(03).

[62] 华春霞,贾鸿雁.非物质文化遗产与旅游开发[J].东南大学学报(哲学社会科学版),2007(S2).

[63] 梁保尔,马波.非物质文化遗产旅游资源研究——概念、分类、保护、利用[J].旅游科学,2008(02).

[64] 曹诗图,鲁莉.非物质文化遗产旅游开发探析[J].地理与地理信息科学,2009,25(04).

[65] 王艳平.非物质文化遗产旅游性质的认识路径[J].旅游科学,2009,23(01).

[66] 许忠伟,林月.非物质文化遗产与旅游开发的相关研究述评[J].北京第二外国语学院学报,2014,36(09).

[67] 顾金孚,王显成.非物质文化遗产旅游资源价值评价体系初探[J].资源开发与市场,2008(09).

[68] 尹华光,彭小舟,于洁.非物质文化遗产旅游开发潜力评估指标体系的构建[J].湖南大学学报(社会科学版),2009,23(06).

[69] 梁圣蓉,阚耀平.非物质文化遗产的旅游价值评估模型[J].南通大学学报(社会科学版),2011,27(06).

[70] 陈珠芳.非物质文化遗产旅游资源开发价值评价研究[J].长江大学学报(社会科学版),2013,36(12).

[71] 蒋丽芹.非物质文化遗产旅游价值评价体系构建及应用[J].边疆经济与文化,2014(01).

[72] 张宏乔.非物质文化遗产的旅游资源价值评价[J].河南教育学院学报(哲学社会科学版),2015,34(04).

[73] 邓小艳.文化传承视野下社区参与非物质文化遗产旅游开发的思路探讨[J].广西民族研究,2012(01).

[74] 黄益军.非物质文化遗产旅游开发中的社区参与机制研究[J].广西社会科学,2013(08).

[75] 孙梦阳,石美玉,易瑾.非物质文化遗产旅游开发利益平衡模型研究

[J].商业研究,2015(09).

[76] 张希月.非物质文化遗产的旅游开发模式与优化策略[J].人民论坛,2016(11).

[77] 刘啸,甘枝茂,杨延风.旅游动机——人类本性的回归——旅游动机的新探讨[J].干旱区资源与环境,2006(01).

[78] 虞阳,戴其文.基于游客视角的非物质文化遗产旅游开发[J].资源开发与市场,2015,31(04).

[79] 梁春娟,王娟.关于旅游产品知识产权与非物质文化遗产的保护对策[J].中国地名,2010(11).

[80] 赵悦,石美玉.非物质文化遗产旅游开发中的三大矛盾探析[J].旅游学刊,2013,28(09).

[81] 刘社军,吴必虎.非物质文化遗产的基因差异及旅游发展转型[J].地域研究与开发,2015,34(01).

[82] 邓小艳.基于建构主义原真性理论对非物质文化遗产旅游开发的解读[J].贵州民族研究,2010,31(02).

[83] 刁宗广.旅游开发中"非遗"文化的创意性和真实性[J].社会科学家,2015(02).

[84] 杨阳."一带一路"背景下民族地区非物质文化遗产旅游开发的协作机制研究——基于在鄂尔多斯地区的田野调查[J].赤峰学院学报(汉文哲学社会科学版),2016,37(10).

[85] 杜宇.让中央的惠民政策尽快落到实处——专访人力资源和社会保障部部长尹蔚民[J].中国劳动保障,2009(05).

[86] 刘培林.惠民生政策措施的全局性意义[J].领导之友,2010(01).

[87] 王安.惠民政策必须以民为本——基于政策制定和执行的视角[J].理论界,2010(01).

[88] 彭莹莹.惠民政策的问题分析与对策研究[J].东方企业文化,2011(16).

[89] 马进虎.基层文化建设与文化惠民问题研究[J].青海社会科学,2012(01).

[90] 曾礼华,何健.边缘政治的生产:惠民政策背景下社区居民的利益情感与行动取向——以P市S社区为例[J].晋阳学刊,2013(04).

[91] 陈水生.项目制的执行过程与运作逻辑——对文化惠民工程的政策学考察[J].公共行政评论,2014,7(03).

[92] 郑岩,宿伟玲.我国推进旅游扶贫工作的相关政策文件解读[J].农村经济与科技,2017,28(24).

[93] 徐巧英.新时期广西旅游产业精准扶贫实施策略[J].当代广西,2014(20).

[94] 邓小海,曾亮,罗明义.精准扶贫背景下旅游扶贫精准识别研究[J].生态经济,2015,31(04).

[95] 林移刚,杨文华.我国乡村旅游精准扶贫困境与破解研究:基于生产要素视角[J].云南民族大学学报(哲学社会科学版),2017,4(03).

[96] 林丹,李丹.乡村旅游精准扶贫中贫困人口的受益机制研究[J].中南林业科技大学学报(社会科学版),2018,12(01).

[97] 赵丽莉.对加强新疆非物质文化遗产法律保护的思考[J].新疆财经大学学报,2008(02).

[98] 田振红,郭海燕.企业参与非物质文化遗产保护:经验、困境与反思——以新疆吐鲁番旅游企业为个案[J].中华文化论坛,2017(07).

[99] 赵丽霞,李晓东.新疆非物质文化遗产旅游开发风险评价[J].安徽农学通报,2016,22(06).

[100] 阚越.新疆非物质文化遗产资源与旅游节庆活动的互动发展探析[J].喀什大学学报,2016,37(05).

[101] 张新友.新疆少数民族聚居区民俗表演活动对非物质文化遗产嬗变的影响[J].新疆社会科学,2016(06).

[102] 李玲玲.新疆非物质文化遗产资源的优势转化与开发[J].昌吉学院学报,2017(06).

[103] 刘小燕,冯学钢.关于非物质文化旅游资源开发的初步探讨[J].桂林旅游高等专科学校学报,2007(05).

[104] 王立妹,卢松.国外非物质文化遗产旅游知识图谱分析[J].淮南师范学院学报,2017,19(06).

[105] 龙运荣.近十年来我国少数民族非物质文化遗产研究述评[J].贵州师范大学学报(社会科学版),2012(01).

[106] 郑岩,宿伟玲.我国推进旅游扶贫工作的相关政策文件解读[J].农村

经济与科技,2017,28(24).

[107] 毛峰.乡村旅游扶贫模式创新与策略深化[J].中国农业资源与区划,2016,37(10).

外文期刊:

[1] Munjeri D. Tangible and Intangible Heritage:From difference to convergence[J]. Museum international,2004,56(1-2):12-20.

[2] Daugstad K Grytli D. How to study and manage a multihistoric landscape[J]. Norsk Geografisk Tidsskrift-Norwegian Journal of Geography,1998,53(2-3):85-92.

[3] Deacon H. Intengible heritage in conservation management planning:the case of Robben Island[J]. International Journal of Heritage Studies,2004,10(3):309-319.

[4] Nettleford R. Migration Transmission and Maintenance of the Intangible Heritage[J]. Museum Internation,2004,56(1-2):78-83.

[5] Xavier G. Is heritage an asset or a liability?[J]. Journal of Cultural Heritage,2004,5(3):301-309.

学位论文:

[1] 田艳.中国少数民族文化权利法律保障研究[D].北京:中央民族大学,2007.

[2] 姜兆一.非物质文化遗产保护:形式选择、传承效能与保护绩效的关系研究[D].天津:天津财经大学,2012.

[3] 范玉娟.非物质文化遗产的旅游开发研究[D].上海:上海师范大学,2007.

[4] 史亚萍.非物质文化遗产旅游开发的适宜性评价研究[D].湖北:三峡大学,2015.

[5] 但娟.非物质文化遗产开发及其法律规制[D].重庆:西南大学,2010.

[6] 于崧.基于非物质文化景观的现代旅游规划设计研究[D].黑龙江:东北农业大学,2010.

[7] 王帅.文化惠民工程的项目运作逻辑研究[D].上海:复旦大学,2014.

[8] 孙红杰.新疆高校在非物质文化遗产保护中的作用研究[D].石河子:石河子大学,2008.

[9] 王玉玲.新疆非物质文化旅游资源开发模式研究[D].上海:华东师范大学,2009.

[10] 尤海平.新疆国家级非物质文化遗产旅游开发研究[D].乌鲁木齐:新疆师范大学,2010.

[11] 朱小玲.新疆少数民族文化产业化发展研究[D].乌鲁木齐:新疆大学,2011.

[12] 高源.环塔里木地区非物质文化遗产旅游资源评价与开发价值研究[D].阿拉尔:塔里木大学,2014.

[13] 陈湘漪.精准扶贫背景下不同类型乡村旅游经营发展的影响因素研究——以涠洲岛为例[D].广西壮族自治区:广西大学,2016.

[14] 张巍.非物质文化遗产旅游开发系统的动态仿真研究[D].云南:昆明理工大学,2013.

[15] 胡柳.乡村旅游精准扶贫研究[D].湖北:武汉大学,2016.

中文专著：

[1] (清)永贵,苏尔德.《新疆回部志》卷二《饮食》,《四库未收书辑刊》玖辑影印清乾隆五十九年南屏理抄本[M].北京:北京出版社,2000.

[2] (清)傅恒等修,钟兴麒等校注:《西域图志校注》卷四十《音乐·准格尔部·乐器》[M].乌鲁木齐:新疆人民出版社,2002.

[3] 新疆维吾尔自治区文物局.新疆文化遗产:全国重点文化保护单位[M].北京:文物出版社,2015.

[4] 新疆维吾尔自治区文化厅.新疆非物质文化遗产名录图典(一)[M].乌鲁木齐:新疆青少年出版社,2012.

[5] 王卫东,小岛康誉.新疆世界文化遗产图典[M].乌鲁木齐:新疆美术摄影出版社,2015.

[6] 全国艺术科学九五规划课题课题组.刀郎木卡姆的生态与形态研究[M].北京:中央音乐学院出版社,2004.

[7] 艾娣雅·买买提.一位人类学者视野中的麦西莱甫[M].北京:民族出版社,2006.

[8] 王文章.非物质文化遗产概论[M].北京:文化艺术出版社,2006.

[9] 艾比布拉.人文视野中的刀郎文化:麦盖提县人文资源开发研究[M].乌鲁木齐:新疆人民出版社,2007.

[10] 刘锡诚.非物质文化遗产:理论与实践[M].北京:学苑出版社,2009.

[11] 苑利,顾军.非物质文化遗产学[M].北京:高等教育出版社,2009.

[12] 牟延林,谭宏,刘壮.非物质文化遗产概论[M].北京:北京师范大学出版社,2010.

[13] 喀什地区文化体育新闻出版社.喀什非物质文化遗产代表性传承人[M].乌鲁木齐:新疆人民出版社,2012.

[14] 肖锋.非物质文化遗产的保护与产业研发[M].北京:人民日报出版社,2016.

[15] 钟蕾,朱荔丽,罗京艳.手工艺的设计再生:非物质文化遗产与地域文化传承[M].北京:中国建筑工业出版社,2016.

[16] 欧阳正宇,彭睿娟.非物质文化遗产旅游开发[M].长春:吉林出版集团股份有限公司,2016.

[17] 喻晓玲,王春燕,杨乔.环塔里木非物质文化遗产旅游概览[M].乌鲁木齐:新疆人民出版社,2017.

[18] 李鹏程.葛兰西文选[M].北京:人民出版社,2008.

[19] 艺衡,任珺,杨立青.文化权利:回溯与解读[M].北京:社会科学文献出版社,2005.

[20] 顾军.非物质文化遗产报告[M].北京:社会科学文献出版社,2005.

外文译著:

[1] 多米尼克·斯特里纳蒂.通俗文化理论导论[M].阎嘉,译.北京:商务印书馆,2001.

[2] 戴维·伊斯顿.政治体系——政治学状况[M].马清槐,译.北京:商务印书馆,1993.

报刊网络:

[1] 巴音郭楞蒙古自治州人民政府[EB/OL].2019-04-16.https://baike.baidu.com/item/%E5%B7%B4%E9%9F%B3%E9%83%AD%E6%

A5%9E%E8%92%99%E5%8F%A4%E8%87%AA%E6%B2%BB%E5%B7%9E/5310284?fromtitle=%E5%B7%B4%E5%B7%9E&fromid=7568354.

[2] 周海被,荀发军.打好"历史牌"唱响"文化歌"[N].巴音郭楞日报,2016-09-26.

[3] 克孜勒苏柯尔克孜自治州2017年国民经济和社会发展统计公报[N/OL].克州日报,2018-06-28. http://bzwap.kzinfo.com.cn/content/2018/06/28/016852.html.

[4] 周海霞.巴州历史文化旅游主题活动新闻推介会在乌市召开[N].巴音郭楞日报,2018-06-13.

[5] 丹江水、马艳菲.巴州要把旅游业打造成强州产业[N].巴音郭楞日报(汉),2016-05-25(A03).

[6] 吕娜.文化旅游产业将成新的经济增长极[N].阿克苏日报(汉),2018-06-23(001).

[7] 吕娜.阿克苏:旅游业跑出加速度[N].新疆日报,2017-01-12.

[8] 任红芳.地区积极融入丝绸之路经济带核心区建设[N].阿克苏日报(汉),2018-09-28(001).

[9] 吕娜.让阿克苏成为旅游目的地[N].阿克苏日报,2018-09-25(001).

[10] 吕娜.地区召开旅游产业发展协调领导小组工作例会[N].阿克苏日报(汉),2018-03-17(001).

[11] 吕娜.从资源大区向旅游强区迈进[N].阿克苏日报,2018-09-22(001).

[12] 潘黎明.自治区旅游发展大会在我区反响强烈[N].喀什日报(汉),2018-08-31(002).

[13] 王文博.我区与南航就航空市场合作发展进行对接[N].喀什日报(汉),2018-10-24(001).

[14] 王志恒.让旅游业成为经济高质量发展的重要引擎和支柱产业[N].喀什日报(汉),2018-10-01(002).

[15] 潘黎明.麦盖提刀郎文化的跨越式发展[N].喀什日报(汉),2014-11-21(001).

[16] 张勇.地区召开旅游项目规划评审会[N].和田日报(汉),2017-11-08(001).

[17] 杜刚.新和创新"文化下乡"模式 "种"文化种出农村新景象[N].阿克苏日报(汉),2014-06-12(005).

[18] 谢晓艳.文化惠民丰富多彩、百花齐放成果丰硕——党的十八大依赖我周努力推动文化改革发展呈现新局面[N].巴音郭楞日报(汉),2017-06-30(A04).

[19] 胡礼政."标准化＋非遗"为桑皮纸传承发展添活力[N].和田日报,2018-10-13(001).

[20] 蒋娟娟.文化扶贫激发百姓脱贫内生动力[N].克孜勒苏日报(汉),2018-10-18(001).

[21] 潘黎明.那些喀什文化的盛事[N].喀什日报(汉),2017-01-16(001).

[22] 中国非物质文化遗产网·中国非物质文化遗产数字博物馆:国家级非物质文化遗产代表性项目代表性传承人[EB/OL].https://www.ihchina.cn/representative#target1.

[23] 任红芳.立足产业惠民、发展民生工业[N].阿克苏日报(汉),2014-11-14(002).

[24] 乙庚.玉石文化旅游节给和田带来了什么?[N].和田日报(汉),2016-09-02(002).

[25] 杨子玉.民族刺绣:走出深闺汇入市场经济大洋[N].克孜勒苏日报(汉),2016-05-21(003).

[26] 祖力皮亚.产业扶贫让农牧民致富有"钱"景[N].克孜勒苏日报(汉),2018-11-01(001).

[27] 王建强.地毯"织"出新生活[N].阿克苏日报(汉),2015-02-27(001).

[28] 张晨娟.新和县加依村乐器制作专业户平均年收入达5万元[N].阿克苏日报(汉),2017-08-07(004).

[29] 沙热古丽.克州旅游业:风景这边独好[N].克孜勒苏日报(汉),2018-09-27(001).

[30] 新华网[EB/OL].http://www.xinhuanet.com//politics/2015-10/16/c_1116851045.htm.

[31] 仲玮.新和实施精准扶贫战略[N].阿克苏日报(汉),2015-05-21日(004).

[32] 张婧.地区瞄准贫困"病根"实施"靶向治疗"[N].阿克苏日报(汉),

2017-10-17(001).

[33] 任红芳.旅游＋扶贫、放飞致富梦[N].阿克苏日报(汉),2016-09-07(002).

[34] 董成忠.精准帮扶促脱贫[N].阿克苏日报(汉),2018-11-06(001).

[35] 王志恒.5年让121万人脱贫:喀什是怎样啃"硬骨头"的?——我区脱贫攻坚工作综述[N].喀什日报,2017-10-17(008).

[36] 张慧疆.全州两年累计减贫7838户23281人[N].巴音郭楞日报(汉),2016-07-20(001).

附录

相关调研资料

调研时间:2018 年 9 月 20 日

调研地点:喀什地区文化体育广播电视和旅游局

访谈对象:喀什地区文化体育广播电视和旅游局高翙书记

挖掘少数民族优秀文化遗产对抵制"双泛"有非常大的作用。在谈到新疆旅游存在经济与时间成本大这一困境的时候,高翙书记认为政府进行补贴不太现实,每一个部门都有自己的利益诉求,比如说航空公司,它自己也要盈利,亏本的生意谁也不会干。

对于目前喀什旅游的困境,有以下建议:

(1)要做到新疆一盘棋。政府一定要从市场的角度进行很好的定位,不能说北疆的旅游很挣钱,南疆就不挣钱;另外,政府在做宣传的时候,要南北疆一样宣传。一定要避免美化北疆,而忽略了南疆,要让南北疆一样赢利。

(2)对南疆要有政策扶持,倾斜优惠。南疆四地州,环塔里木地区旅游资源要加强整合,加强合作与联系,共生共荣。绝不能在阿克苏就搞一个像深圳一样的世纪城,让游客到这里看一下就算所有的南疆都去过了,要突出每个地方的特色,不要搞恶性竞争,阿克苏可以主打龟兹牌,宣传龟兹文化,而不要把刀郎文化也说成全部是阿克苏的。喀什地区可以突出丝路文化、塔吉克族文化、木卡姆艺术、刀郎文化。和田地区可以突出强调玉石与佛教文化。大家要抱团取暖,让所有援疆优势文化发挥出来。

(3)非遗单纯做出来开发成商品礼物,成本较高,主要是要丰富文创的文化内涵,要把非遗的核心与精髓和文创商品一起结合起来,既要能够把非遗转化为具体的商品,使其具有欣赏价值,也要能更好地对非遗进行有效的保护与传承。

(4)要将对非遗的观赏转向体验。比如说刀郎木卡姆,现在的游客大部分是看得多,体验得少。

调研时间:2018 年 9 月 20 日
调研地点:喀什地区文化体育广播电视和旅游局
访谈对象:马科长与张文文科员

一、喀什地区非遗基本情况

(1)喀什地区拥有国家级非遗项目和自治区级非遗项目共计八十余项。

(2)资金来源:主要是自治区政府的拨款,申请国家级与自治区级项目的资金补助。

(3)文化体育广播电视和旅游局非遗文化旅游科的具体职能:对各县市的非遗保护与开发进行工作上的指导,具体是开展对传承人的培训,邀请自治区专家对项目申报进行评审认定、公示,另外也负责对非遗资金的使用进行监督。自治区每年都会专门组织对传承人的培训,各个县市每年也会组织对传承人及相关人员进行培训。非遗专家每年每一季度会专门组织开会商讨非遗项目的申报以及每个月要安排的工作重点。

(4)现在喀什地区对非遗的旅游开发主要是在手工艺品与传统民族歌舞等方面。

(5)开发的主体主要还是依靠政府,政府拿出钱来主要还是用于对传承人的培训。另外举办大型的旅游节,比如喀什丝绸之路胡杨旅游节。援疆省市也对新疆尤其是南疆的旅游进行帮助,每年援疆省市都会组织包机旅游,喀什政府也会给包机来旅游的游客给予住宿补贴。

(6)国家级传承人每年有 2 万元补贴,自治区级的传承人每年有 4800 元补贴。国家级传承人每年可以带 5~6 名徒弟。

二、非遗保护与开发存在的主要问题

(1)非遗缺乏市场。有很多非遗现在已经失去了在人们实际生活当中的价值,非遗的使用当然就会缺乏市场需要,没有需要这些非遗就只能躺在博物馆里,开发起来有很大难度。

(2)现在非遗与旅游开发的结合,主要还是缺乏相关的人才,另外理念也很陈旧,缺乏先进理念的引导,资金也存在很大的问题。

(3)保护与开发的关系没有得到很好地处理,要既能保持原来非遗的精髓,又能在原有工艺基础上提升自己的技艺,实现与市场接轨。

三、非遗保护与开发的对策

(1)非遗关键要进行创新,不能抱残守缺,要加强非遗的文创,提高工艺水平,生产出现代生活需要的产品。

(2)要加大力度引进相关的人才,尤其是在旅游开发方面顶层设计上的人才,要有理念上的创新。

(3)政府要加大资金的投入。

(4)政府还要加强与其他开发主体之间的合作。

(5)政府最关键是要给非遗找到出路,英吉沙国家级土陶传承人2017年一年的土陶制品销售量大概在40万~50万件,英吉沙县可以进行大面积的批发。

(6)在非遗的商品开发方面,既要注重内在的品质,也要注意外在的包装。

(7)南疆非遗的旅游开发,旅游是龙头,没有旅游何谈旅游开发呢?政府要做好对南疆的宣传,吸引更多的游客来南疆旅游。

调研时间:2018年9月20日

调研地点:喀什文化馆

访谈对象:文化馆的王主任

一、喀什市非遗的一些简单介绍

(1)喀什市有两个国家级项目:土陶与萨满舞。目前正在准备建一个大的土陶生产基地。

（2）非遗：花帽、铜器与乐器制作、歌舞表演等。

（3）经费来源：全部来源于国家拨款，每年一个项目大概30万～50万元，项目经费主要用于带徒、非遗传承、展示推广，以及与旅游产业结合。

（4）旅游开发的现状：萨满舞情况不容乐观，因为现在考虑的首先是安全问题，担心安保，不敢做大型歌舞表演；花帽合作社，在艾提尕尔清真寺旁边的喀什市金星手工艺品专业合作社现在弄得挺红火；现在土陶的情况都是各自为战，家庭作坊式的生产，没有形成规模。

二、非遗旅游开发存在的那些问题

（1）维稳。比如萨满舞和赛乃姆这样的大型歌舞很难展开。

（2）想法未能实施，比如说土陶生产基地的事情，已经说了很多年，但是直到现在依然没有得到落实。

（3）资金有限。喀什非遗以及旅游的宣传都需要经费，另外也需要走出去参观一些文博会来提高和扩大喀什旅游的影响力，但是因为经费的原因现在走出去的机会并不多，一些援疆省市提供了一些走出去的机会，比如深圳的文博会，深圳市出钱，但总体来讲参加文博会的机会还是非常少的。

（4）文化馆缺乏专业队伍。现在文化馆留守的就三个人，其他人全下乡驻村去了，新来的领导也不是这个专业出身，对非遗也不太专业。

调研时间：2018年9月21日

调研地点：疏附县民族乐器村

访谈对象：疏附县旅游局工作人员

疏附县民族乐器村位于喀什地区疏附县吾库萨克镇7村，距喀什市区10千米，2000年被国务院命名为"中国新疆民族乐器村"，2011年被文化部评为首批国家级非物质文化遗产生产性保护示范基地。新一轮对口援疆工作开展以来，广东省坚决贯彻中央决策部署，在民生援疆、产业援疆、智力援疆等方面做了大量富有成效的工作，大力支持文化旅游、乡村旅游的发展。针对该村已有150多年民族乐器制作的历史，并且手工制作的乐器极富使用与收藏价值、备受国内外游客青睐的特点，投入援疆资金400余万元新建了国内唯一的少数民族乐器主题博物馆及相关基础设施。目前有 500 余人从事民族乐器制作工作,生产的乐器有 27 大类、50 多个品种。该村制作的都塔尔、萨塔尔、弹拨尔、热瓦甫等乐器音质纯净、形制别致、花纹精美、工艺精湛,全部由农民手工制作,极大带动了村民创业增收致富。

疏附县文化体育广播电视和旅游局也坐落在这个民族乐器村的大院子里,经过门口保安的指引,我走到了一排平房的前面,看到一个汉族小伙子正从一间办公室里走出来。我拿出单位的介绍信,说明来意,他把我带到了局长的办公室。我走进去的时候,局长正坐在电脑前,看来了客人,局长停下手头的工作,问我是要了解什么?经过简短的对话,我才了解到他刚刚调到这里任职,局里总共就 6 个人,现在单位就剩下了他们两个人,其余 4 个人目前都在乡下驻村,很长一段时间都没有回来了。他明了我的来意以后,说他今天特别忙,要处理几个文件,上午就要交给上级,下午还要去开会,基本没时间接受我的访谈,之后,就把我安排给了刚开始见面的小伙子,让他带我在院子里转一转。

小伙子将我领进了国家级传承人热合曼的工作坊,热合曼和他的儿子两人正在干活,看我们前来,停下手中的活跟我们打招呼。因为语言上的原因,我没能和他们聊得足够深入,只是简单了解了一下他们的情况。热合曼和他的儿子都是国家级传承人,每年国家会给他们每人 20000 元的补贴,另外疏附县每年也会给他们每个月发放 1200 元的补贴,光是政府补贴这一块他们父子俩的收入每年将近 7 万元,加上每年制作的 100 多件乐器,又可以增加 40000 多元的收入,算下来,父子俩一年的收入应该在 10 万元以上,这在当地农村已经算很不错的收入,但是 7 村大多的村民显然还没有达到这样的收入水平,一是很多村民主要还是以务农为本,乐器制作只是在农闲时候的一个副业,另外还有很多村民并没有参与乐器的制作,只是简单的务农,家里的光景并不是很好。

和他们聊完天,小伙子又带我参观他们的一个博物馆,这个博物馆正对大门是一个大型的舞台,平时应该可以在这里进行演出,博物馆的南面和北面各有一个大的展厅,展厅里各种乐器大大小小,琳琅满目,里面摆放着打破吉尼斯世界纪录的都塔尔与热瓦甫,甚是醒目。参观完我在院子里看到了一个"村民技能课堂疏附分教点",我打听了一下,了解到这个分教点是由喀什技师学院承办,同时也是广东对口援疆脱贫攻坚的讲习所。这个分教点以前开展了一些活动,但是最近两年陷入了停滞阶段,分教点的窗台上布满了厚厚的灰土,玻璃也是灰蒙蒙的一片。

到了下午,一个在喀什地区公安局当特警的学生(艾买提)听说我来了喀什,非要过来疏附县看我,我前面本不想他过来,怕耽误他的工作,但转念一想,我现在正缺少一个能沟通的翻译,他过来也好。

下午我和艾买提步行去 7 村的村委会,村委会里的大部分工作人员都不在,下去驻村了,找了半天好不容易才找了一个部门的主任,主任姓张,对我们的态度还比较客气,但只给我们半小时的时间进行访谈,因为下午 5:30 他还有一个会议。

经过和张主任的对话,我们了解到 7 村共有村民 904 户,人口 3162 人,据他所说,现在从事乐器制作的村民有 100~200 人。这个数字和前面我们提到的民族乐器村简介上 500 多人的数字出入很大。如果这位主任说法基本属实,7 村村民从事乐器制作的人数只占全村人口的 7% 左右,这个比例显然是与"中国民族乐器第一村"的称号不相称的。究其原因,我们了解到这里的村民并没有专职来做乐器的,所有的村民包括国家级与自治区级的传承人都是亦工亦农,农闲的时候做乐器,主业还是种地干农活。这是从生产方式来讲的,另外还有一个根本的原因就是"中国民族乐器第一村"的名气虽大,但是事实上并没有太大的影响力,宣传上缺乏力度,也没有品牌意识,虽然每年也能卖出一些,但大多是批发价,赚不到太多钱,销路也一直是个大的问题。因为销路不好,挣钱不多,从事乐器制作就缺乏吸引力,很多年轻人现在根本不愿意去学习乐器制作,认为又脏又累,也没有前途。村子里年纪大一点的村民积极性也不是很高,经过采访,一些村民告诉我们,这里距离喀什很近,10 千米左右,农闲时可以到城里打工,或者干点其他活,一年也挣不少钱。如果销路一直打不开,没有大的市场,大部分村民是很难从乐器制作的开发中获取利益的。我们就这一问题问了张主任和一位年轻的科员,他们认为政府现在最主要的工作是维稳,他们说你也看到了,村委会大部分人员都到乡下驻村去了,白天就留了他们两个人,政府现在是没有时间也没有精力去做这件事。要做好销路最主要的就是要扩大宣传,要有广告效应,但是现在这里的宣传是很不到位的,一方面需要资金,另一方面需要策划,政府想牵头但是缺乏资金,其他主体参与进来,力量也是略显单薄,团队营销、打开销路需要不同主体之间的互助合作,将方方面面结合起来,比如说一些音乐公司来到疏附县,刚开始的时候雄心勃勃,都准备把民族乐器卖到欧洲和美国去,但最后还是不了了之。

现在对口援疆主要解决的是硬件,但软件的东西,团队营销这些软性的东西是对口援疆很难解决的。

调研时间:2018 年 9 月 21 日下午
调研地点:吾克萨克镇 7 村
访谈对象:吾克萨克镇 7 村村民

我和艾买提在 7 村的一个维吾尔族干部的陪同下参观了二小队的乐器生产合作社,合作社是由政府出资建造的,里面共有 10 个人,其中有一个带队的师父,他带着其他 9 个人制作乐器,每个人大概能生产 5 件乐器,合作社每年大概能生产 500~600 件乐器,农活对他们的乐器生产影响不是很大。合作社的男工每年大概能收入 25000 元左右,女工在 15000 元左右。

目前,生产合作社的规模很难扩大,最主要的原因还是经济方面,做乐器不但辛苦而且挣钱不多。另外,现在的年轻人的想法和过去的人也不一样,以前的人不但吃苦耐劳,而且对自己的民族乐器制作是真正的热爱,现在的年轻人都想着干轻松一点的活挣更多的钱,对自己的民族文化也缺乏足够的了解。

生产合作社的现实困难是生产工具很落后,想买新的工具,但是价格比较贵,投资大回收比较慢。另外,在生产方式上没有实现流水化作业,虽然是在一个合作社工作,但还是每人一个工作间,各干各的,这就导致合作社的生产效率十分低下,很难形成规模。

参观完二小队的生产合作社,我们来到二小队依明江·买买提的家里。依明江从小跟父亲学习乐器制作,从事乐器制作工作已经有 15 年了,依明江虽然身有残疾,但是十分勤奋,每个月可以有 1500~2500 元的收入。依明江认为现在有的手工艺人并不是全部为了钱,有的人制作乐器是一种爱好。对于合作生产的看法,依明江认为生产分工协作有助于效率的提高,但是目前还不是很普遍,生产合作主要局限在关系比较好的朋友之间。问他为什么不带一些徒弟,他说他现在只能够养活自己,不给钱,谁也不愿意来当学徒。

调研时间:2018 年 9 月 23 日
调研地点:新和县加依村

访谈对象:新和县加依村村民

当天,在一个县委工作朋友的陪同下,我们驱车前往加依村,这个村子距离新和县城很近,不到5千米的路程。

我们首先来到了加依村乐器生产合作社,这个生产合作社在康宁医院的支持下,已经初具规模,目前有20位手工艺人在这里工作,听负责人讲,驻村工作队非常支持他们的工作,准备让他们扩大生产合作社的场地以及生产的规模,将吸纳更多贫困村民入社。

2017年他们生产了不同种类的乐器,数量达到了1000件,乐器中以都塔尔居多,因为都塔尔最受顾客的青睐,生产一个普通的都塔尔成本在70元左右,批发的价格在200元左右。生产一把精制的都塔尔要比普通的都塔尔费料费时得多,一把精制的都塔尔成本在100元左右,人工费要在500元,批发的价格在800~1000元。2018年他们根据客户预订的订单要求,要生产1500~2000件乐器。目前还有几个从外地来的客商,有意向预订加依村的民族乐器,但合同暂时还没有签下来。

政府去年给合作社补贴了10万元,专门作为培训村民的经费。从2017年10月份到2018年的4月份培训了4批学员,每批学员60~70人的样子,共培训学员250人。培训期间每个人每天可以享受45元伙食补贴。培训结束,如果愿意留下来在合作社干活,每个人可以领取1500元左右的月工资。

从生产方式上看,加依村的乐器合作社要比7村先进一些,在加依村乐器生产合作社里,他们已经采取了分工协作的方式来完成乐器的制作,一件乐器不同部分的工钱是不一样的,这不但提高了村民的积极性而且大大提高了生产的效率。加依村乐器生产合作社还购买了一些较为先进的生产工具,购买经费由政府补贴。

调研时间:2018年9月23日

调研地点:加依村

访谈对象:加依村村委会工作人员

在加依村村委会,我们见到了该村的书记,他是从县里财政局到这边挂职。经过了解,我们得知整个加依村有326户,共1317人,非遗国家级传承人1人,自治区级的是4人。全村能做乐器的大概有120人,其中有20户人家是专门做乐器的,其他人是帮这些人家打工的。2017年全村共有贫困户120户,在最近两年精准扶贫政策下,有21户人家已经实现脱贫,剩下99户人家要在今年全部实现脱贫。村书记说,他们打算产业扶持一批,就业扶持一批。他们计划50个人在乐器制作口子上实现脱贫,其他的就从就业口子上走,就业的渠道主要是工薪岗位、机关单位的合同工,如保洁员、保安员、护林员、护草员等。国家还会给每个贫困户分2头牛,全部放在合作社喂养,每年给每户人家分红2400元。目前,99个贫困户家庭已经有114个人有了固定的工作,最低收入每个月为800元。

下午又去了自治区级传承人努尔敦司马义的家里。努尔敦司马义是一个十分和蔼可亲的老头,见到我们满面笑容,还亲自给我们用都塔尔弹奏了一曲。努尔敦司马义现年58岁,很小就开始跟父亲学习乐器制作,已经从事乐器制作40余年。他收了很多徒弟,疆内很多地方都有他的学生。目前学徒有6个人,都在自己院子里干活,每个月努尔敦老人要给6个徒弟开1500～3000元的工资。这6个人都来自加依村,都是村里的贫困户。2017年冬天,政府委托给他20多个村民在这里学习乐器手工艺制作,学习时间将近3个月。2018年3月份,又有30个村民通过政府跟他学习手艺。每年努尔敦收入大概在6万元。

后 记

　　关于非遗旅游开发的探讨，本书中还有许多内容需要摸索和研究。本书涉及的内容包括非物质文化遗产、非遗保护和开发以及惠民研究的领域。全书由我本人设计、规划、统稿，结构内容源于课题。撰写这样一部专著对于任课教师而言无疑是一个巨大的挑战。虽然经过了近十年的积累和摸索，但一定还会存在各类问题，亟待学术界的同行们批评和指正。

　　各章写作名单：第一章、第三章由宋梅（塔里木大学历史与哲学学院）撰写；第二章、结语由孙长龙（塔里木大学历史与哲学学院，历史系主任）撰写；第四章、第五章由张泰琦（塔里木大学人文学院，副教授）撰写；第六章由宋梅、张泰琦撰写。

　　由于本书源于一项社科项目，时间跨度较长，所以书中所采用的部分数据已经不是最新的，特此说明。

　　在此对支持新疆非遗旅游研究的各界人士表示感谢。首先需要感谢的是学院领导，在他们的支持和关怀下，本书才得以顺利出版。本书撰写过程中，一直受到人文学院张泰琦副教授的帮助和关怀，张泰琦副教授不仅亲自参加编写，而且在调研和大纲的调整方面给予了诸多指导，并提出了许多具体而中肯的意见。经济与管理学院的李俊教授对本书也给予了极大的支持，其中对于旅游开发的相关内容，他提出了宝贵的参考建议。安徽大学的董乾坤副教授也给予了本书相关的改进建议。最后还要感谢历史与哲学学院的同仁们。此外，在这里也要特别感谢新和县政务服务中心的张沛吉先生和新和县委党校的金霞校长，他们在课题调研中给予了极大的支持。当然，在理念授课的过程中，不少同学对文化遗产课程的教学体系和教学内容非常关心，也提出了许多非常有益的建议。

总之,《非物质文化遗产旅游开发与惠民研究》的撰写和出版是在方方面面的支持和帮助之下才得以完成的,对此,我再次向他们致以衷心的感谢!

宋　梅

2023 年 7 月 5 日于塔里木大学